Wirtschaftspolitische Antworten auf die Stagnation

Wirtschaftspolitische Antworten auf die Stagnation

Essays zu Ehren von Bernhard Filusch

Herausgegeben von

Horst Tomann

DUNCKER & HUMBLOT · BERLIN

CIP-Kurztitelaufnahme der Deutschen Bibliothek

Wirtschaftspolitische Antworten auf die Stagnation:
Essays zu Ehren von Bernhard Filusch / hrsg. von
Horst Tomann. – Berlin: Duncker und Humblot, 1986.
ISBN 3-428-06127-6

NE: Tomann, Horst [Hrsg.]; Filusch, Bernhard:
Festschrift

Satz: Volker Spiess, D-1000 Berlin 30; Druck: Berliner Buchdruckerei
Union GmbH, D-1000 Berlin 61
Printed in Germany

ISBN 3-428-06127-6

Vorwort

Es mag ungewöhnlich erscheinen, einen empirischen Konjunkturforscher und professionellen wirtschaftspolitischen Berater durch einen wissenschaftlichen Essayband zu ehren. Das Lebenswerk von *Bernhard Filusch* spiegelt sich weder in akademischen Auszeichnungen noch in einem umfangreichen Schriftenverzeichnis, und die Autoren dieses Bandes sind nicht wie häufig sonst Schüler, die mit ihrem Beitrag eine mehr oder weniger angenehme Dankespflicht abstatten. Die Idee zu diesem Band, der alle Beteiligten spontan zugestimmt haben, war vielmehr, die Leistungen eines Mannes in das öffentliche Bewußtsein zu rücken, der in seinen öffentlichen Auftritten zurückhaltend war und mehr im Stillen gewirkt hat. *Bernhard Filusch* hat von 1964 bis 1986 die Konjunkturabteilung des Rheinisch-Westfälischen Instituts für Wirtschaftsforschung in Essen geleitet, bis 1974 unter *Wilhelm Bauer,* danach alleinverantwortlich als wissenschaftlicher Direktor des Instituts. Er hat die Willensbildung der wirtschaftspolitischen Instanzen – Bundesregierung, Bundesbank, Tarifparteien – während dieser Zeit wesentlich beeinflußt. In seiner Position fiel ihm seit 1964 turnusmäßig die Federführung bei der Gemeinschaftsdiagnose der wirtschaftswissenschaftlichen Forschungsinstitute zu. Zudem hat er im Arbeitskreis Konjunkturexperten der Europäischen Gemeinschaft bis Mitte der siebziger Jahre die Europäische Kommission beraten, und er war vom ersten Jahresgutachten an 18 Jahre lang als Berater für den Sachverständigenrat zur Begutachtung der gesamtwirtschaftlichen Entwicklung tätig. Freilich kann das Aufzählen dieser Funktionen das Ausmaß seines Einflusses nicht sichtbar machen. Denn was der Stimme von *Bernhard Filusch* Gewicht verschafft hat, war die Gründlichkeit seiner Analysen, die Unbeirrbarkeit seiner Schlußfolgerungen und die Unabhängigkeit seines Urteils.

Am deutlichsten spiegelt sich das Engagement von *Bernhard Filusch* in den Konjunkturbriefen des Rheinisch-Westfälischen Instituts für Wirtschaftsforschung, die er seit 1958 entscheidend mitgestaltet hat. Die Konjunkturbriefe dienten zunächst nur der internen Information des Förderkreises des RWI. Später folgte *Bernhard Filusch* einer Anregung des derzeitigen Vizepräsidenten der Bundesbank, *Helmut Schlesinger,* die Konjunkturbriefe wegen des großen Interesses, auf das sie stießen, zu veröffentlichen. In diesen Briefen hat *Bernhard Filusch* nicht nur zur aktuellen konjunkturellen Situation Stellung bezogen, sondern er hat sie seit dem Ende der sechziger Jahre mehr und mehr zu einem Forum ausgebaut, auf dem den wirtschaftspolitischen

Akteuren der Spiegel vorgehalten wird. Vor allem zu konzeptionellen Fragen und zur Rollenverteilung in der Wirtschaftspolitik finden sich in den Konjunkturbriefen fundierte Analysen, die nicht nur zu ihrer Zeit die aktuelle wirtschaftspolitische Debatte beeinflußt haben, sondern rückblickend auch als Dokumente der wirtschaftlichen Zeitgeschichte gelten können. So hat *Bernhard Filusch* auf dem Höhepunkt der Inflation im Jahre 1974, als eine Indexierung zur Brechung der Inflationserwartungen zur Debatte stand, nachdrücklich auf die Gefahren einer Lohnindexierung hingewiesen, die nicht als eine echte Alternative zu einer konsequenten Stabilisierungspolitik gelten könne („Problematische Lohn-Index-Klauseln" Konjunkturbrief Juli 1974/5). Ebenso kompromißlos war sein Urteil über die Geldpolitik, als er im Jahre 1981 wiederholt davor warnte, das Ziel einer stetigen Geldversorgung zugunsten einer Politik der kurzfristigen „Wechselkurssicherung" aufzugeben. („Umstrittene Geldpolitik zur Sicherung des Wechselkurses" und „Mit überhöhten Zinsen Schlimmeres verhüten?", Konjunkturbriefe April/Mai und Mai/Juni 1981). Die Bundesbank ist solchen Ratschlägen damals nicht gefolgt. (Ein Verzeichnis ausgewählter Konjunkturbriefe des RWI ist im Anhang dieses Bandes abgedruckt.)

Der Spürsinn von *Bernhard Filusch* für gravierende gesamtwirtschaftliche Fehlentwicklungen und sein sicheres Urteil über das wirtschaftspolitische Gebot der Stunde lassen sich auch an den Minderheitsvoten ablesen, die er im Rahmen der Gemeinschaftsdiagnose der wirtschaftswissenschaftlichen Forschungsinstitute abgegeben hat. So hat er 1968 und 1969 – damals noch gegen das Votum der anderen Institute – für eine Aufwertung der DM und eine größere Flexibilität der Wechselkurse plädiert. In der Phase der Stagflation hat er 1975 und 1976 – wiederum als erster Vertreter der Institute – nachdrücklich darauf hingewiesen, daß eine Politik der Reallohnsicherung kein angemessener Beitrag der Lohnpolitik zur Lösung der stabilitätspolitischen Probleme sein kann. Und auch seinem Votum vom Frühjahr 1978, das sich gegen eine erneute Ausweitung der öffentlichen Defizite wandte, sind andere Wirtschaftsforschungsinstitute später gefolgt.

Die Verfasser der folgenden Essays kennen *Bernhard Filusch* aus gemeinsamer Arbeit in der Konjunkturdiagnose, in der Prognose und aus der wirtschaftspolitischen Diskussion. Die Thematik der Beiträge umfaßt ein weites Spektrum wirtschaftspolitischer Problembereiche. Damit soll einmal das umfassende wirtschaftspolitische Engagement von *Bernhard Filusch* unterstrichen werden. Zum anderen wird damit dokumentiert, daß die Stagnationsphase der zurückliegenden 12 Jahre die Struktur wirtschaftspolitischer Problemstellungen verändert hat. Die Trennung der konjunktur- und stabilitätspolitischen Probleme auf kurze Sicht, die im Hinblick auf das Ziel der Vollbeschäftigung und der Stabilität des Preisniveaus definiert sind, von den wachstums- und strukturpolitischen Problemen auf mittlere und lange Sicht, die das Ziel der Realeinkommenssteigerung und des Produktivitätswachstums betreffen, ist heute obsolet. Brüchig geworden ist auch die theoretische Basis dieser Praxis, die analytische Spaltung des Konjunkturphänomens – Schwankungen im Auslastungsgrad eines gegebenen Produktionspotentials – und des Wachstumsphänomens – der Entwicklungspfad dieses Produktionspotentials in einer vollbeschäftigten Wirtschaft. Im monetären Bereich ist zwar eine Phase hoher Geldwertstabilität eingeleitet, zugleich scheint aber im internationalen Kontext die Instabilität größer geworden zu sein. Auch diese Konstellation ist als eine Herausforderung an die Wirtschaftspolitik zu sehen, ihre Aufgabenstellungen und ihr Rollenverständnis zu überdenken.

Hans J. Barth diagnostiziert einen neuen Bedarf an Wachstumspolitik im Sinne einer Ordnungspolitik. Ansatzpunkt einer solchen Politik muß es sein, die Anpassungsfähigkeit der Investoren an gewandelte Präferenzen, an veränderte weltwirtschaftliche Gegebenheiten, an neue Techniken und an neue Knappheitsverhältnisse zwischen Markt- und Umweltgütern zu fördern. Dem stehen nicht nur politische und institutionelle Hemmnisse entgegen. Eine angebotsorientierte, auf die Verbesserung der Rentabilitätsbedingungen zielende Politik läuft auch Gefahr, die Wettbewerbsidee zu vernachlässigen.

Hans-Hagen Härtel untersucht die Möglichkeiten der Strukturpolitik, Produktivitätsschwäche und Stagnation der Realeinkommen zu überwinden. Die gängigen Hypothesen über die strukturellen Ursachen der Arbeitslosigkeit werden danach geordnet, ob sie Fehlentwicklungen auf den Vermögensmärkten, auf den Gütermärkten oder auf den Faktormärkten behaupten. Damit schafft Härtel einen markttheoretischen Rahmen für die Begründung des wirtschaftspolitischen Handlungsbedarfs. In diesem Rahmen werden die Möglichkeiten der Strukturpolitik eher skeptisch beurteilt. Was das Ziel der ökonomischen Effizienz betrifft, so läuft die sektorale Strukturpolitik aufgrund unvollständiger Information Gefahr, die Unternehmen zu einer Fehllenkung von Ressourcen zu veranlassen, wenn sie die Marktsignale zugunsten oder zu Lasten einzelner Wirtschaftszweige korrigiert. Und unter verteilungspolitischen Aspekten erweist es sich, daß Maßnahmen der Einkommenssicherung zugunsten bestimmter Wirtschaftszweige oder Unternehmen den sektorübergreifenden Maßnahmen der Verteilungs- und Sozialpolitik unterlegen sind.

Klaus-Dieter Schmidt greift mit den Wirkungen einer Arbeitszeitverkürzung auf die Kapitalkosten einen speziellen Aspekt der wachstums- und beschäftigungspolitischen Debatte heraus. Solche Wirkungen ergeben sich über eine Veränderung der betrieblichen Nutzungszeit, weil die Unternehmen durch verstärkte Automatisation der Produktion reagieren, das Risiko der ökonomischen Obsoleszenz alter Anlagen zunimmt und das Tempo der Verfahrensinnovation sich möglicherweise verlangsamt. Im Vergleich dazu werden Strategien einer Flexibilisierung der Arbeitszeit diskutiert, die solche nachteilige Wirkungen vermeiden.

Mein eigener Beitrag prüft die Hypothesen zur Lohnpolitik, die der wirtschaftspolitischen Debatte der achtziger Jahre zugrunde liegen, vor dem Hintergrund einer *Keynes*'schen Stagnationserklärung. Damit rückt einerseits der Einfluß der Lohnpolitik auf die Erwartungsbildung der Investoren, andererseits die Rolle der Lohnpolitik in einer Phase hoher Zinsen in den Mittelpunkt der Betrachtung. Die stimulierende Wirkung einer lohnpolitischen Zurückhaltung auf die Erwartungen der Investoren bleibt in einer Disinflationsphase gering, weil die Erwartungen von der restriktiven Geldpolitik dominiert werden. Der kompensatorische Einsatz der Lohnpolitik zum Ausgleich erhöhter Zinskosten führt in dieser Konstellation nicht zu einer Reallohnsenkung, sondern trägt über den Lohn-Preis-Zusammenhang zu einem weiteren Anstieg des realen Zinsniveaus bei.

Ernst-Moritz Lipp untersucht die Möglichkeiten der Lohnpolitik unter den veränderten Bedingungen auf den internationalen Güter- und Vermögensmärkten. Veränderungen der Terms of Trade können bei der Nominallohnpolitik unbeachtlich sein, weil sie über ihren Einfluß auf das inländische Preisniveau verteilungswirksam werden. Veränderungen des internationalen Kapitalmarktzinses dagegen muß die Lohnpolitik in Rechnung stellen, wenn nachteilige Rückwirkungen auf die Kapitalbildung und die Beschäftigung vermieden werden sollen. Geldwertstabilität bedeutet für die Lohnpolitik in erster Linie, daß die verteilungspolitische Unsicherheit über die Höhe der künftigen Inflationsrate keine Rolle mehr zu spielen braucht. Andererseits provoziert ein Nominallohnanstieg in Höhe des Produktivitätsfortschritts nicht mehr den Konflikt mit der Geldpolitik, vor allem wenn ein strammer Wettbewerb von den Auslandsmärkten her die Preiserhöhungsspielräume begrenzt. So gesehen, hat die Preisniveaustabilität die Bedingungen für ein kooperatives Verhalten von Notenbank und Tarifparteien verbessert.

Gerhard Fels stellt die Frage nach der Tarifautonomie in einer Phase der Inflationsbekämpfung. Sowohl die Rolle der Lohnpolitik im Verhältnis zu den übrigen Politikbereichen, als auch die Beziehungen der Tarifparteien zueinander sind neu zu definieren. Eine Dezentralisierung von Tarifverhandlungen nach dem Vorbild des amerikanischen Arbeitsmarktes würde jedoch die Unternehmen in den Verteilungsstreit hineinziehen. Die institutionellen Bedingungen des Arbeitsmarktes in der Bundesrepublik, insbesondere der gewerkschaftliche Organisationsgrad, lassen unternehmensübergreifende kollektive Tarifverhandlungen vorteilhaft erscheinen. Davon unabhängig gibt es aber Ansatzpunkte, das Verhältnis der Tarifparteien durch dezentralisierte Regelungen der Arbeitsverhältnisse neu zu gestalten, wie Abbau von Einstellungsbarrieren durch Lohndifferenzierung nach Betriebsangehörigkeit, Flexibilisierung der Arbeitszeit durch Betriebsvereinbarungen sowie unternehmensbezogene Vermögens- und Gewinnbeteiligung von Arbeitnehmern.

Norbert Bub diskutiert Optionen für die Geldpolitik, die sich anbieten, nachdem Geldwertstabilität erreicht ist. In der zurückliegenden Phase des geldpolitischen Restriktionskurses hat die Deutsche Bundesbank immer nur jährliche Geldmengenziele angekündigt und sie hat die Geldmengensteuerung nicht als konsequente Verstetigungsstrategie betrieben. Gegen eine kürzerfristige Verstetigungsstrategie spricht, daß die Bundesbank auf kurze Sicht eher Zinspolitik als Geldmengenpolitik betreibt, um die Investoren nicht zu irritieren. Gegen eine mittelfristige Verstetigung, die eine mehrjährige Zielvorgabe und die Orientierung am mittelfristig möglichen Potentialwachstum erfordern würde, führt *Bub* ins Feld, daß bei unerwarteten nicht-monetären Schocks, wie in den 70er Jahren, ein Festhalten an der Geldmengenregel nicht ohne hohe soziale Kosten möglich sei. Hinzu kommt die Gefahr, daß auf längere Sicht Geldangebotsüberhänge entstehen, die in höheren Inflationserwartungen verpuffen.

Manfred Feldsieper wendet sich gegen die in der stabilitätspolitischen Diskussion häufig geäußerte Befürchtung, die Ausschüttung der Bundesbankgewinne an den Bund wirke inflatorisch. Eine solche Wirkung kann prinzipiell nicht entstehen, weil die Schaffung von Zentralbankgeld bei der Ausschüttung des Zentralbankgewinns nur die Korrektur einer im Zuge der Gewinnentstehung sich ergebenden Verringerung von Zentralbankgeld darstellt. Allerdings kann im Hinblick auf das Ziel, übermäßige kurzfristige Schwankungen der Zentralbankgeldmenge zu vermeiden, eine zeitliche Streckung der Gewinnausschüttung angebracht sein. Für die Finanzpolitik sind Schwankungen des Zentralbankgewinns kein grundsätzliches Problem. Wichtig ist, daß der dauerhafte Zentralbankgewinn, für dessen Berechnung verschiedene Methoden existieren, in die mittelfristige Finanzplanung eingeht.

Robert Fecht untersucht den Konsolidierungskurs der Finanzpolitik in der zurückliegenden Phase nachlassenden Potentialwachstums. Er weist die Kritik an der „Crowding out"-Hypothese zurück und betont insbesondere die destabilisierende Wirkung hoher staatlicher Neuverschuldung auf Preis- und Zinserwartungen. Für die Beurteilung des Erfolgs der Konsolidierungspolitik fehlen allerdings eindeutige Maßstäbe. Die zur Bestimmung einer Neuverschuldung verwendeten Konzepte bleiben kontrovers, weil sie jeweils bestimmte wirtschaftspolitische Wertvorstellungen implizieren.

Es sollte nicht verwundern, daß die Autoren in ihren wirtschaftspolitischen Schlußfolgerungen mitunter kontroverse Standpunkte beziehen. Der Sinn dieses Essaybandes sollte gerade darin gesehen werden, durch eine offene Diskussion zur Klärung umstrittener Fragen in der wirtschaftspolitischen Debatte beizutragen.

Berlin, im August 1986 *Horst Tomann*

Inhaltsverzeichnis

I.

Zur Rolle der Wachstums- und Strukturpolitik

Zur Bedeutung der Wachstumspolitik heute

Von *Hans J. Barth*

I. Wirtschaftswachstum als Ziel der Wirtschaftspolitik

1. Als *Erich Preiser* im Frühjahr 1967 anläßlich der Entgegennahme des *Reuchlin*-Preises, mit dem ihn die Stadt Pforzheim ehrte, zum Thema „Wirtschaftliches Wachstum als Fetisch und Notwendigkeit"[1] sprach, hatte dies durchaus etwas Ketzerisches an sich. Im akademischen Bereich stand die Wachstumstheorie in voller Blüte, und von den Wirtschaftspolitikern wie von der breiten Öffentlichkeit wurde die Sinnhaftigkeit eines möglichst kräftigen Wirtschaftswachstums nicht in Zweifel gezogen. Der Bundestag schickte sich gerade an, das Gesetz zur Förderung der Stabilität und des Wachstums der Wirtschaft zu verabschieden, in dem das Wirtschaftswachstum – wie zuvor schon im Gesetz über die Bildung eines Sachverständigenrates zur Begutachtung der gesamtwirtschaftlichen Entwicklung – neben der Stabilität des Preisniveaus, einem hohen Beschäftigungsstand und außenwirtschaftlichem Gleichgewicht in den Rang eines gesamtwirtschaftlichen Zieles erhoben wurde.

2. Die Einstellung zum Wirtschaftswachstum wandelte sich in der Folgezeit rasch. Das Bewußtsein, daß mit der fortgesetzten Vermehrung knapper Güter zugleich vormals freie Güter knapper wurden, gewann Anfang der siebziger Jahre mehr und mehr an Bedeutung, gefördert nicht zuletzt durch das breite Echo, das der erste Bericht an den Club of Rome fand.[2] Qualitatives Wachstum statt quantitativem Wachstum hieß nun für viele die Devise, und immer häufiger wurde gar wirtschaftlicher Stagnation – euphämistisch mit Nullwachstum umschrieben – das Wort geredet, sei es aus Sorge vor einer Erschöpfung der natürlichen Ressourcen, sei es aus einer Geisteshaltung heraus, die sich teils mit Selbstgenügsamkeit, teils aber auch mit mangelnder Leistungsbereitschaft umschreiben ließ.

Die Erfahrung der letzten Jahre mit ihren geringen Wachstumsraten hat das Meinungspendel inzwischen wieder etwas zurückschlagen lassen. Begreiflicher als vor nahezu zwanzig Jahren ist heute nicht nur die Warnung *Preisers*

---

[1] Der Vortrag ist abgedruckt in: *E. Preiser:* Wirtschaftspolitik heute, München 1967, S. 142 ff.

[2] Siehe *D. Meadows:* Die Grenzen des Wachstums, Stuttgart 1972.

vor einem gedankenlosen Wachstumsfetischismus, gestiegen ist auch das Verständnis für die zweite Aussage in seinem eingangs erwähnten Vortrag, nämlich daß es die Beschäftigungspolitik, die Verteilungspolitik und auch die Stabilitätspolitik in einer stagnierenden Wirtschaft weit schwerer haben als in einer wachsenden Wirtschaft.

3. Was als angemessenes Wachstum gelten und woran das Wachstum gemessen werden soll, hat der Gesetzgeber offen gelassen. Was zunächst den Maßstab anbelangt, so spricht vieles dafür, nicht auf die jährlichen Zuwachsraten des realen Sozialprodukts abzustellen, denn diese spiegeln auch die konjunkturellen Schwankungen im Wirtschaftsablauf wider, also Schwankungen im Auslastungsgrad des gesamtwirtschaftlichen Produktionspotentials. Wachstumspolitisch sind nicht diese Schwankungen von Interesse – sie zu glätten, ist Aufgabe der Konjunkturpolitik –, sondern Wachstumspolitik zielt auf die trendmäßige Entwicklung des Sozialprodukts, und für diese bildet das gesamtwirtschaftliche Produktionspotential die Obergrenze. Akzeptiert man diesen Maßstab, so heißt Wachstumspolitik Beeinflussung des gesamtwirtschaftlichen Produktionspotentials mit dem Ziel, dessen Wachstum zu fördern.

Daß der Gesetzgeber den Begriff „angemessenes" Wirtschaftswachstum als Zielgröße wählte, und nicht etwa von hohem oder raschem Wachstum sprach, läßt darauf schließen, daß er die konkrete Festlegung des Ziels offenhalten wollte. Die Angemessenheit sollte offenbar zu unterschiedlichen Zeiten unterschiedlich beurteilt werden können. Und in der Tat wird die Frage nach dem angemessenen Wirtschaftswachstum heute aus einem ganz anderen Blickwinkel als Ende der sechziger, Anfang der siebziger Jahre gestellt. Kam es damals vor allem darauf an, bei einem Rückgang der inländischen Erwerbspersonen ein Wachstum des Produktionspotentials zu gewährleisten, das eine Befriedigung der steigenden Nachfrage ohne zunehmende Preissteigerungen möglich machte, so geht es heute bei einem Anstieg der inländischen Erwerbspersonen und verhaltener Nachfrage um ein Wachstum, das die Rückkehr zu einem hohen Beschäftigungsstand ermöglicht. Strittig ist dabei nicht nur, auf welchem Weg ein solches Wachstum am besten zu erreichen ist; fraglich erscheint nicht wenigen auch, ob es überhaupt noch erreicht werden kann.

II. Wachstum und Beschäftigung

4. Um die Bedeutung der Wachstumspolitik vor dem Hintergrund der aktuellen Diskussion zu verstehen, scheint es nützlich, sich einige einfache Zusammenhänge in Erinnerung zu rufen. In der Marktwirtschaft, in der dezentrale Entscheidungen vorherrschen, resultiert wirtschaftliches Wachstum letztlich aus dem Wunsch der Menschen, über mehr oder bessere Güter zu verfügen, seien dies private oder öffentliche Güter, und aus der Bereitschaft, den zur Befriedigung dieses Wunsches notwendigen Arbeitsaufwand zu leisten. Erscheint der Aufwand zu hoch, fällt entweder das Wachstum entsprechend niedriger aus, oder die Arbeit wird ergiebiger gestaltet, die Arbeitsproduktivität gesteigert.

Daraus ergeben sich zwei wichtige Folgerungen:

- Wirtschaftswachstum ist keine staatliche Veranstaltung. Die Wirtschaftspolitik kann zwar die Bedingungen beeinflussen, unter denen sich Wachstum aus dem Streben nach einer besseren Güterversorgung im Marktprozeß ergibt; welche Wachstumsrate bei günstigen Rahmenbedingungen realisiert wird, liegt aber nicht bei ihr. Dies hängt vielmehr davon ab, für wie dringlich jeder einzelne eine bessere Güterversorgung, gemessen an dem dafür zu leistenden Aufwand, ansieht und welche Wahl bei steigender Arbeitsproduktivität zwischen einer Verbesserung der Güterversorgung und einer Ausweitung der Freizeit getroffen wird.
- Vollbeschäftigung ist durchaus bei unterschiedlichen Wachstumsraten möglich. Welche Wachstumsrate zu welchem Beschäftigungsstand paßt, ist bei gegebenen Wünschen nach einer besseren Güterversorgung und bei gegebener Arbeitszeit je Beschäftigten von der Wahl der Produktionstechnik abhängig. Wachstumstheoretisch gesprochen: Das knifeedge-Problem im postkeynesianischen Wachstumsmodell von *Harrod* tritt nicht auf, wenn, wie zunächst *Joan Robinson* gezeigt hat, die Investitionsquote nicht konstant, sondern von der Einkommensverteilung abhängig ist, oder wenn, wie im neoklassischen Modell von *Solow* und vieler anderer nach ihm, der Kapitalkoeffizient variabel ist.[3] Beides entspricht der Realität zweifellos mehr als die postkeynesianischen Annahmen.

Wären auch die übrigen Voraussetzungen des neoklassischen Wachstumsmodells in der Realität erfüllt – insbesondere die Voraussetzung, daß Arbeit und Kapitel nach ihren jeweiligen Grenzwertprodukten entlohnt werden und daß der Staat die Allokation mit seiner wirtschaftlichen Aktivität und den von ihm gesetzten wirtschaftlichen Rahmenbedingungen nicht beeinflußt – so würde die Wahl der Produktionstechnik allein nach der relativen Knappheit der Produktionsfaktoren getroffen. Die Vollbeschäftigung wäre dann allenfalls ein Problem der Konjunkturpolitik, nicht aber der Wachstumspolitik.

5. Die jährlichen Auseinandersetzungen in der Lohnpolitik zeigen, daß die relativen Faktorpreise auch von Marktmacht beeinflußt sind. Sind die Löhne insgesamt, in einzelnen Bereichen oder für einzelne Tätigkeiten zu hoch im Verhältnis zum Grenzwertprodukt der Arbeit, so ist eine Substitution von Arbeit durch Kapital die Folge, d.h. die Produktion wird kapitalintensiver gestaltet. Für sich genommen brauchte auch darin noch kein wachstumspoli-

---

[3] Zum Vergleich der genannten wachstumstheoretischen Ansätze sei aus der Fülle der einschlägigen Literatur hier nur verwiesen auf *F. H. Hahn/R. C. O. Matthews:* The Theory of Economic Growth, A Survey, in: The Economic Journal, Vol. LXXIV (1964), S. 779 ff.

tisches Problem zu liegen; ein Lohnniveau, das sich im Hinblick auf die Vollbeschäftigung als zu hoch herausstellt, kann korrigiert werden. Zum einen braucht eine solche Korrektur aber Zeit, da errungene Verteilungspositionen, wie die Erfahrung zeigt, nicht gerne geräumt werden, zum anderen ist selbst für den Fall, daß die Korrektur rasch erfolgte, die Produktionstechnik in der Volkswirtschaft insgesamt nicht mit einem Schlage umstellbar. Denn die Wahl der Technik ist, was den vorhandenen Kapitalstock anbelangt, ja in aller Regel nicht mehr offen; frei getroffen werden kann sie nur bei neuen Investitionen, und diese machen allemal nur einen Bruchteil des vorhandenen Kapitalbestandes aus. Die Umstellung kann m. a. W. nur schrittweise erfolgen nach Maßgabe des Ersatzes alter Anlagen durch neue und der darüber hinausgehenden Nettoinvestitionen.

6. Genau hier liegt ein wichtiger Teil der Probleme, die sich in der Bundesrepublik heute wachstumspolitisch stellen. Die Verteilungskämpfe der späten sechziger und der frühen siebziger Jahre hatten zu einem Lohnniveau geführt, bei dem die Unternehmen verstärkt Arbeit durch Kapital ersetzten, um mit Kosten produzieren zu können, die den Absatz ihrer Produkte im Wettbewerb am Markt – nicht zuletzt auch mit ausländischen Anbietern – erlaubten. Nicht allen gelang dies freilich. Denn während die Sicherung der Rentabilität einen steigenden Kapitaleinsatz je Produkteinheit und je Arbeitsplatz erforderte, trug der trendmäßige Rückgang der Gewinnmargen auf der anderen Seite gleichzeitig dazu bei, daß die Investitionsquote im Vergleich zu den sechziger Jahren sank und die Anzahl der Unternehmen stieg, die wegen mangelnder Rentabilität ganz aus dem Markt ausschieden. Das Wachstum des Kapitalstocks hielt so mit dem steigenden Kapitalbedarf nicht Schritt, mit der Folge, daß sich das Wachstum des Produktionspotentials verlangsamte und die Anzahl der vorhandenen Arbeitsplätze sogar schrumpfte. Inzwischen ist es zwar zu einer Korrektur gekommen; diese geht jedoch noch längst nicht so weit, daß genügend Arbeitsplätze für alle Arbeitsuchenden vorhanden oder auch nur in Aussicht sind.

Nimmt man die Ergebnisse der Potentialschätzung des Sachverständigenrates zur Begutachtung der gesamtwirtschaftlichen Entwicklung[4] zum Maßstab, und geht man ferner davon aus, daß die durchschnittliche Ausbringung je Erwerbstätigen bei voller Ausschöpfung der verbliebenen konjunkturellen Produktivitätsreserven um etwa 1 Prozentpunkt höher gewesen wäre, so hätten 1985 bei voller Auslastung der vorhandenen Sachkapazitäten etwa $2\frac{1}{2}$ vH mehr Arbeitskräfte beschäftigt werden können, als tatsächlich beschäftigt waren. Anders ausgedrückt: für 600.000 bis 700.000 Arbeitskräfte zusätzlich wären noch Arbeitsplätze vorhanden gewesen. Selbst wenn man erhebliche Fehlermargen bei solchen Schätzungen einräumt und überdies

---

[4] Jahresgutachten 1985/86, Ziffer 79.

in Rechnung stellt, daß organisatorische Verbesserungen im Arbeitsablauf dazu beitragen können, zusätzliche Arbeitsplätze an den vorhandenen Anlagen zu gewinnen, ist bei einer Anzahl von 2,3 Millionen Arbeitslosen, die Stille Reserve am Arbeitsmarkt[5] nicht einmal berücksichtigt, eine beträchtliche Arbeitsplatzlücke offensichtlich. Sie läßt sich nur durch ein verstärktes Wachstum des Produktionspotentials schließen.

7. Die Tatsache, daß das Arbeitsplatzpotential bei gegebenem Produktionspotential rein rechnerisch um so höher ausfällt, je niedriger die Arbeitsproduktivität ist, darf nicht zu dem Fehlschluß verleiten, mit einer Drosselung des Produktivitätsfortschritts ließen sich die Beschäftigungsprobleme lösen. Bei gegebenen Einkommensansprüchen entscheidet die Produktivität darüber, wie hoch die Stückkosten sind. Die Anzahl der wettbewerbsfähigen Arbeitsplätze erhöht sich folglich bei einer Drosselung des Produktivitätsfortschritts nicht, sondern sie schrumpft, es sei denn, die Einkommensansprüche werden noch stärker als der Produktivitätsfortschritt reduziert.

Entgegen dem Eindruck, der in der beschäftigungspolitischen Diskussion vielfach erweckt wird, ist der Produktivitätsfortschritt heute nicht höher, sondern niedriger als früher. In den sechziger Jahren war die Stundenproduktivität noch um durchschnittlich 5,3 vH gestiegen, in den siebziger Jahren waren es noch 4,0 vH und von 1980 bis 1985 nur mehr 2,8 vH. Bei einem Rückgang der geleisteten Arbeitszeit um durchschnittlich 0,9 vH in den sechziger, 1,1 vH in den siebziger und 1 vH in der ersten Hälfte der achtziger Jahre verringerte sich der Anstieg der Erwerbstätigenproduktivität von 4,4 vH über 2,9 vH auf 1,8 vH.

Von Entkopplung zwischen Wachstum und Beschäftigung zu reden und damit entweder vorzugeben, Wachstumspolitik helfe dem Arbeitsmarkt nicht, oder der Produktivitätsfortschritt habe eine Eigendynamik gewonnen, mit der die gesamtwirtschaftliche Produktion immer weniger Schritt halten könne, geht damit am empirischen Befund vorbei.

III. Exogene Wachstumsgrenzen?

8. Gegen diese Feststellung läßt sich einwenden, sie möge zwar für die Vergangenheit gelten, ihre Gültigkeit für die Zukunft sei aber angesichts einer abnehmenden Leistungsbereitschaft, zunehmender Sättigungstendenzen und

[5] Legt man die Schätzung des Erwerbspersonenpotentials des Instituts für Arbeitsmarkt- und Berufsforschung zugrunde – für 1985 ein Potential von 28,8 Millionen Erwerbspersonen –, so läßt sich bei 25,4 Millionen Erwerbstätigen und 2,3 Millionen registrierten Arbeitslosen die Stille Reserve auf 1,1 Millionen Personen veranschlagen. Zur Schätzung des Erwerbspersonenpotentials siehe Mitt AB 4/84, S. 437.

der Notwendigkeit, sparsamer mit Energie und Rohstoffen umzugehen und die Umwelt weniger zu belasten, fraglich.

9. Richtig ist sicher, daß das Streben nach einem möglichst hohen Einkommen heute für viele als Leistungsmotiv nicht mehr so deutlich im Vordergrund steht, wie das früher – bei niedrigerem Einkommensniveau – der Fall war. Das heißt jedoch nicht, daß Aussteigermentalität nun mehr und mehr Leistungsbereitschaft verdränge. Die wachsende Zahl von Existenzgründungen und die noch zunehmende Erwerbsbeteiligung sprechen eine andere Sprache. An der Leistungsbereitschaft fehlt es offensichtlich nach wie vor nicht; Selbständigkeit, Eigenverantwortung und Unabhängigkeit spielen freilich neben dem Einkommen als Leistungsanreiz eine zunehmend wichtigere Rolle.

10. Voreilig wäre es auch, von dem erreichten Wohlstand und dem damit – zumindest teilweise – einhergehenden gesellschaftlichen Wertewandel auf eine zunehmende Marktsättigung zu schließen. Gewiß kann jeder Märkte nennen, auf denen der Bedarf weitgehend gedeckt ist – etwa den Markt für elektrotechnische Haushaltsgeräte. Selbst auf solchen Märkten ist Sättigung jedoch nichts Absolutes. Neue Produkte können neuen Bedarf wecken; Video-Geräte und CD-Plattenspieler sind dafür nur zwei Beispiele. Das Argument, daß Sättigungserscheinungen dem Wirtschaftswachstum immer engere Grenzen setzen, ist im übrigen nicht neu. Es erfreut sich in wirtschaftlichen Umbruch- oder Krisenphasen stets einer gewissen Verbreitung, auch unter Ökonomen. Erinnert sei hier nur an die besonders mit dem Namen *Alvin H. Hansen* verbundene Diskussion in den dreißiger Jahren.[6] Übersehen oder zumindest unterschätzt wird dabei nicht nur der nachfragesteigernde Effekt neu auf den Markt kommender Produkte, sondern auch die mit steigendem Einkommen einhergehende Substitution von geringerwertigen Gütern durch höherwertige, die sich nicht zuletzt darin äußert, daß die Ausgabenelastizität der Nachfrage höher als die Mengenelastizität ist. Neben der qualitativen Verbesserung spielt auch der wachsende Dienstleistungsanteil eine wichtige Rolle. Das alles besagt nicht mehr und nicht weniger, als daß Wachstum immer auch Strukturwandel bedeutet.

Auch der Hinweis auf die rückläufige Bevölkerungszahl ist eher geeignet, Probleme des Strukturwandels ins Blickfeld zu rücken als die Sättigungsthese zu stützen. Unter der Voraussetzung, daß sich die Zuwanderungen und die Abwanderungen von Ausländern künftig die Waage halten, wird es in der

---

[6] Siehe *A. H. Hansen:* The Stagnation Thesis, in: Readings in Fiscal Policy, London 1955, S. 540 ff., sowie *B. Higgins:* Concepts and Criteria of Secular Stagnation, in: Income, Employment and Public Policy, Essays in Honor of Alvin H. Hansen, New York 1948, S. 82 ff. – In den fünfzig Jahren von 1935–1985 ist in der „reifen" amerikanischen Wirtschaft der reale private Verbrauch je Kopf der Bevölkerung um 255 vH gestiegen.

Bundesrepublik 1990 zwar voraussichtlich 600.000 und im Jahr 2000 rund 2.000.000 Einwohner weniger geben als 1984; bis zum Beginn der neunziger Jahre konzentriert sich der Rückgang jedoch auf die Kinder und Jugendlichen, während die Altersgruppe der jungen Erwachsenen, der Haushaltsgründer, noch deutlich zunimmt, so daß die Anzahl der privaten Haushalte weiter steigt. Dabei wird der früher als typisch angesehene 4-Personen-Arbeitnehmer-Haushalt mit allein verdienendem Haushaltsvorstand immer mehr seinen repräsentativen Status verlieren: erstens weil die durchschnittliche Haushaltsgröße weiter sinkt, und zweitens weil die Anzahl der Doppelverdiener-Haushalte weiter zunimmt. Beides vergrößert tendenziell das durchschnittliche Haushaltseinkommen. Erst in den neunziger Jahren geht dann auch die Anzahl der Haushalte zurück, doch wird sie im Jahr 2000 aller Voraussicht nach immer noch größer sein als 1984.

11. So wenig Marktsättigung etwas Absolutes ist, so wenig sind es Rohstoffknappheit und Energieengpässe. Engpässe bedeuten steigende Preise, und steigende Preise machen nicht nur den Nachfragern deutlich, daß sich ein sparsamerer Umgang mit den betreffenden Ressourcen lohnt, sondern sie zeigen auch den Anbietern, daß sich der Aufwand für die Suche nach Produktionsverfahren und Produkten auszahlt, die weniger dieser Ressourcen beanspruchen oder sie durch andere ersetzen. Was Marktsignale in dieser Hinsicht bewirken können, hat die Reaktion wenn nicht auf den ersten, so doch auf den zweiten Ölpreisschub bewiesen. Der Mineralölverbrauch je Einheit des realen Bruttoinlandsprodukts war 1985 um fast 40 vH niedriger als 1973. Ein anderes Beispiel ist die Einsparung und der Ersatz von Kupferkabeln durch Nachrichtensatelliten und durch Glasfaserkabel.

Ähnliches gilt auch mit Blick auf die Umweltressourcen Luft, Wasser und Landschaft, die allzu lange als beliebig verfügbare Güter angesehen wurden und die nun immer mehr zum eigentlichen Engpaß werden. Das Thema „Saurer Regen" markiert nur die Spitze eines Eisbergs. Bodenerosion und Gewässerbelastungen sind weitere, nicht minder brisante Stichworte. Das Bestreben, die Umwelt nicht weiter zu belasten, muß wirtschaftlichem Wachstum jedoch nicht entgegenstehen, wenn Umweltschutz als Herausforderung zum Strukturwandel begriffen wird und nicht nur als Selbstzweck.[7] Und die Entwicklung läuft ja mittlerweile auch in diese Richtung, wenn man sich allein die Fortschritte in der Recycling-Technik oder in der Werkstofftechnik anschaut; andere Beispiele, die hier genannt werden können, sind umweltschonendere Transporttechniken, Müllverbrennung statt Erddeponien oder auch flächensparendes Bauen.

---

[7] Siehe dazu Sachverständigenrat zur Begutachtung der gesamtwirtschaftlichen Entwicklung: „Chancen für einen langen Aufschwung", Jahresgutachten 1984/85, Ziffer 400 ff.

Mit all dem soll nicht einem sorglosen Umgang mit den natürlichen Ressourcen das Wort geredet werden. Worum es geht, ist deutlich zu machen, daß es keine unverrückbar feststehenden Grenzen des Wirtschaftswachstums gibt, sondern daß es von den richtigen Knappheitssignalen sowie vom Einfallsreichtum und von der Anpassungsfähigkeit aller am Wirtschaftsprozeß Beteiligten abhängt, wie weit die Grenten immer wieder hinausgeschoben werden können. Daß die Gesellschaft im ganzen oder auch nur in größeren Teilen den Ertrag – eine bessere Versorgung mit privaten und öffentlichen Gütern – der dafür aufzuwendenden Mühe nicht mehr wert finden könnte, kann noch für lange Zeit als wenig wahrscheinlich gelten.

12. So falsch es deshalb wäre, den Umfang der zu leistenden Arbeit als vorgegeben anzusehen und die Lösung der Beschäftigungsprobleme schlicht in einer Neuverteilung dieses Arbeitsvolumens zu suchen, so falsch wäre es zugleich, Arbeitslose nur nach Bedürftigkeit zu zählen und alle jene aus der Problemmenge herauszudefinieren, deren Unterhalt nicht in Frage steht. Arbeitslosigkeit hat neben der sozialen Dimension auch eine ökonomische Dimension – den Produktions- und Einkommensausfall, der einzelwirtschaftlich und gesamtwirtschaftlich dadurch entsteht, daß Menschen, die arbeiten wollen, unbeschäftigt bleiben. Hauptansatzpunkt muß folglich das Arbeitsplatzangebot sein. Es zu vergrößern, ist die Aufgabe, die sich heute und für die nächsten Jahre stellt.

IV. Ansatzpunkte der Wachstumspolitik

13. Zu einer Vergrößerung des Arbeitsplatzangebotes kann der Staat auf zweierlei Weise beitragen: zum einen, indem er darauf hinwirkt, daß sich möglichst viel Produktion und Beschäftigung quer über die Bereiche der Volkswirtschaft lohnt, zum anderen, indem er selbst mehr Personal beschäftigt oder durch vermehrte Ausgaben Anlaß zu mehr Beschäftigung im privaten Bereich der Wirtschaft gibt.

14. Für möglichst günstige Wachstumsbedingungen zu sorgen, ist eine Daueraufgabe der Wirtschaftspolitik. In Zeiten, in denen Arbeitsmarktprobleme aus einem massiven Bedarf an Strukturwandel resultieren, gewinnt sie besondere Bedeutung. Sollen die Beschäftigungsprobleme nicht nur zeitweilig verdeckt, sondern dauerhaft gelöst werden, so müssen, wo immer technische und organisatorische Neuerungen dies ermöglichen, mehr neue Arbeitsplätze entstehen, als andernorts Arbeitsplätze verlorengehen, weil sich die Kosten der Produktion am Markt nicht mehr einspielen lassen, sei es aus Gründen des Wettbewerbs von außen, sei es aus Gründen veränderter Nachfragepräferenzen – einer höheren Bewertung von Umweltgütern etwa –, sei es aus Gründen in der Summe zu stark gestiegener Kosten, Arbeitskosten, Kapitalkosten, staatlicher Abgaben.

Wachstumspolitik muß also in erster Linie auf funktionsfähige Märkte und Verbesserung der Anpassungsfähigkeit der Marktteilnehmer zielen. Sicherung des Wettbewerbs als Suchprozeß durch Öffnung beziehungsweise Offenhalten der Märkte gehört damit ebenso zur Wachstumspolitik wie die Mobilisierung privater Risikobereitschaft, die Stärkung der Fähigkeit, die unvermeidlichen Innovationsrisiken zu tragen, die Senkung vermeidbarer, aus staatlichen Interventionen resultierender Risiken, die Senkung der Kosten der Staatstätigkeit und nicht zuletzt die Förderung der Mobilität von Kapital und Arbeitskräften.

15. Ob der Staat darüber hinaus mit eigenen Ausgaben den Wachstumsprozeß vorantreiben soll, ist keine Frage von Glaubenssätzen, sondern nur situationsbezogen zu beantworten. Eine Führungsrolle des Staates setzt zunächst und vor allem ein Marktversagen voraus. Ein Marktversagen schon deshalb für gegeben zu nehmen, weil die Versorgung mit öffentlichen Gütern in der Marktwirtschaft gegenüber der Versorgung mit privaten Gütern allemal zu kurz komme – so die bekannte These von *Galbraith*[8] –, ist nicht zwingend; denn die Tatsache, daß es für öffentliche Güter in der Regel keine Marktpreise gibt, muß nicht notwendigerweise zu einer Unterbewertung, sie kann auch zu einer Überbewertung führen, nämlich dann, wenn die Politiker die Bürger im Unklaren über die Kosten öffentlicher Güter lassen, wenn sie also – preistheoretisch gesprochen – die Sättigungsmenge abfragen. Marktversagen bedarf daher einer detaillierteren Begründung. Diese kann in der Existenz externer Effekte liegen – externer Erträge, wie sie sich aus staatlichen Infrastrukturausgaben ergeben, oder externer Kosten, wie sie auftreten, wenn die Umwelt unter Produktion und Nutzung privater Güter leidet. Auch die Existenz solcher externer Effekte rechtfertigt freilich nicht jedweden Umfang entsprechender staatlicher Aktivitäten. Daß Umweltschutz inzwischen allenthalben als eine dringliche Aufgabe gesehen wird, heißt nicht, daß der Staat ihn mit eigenen Ausgaben besorgen muß, soweit eine verursachergerechte Anlastung, das heißt eine Internalisierung, der externen Kosten möglich ist. Und daß öffentliche Infrastrukturausgaben wichtige Vorleistungen für wachstumsnotwendige private Investitionen darstellen, heißt vorderhand nicht mehr und nicht weniger, als daß der Staat ihre Dringlichkeit gegen die anderer Aufgaben abzuwägen hat, daß damit also in erster Linie die Ausgabenstruktur, und nicht die Höhe der Ausgaben im ganzen zur Diskussion steht.

Die Höhe der Staatsausgaben im ganzen muß sich letztlich danach richten, was sie den Bürgern wert sind. Verdrängen zusätzlichen Staatsausgaben private Ausgaben, weil die damit verbundene Steuerlast private wirtschaftliche Aktivität dämpft oder zu einem Mitnehmerverhalten anregt oder weil

---

[8] *J. K. Galbraith:* The Affluent Society, Boston 1958.

private Kreditnehmer die Zinsen nicht zahlen können oder wollen, die der Staat im Falle der Kreditfinanzierung zahlt, ist den positiven Beschäftigungswirkungen der zusätzlichen Staatsausgaben der Beschäftigungsausfall im privaten Bereich gegenüberzustellen. Der Saldo kann dann durchaus negativ sein. Mit einem solchen Ergebnis ist um so eher zu rechnen, je höher die gegebene Steuerbelastung und die jährliche Neuverschuldung ist. Steuersenkung und Verminderung der Neuverschuldung ist in diesem Falle die angemessenere, weil nachhaltig wirksame Politik. Die letzten Jahre bieten dafür hinreichend Anschauung.

16. In der Grundrichtung folgt die Wirtschaftspolitik in der Bundesrepublik einem Kurs, der Wachstumsförderung über eine Verbesserung der Rahmenbedingungen und nicht über wie auch immer benannte Ausgabenprogramme anstrebt. Das bedeutet jedoch nicht, daß auf dem eingeschlagenen Weg größere Schritte nicht getan werden könnten. Das gilt mit Blick auf die Einnahmen- und Ausgabenstruktur der öffentlichen Haushalte ebenso wie mit Blick auf institutionelle Hemmnisse für den Strukturwandel.

17. Bei aller Anerkennung des Beitrags, den die Rückführung der jährlichen Neuverschuldung von Bund, Ländern und Gemeinden zur Senkung des inländischen Zinsniveaus geleistet hat, bleibt doch zu konstatieren, daß über der Defizitverringerung eine wachstumsfördernde Umstrukturierung der öffentlichen Einnahmen und Ausgaben zu kurz gekommen ist.

Was dabei die Einnahmenseite betrifft, so geht es vor allem um die Senkung der Grenzsteuersätze bei der Einkommensteuer. Die Steuersenkung 1986 und 1988 wird dem Ziel, die Leistungsbereitschaft zu fördern, nicht im wünschenswerten Maße gerecht. Daß mehr nicht möglich sei, wenn die Neuverschuldung nicht höher als geplant ausfallen solle, ist kein durchschlagendes Argument. Spielraum könnte eine Verbreiterung der Steuerbemessungsgrundlage (beispielsweise durch Anlegen strengerer Maßstäbe an Freibeträge und Sonderregelungen) schaffen, oder auch die kompensatorische Erhöhung indirekter Steuern, die freilich problematischer wäre, weil schwer sichergestellt werden kann, daß es bei einer einmaligen Erhöhung des Preisniveaus bleibt und Rückwälzungsversuche in der Lohnpolitik nicht stattfinden. Auch manches von den vielfältigen Fördermitteln für Existenzgründer ließe sich einsparen, wenn den Betreffenden mehr von dem am Markt verdienten Geld bliebe.

Auf der Ausgabenseite ist es mit der Reduktion der Staatsquote nicht getan. Nach wie vor wird zuviel Geld für strukturerhaltende Subventionen ausgegeben, Geld, das für wachstumsfördernde Ausgaben fehlt, für Ausgaben, die Vorleistungen für private Investitionen darstellen oder die private Investitionen anregen. Mehr als zögernde Schritte in Richtung einer Umstrukturierung läßt die mittelfristige Finanzplanung des Bundes nicht erkennen, ganz abgesehen davon, daß die Erfahrung lehrt, den geplanten Umfang der Erhaltungssubventionen nicht schon für den realisierten zu nehmen, erweist sich dieser im nachhinein doch meist als höher.

18. Unter dem Stichwort „Vorleistungen für private Investitionen" sind, wie erwähnt, vor allem die öffentlichen Infrastrukturinvestitionen angesprochen. Die Förderung privater Investitionen verliert an Effizienz, wenn die Infrastruktur nicht Schritt hält, das heißt, wenn die Verkehrsanbindungen fehlen, wenn Wasser, Gas und Strom nicht bereitstehen oder die Entsorgung nicht gewährleistet ist. Bei der Abschätzung des Bedarfs an Infrastrukturinvestitionen ist nicht nur der sektorale, sondern auch der regionale Strukturwandel in Rechnung zu stellen, der damit einhergeht, daß der Einsatz neuer Kommunikationstechniken, aber auch neuer Produktionstechniken den Anteil standortgebundener Wirtschaftszweige auf mittlere Sicht tendenziell sinken läßt und eine Dezentralisierung begünstigt. Als Investoren sind in diesem Zusammenhang vor allem die Kommunen gefordert, die jedoch nicht zu Unrecht auf eine aufgabengerechte Mittelausstattung pochen. Mit der Aufstockung der Mittel im Bund-Länder-Programm für die Städtebauförderung wird den Gemeinden das Investieren zwar erleichtert; gelöst sind die Probleme damit jedoch nicht, denn zum einen profitieren nur die Kommunen davon, die den notwendigen Eigenanteil zur Mitfinanzierung förderungsfähiger Projekte aufbringen können, zum anderen handelt es sich um eine auf die Jahre 1986 und 1987 befristete Sondermaßnahme, die den Gemeinden nicht dauerhaft, sondern nur temporär hilft. Daß die Gemeinden auch für die Einnahmenausfälle infolge der Einkommensteuersenkung schadlos gehalten werden, ändert darüber hinaus nichts an dem Problem, daß die kommunale Planungssicherheit unter der Abhängigkeit von Bundesentscheidungen leidet. Das gilt um so mehr, als der fortgesetzte Abbau der Gewerbesteuer in den zurückliegenden Jahren den kommunalen Autonomiespielraum in der Einnahmenerhebung spürbar eingeengt hat. Das heißt, es muß ein Ersatz für die Gewerbesteuer gefunden werden. Der Bund hat es damit bislang nicht eilig, zumal die Lösung zwischen den Gemeinden, die für eine Wertschöpfungssteuer plädieren, und den Wirtschaftsverbänden, die eine kommunale Mehrwertsteuer befürworten, umstritten ist. Niemandem ist jedoch damit gedient, wenn über dem Streit wachstumsnotwendige kommunale Investitionen unterbleiben.

Unter dem Stichwort „Anregung privater Investitionen" geht es ausgabeseitig nicht zuletzt um die Forschungs- und Technologiepolitik. Angesichts der gerade auf diesem Feld besonders nahe liegenden Versuchung, dem Strukturwandel nicht nur Hindernisse aus dem Weg zu räumen, sondern ihn zu lenken, ist zu begrüßen, daß die Bundesregierung im Forschungsbericht 1984 das Subsidiaritätsprinzip unter den Grundsätzen ihrer Politik ausdrücklich hervorhebt: „Einsatz öffentlicher Mittel grundsätzlich nur dort, wo eigene staatliche Verantwortung liegt und wo aus übergeordneten gesellschaftlichen oder gesamtwirtschaftlichen Gründen Forschung und Entwicklung einer Unterstützung bedürfen...[9] Ob die Mittelverteilung auf direkte oder indirekte Förderung diesem Grundsatz gerecht wird, ist freilich eine andere Frage. Unabhängig davon sollte den mit der Diffusion von technischen Neuerungen verbundenen Problemen stärkere Aufmerksamkeit gewidmet werden. Im internationalen Wettbewerb zählen letztlich nicht nur Grundlagenwissen und Demonstrationsobjekte, sondern es zählt vor allem, wie rasch technische Neuerungen in der Breite der Wirtschaft ihren Niederschlag in verbesserten Produktionsverfahren und Produkten finden. Daß japanische Forschungspolitiker sich weniger als Finanzierer denn als Moderatoren verstehen, daß sie Forschungsförderung in starkem Maße wettbewerbsorientiert im Hinblick auf die beteiligten Unternehmen organisieren und daß sie die Diskussion um Technologiefolgen offensiv führen, mag zu denken geben.[10]

19. Jede Umstrukturierung auf der Einnahmenseite und der Ausgabenseite der öffentlichen Haushalte berührt Verteilungsinteressen. Von solchen Interessen kann sich die Wirtschaftspolitik jedoch nicht leiten lassen, wenn sie das wirtschaftliche Wachstum fördern und damit die Ausweitung des Arbeitsplatzangebots voranbringen will. Sie kann auch nicht darauf warten, daß andere ihr die Aufgabe abnehmen – etwa die Gewerkschaften mit einer Lohnpolitik, die investitionsfördernde Steuererleichterungen entbehrlich machte, ganz abgesehen davon, daß Verbesserung der wachstumspolitischen Rahmenbedingungen und Senkung der Arbeitskosten nicht als Alternativen, sondern als Komplemente zu sehen sind.

20. Senkung der Arbeitskosten muß nicht Senkung der Nominallöhne heißen. Je mehr technische Neuerungen in der Breite der Wirtschaft zum Zuge kommen und je kräftiger die Produktivität damit steigt, um so weniger muß lohnpolitische Zurückhaltung Verzicht auf Nominallohnsteigerungen bedeuten, die auch real eine Einkommensverbesserung für die Arbeitnehmer mit sich bringen. Der Einwand, daß bei rascherem technischen Fortschritt mehr und mehr Arbeitnehmer an den Rand gedrängt würden, weil sie nicht die erforderliche Qualifikation mitbrächten, ist ohne Zweifel ernst zu nehmen; die Folgerung kann jedoch nicht lauten, den technischen Fortschritt zu bremsen, sondern sie muß darin bestehen, die Qualifikation über die berufliche Erstausbildung hinaus im Wege der betrieblichen wie überbetrieblichen Weiterbildung nach Kräften zu fördern. Hier sind Staat und Tarifparteien gleichermaßen gefordert. Mit der Aufstockung der entsprechenden Fördermittel der

---

[9] Bundesbericht Forschung 1984, BT-Drucksache 10/1543, S. 13.

[10] Siehe dazu: Das Forschungs- und Technologiesystem in Japan, Untersuchung der Prognos AG im Auftrag des Bundesministers für Forschung und Technologie, Verlag TÜV-Rheinland, Köln 1983.

Bundesanstalt für Arbeit ist es nicht getan. Es geht auch darum, verstärkte Qualifikationsanreize für die Arbeitnehmer zu setzen, und dazu ist eine Reduktion der hohen Grenzsteuersätze in der Lohn- und Einkommensteuer ebenso geboten wie eine differenziertere Lohnpolitik, bei der sich eine Höherqualifizierung wieder stärker auszahlt.

Rechtzeitige und umfassende Information über die Qualifikationsanforderungen im Zusammenhang mit der Einführung technischer Neuerungen und ein entsprechendes Weiterbildungsangebot könnten auch Widerstände in den Belegschaften abbauen helfen, die sich gegen die neuen Techniken richten und den Diffusionsprozeß hemmen.

21. Im Hinblick auf eine Senkung der Arbeitskosten spielen auch die Personalnebenkosten eine ganz wesentliche Rolle, die in weiten Teilen der Wirtschaft heute fast so hoch sind wie das Entgelt für geleistete Arbeit: Im Verarbeitenden Gewerbe etwa entfallen von den gesamten Personalkosten rund 56 % auf Entgelte für geleistete Arbeit und nicht weniger als 44 % auf Personalnebenkosten. Nicht ganz die Hälfte davon ist durch gesetzliche Regelungen bedingt, wobei die Pflichtbeiträge zur Sozialversicherung am stärksten ins Gewicht fallen. Senkung der Arbeitskosten muß daher in verstärktem Maße auch bei den Beitragssätzen ansetzen, insbesondere bei den Beitragssätzen zur Krankenversicherung; der Weg dazu kann nur über eine effizientere Kostendämpfung im Gesundheitswesen führen. Erhebliche Personalnebenkosten verursacht daneben die gesetzliche Lohn- und Gehaltsfortzahlung. Die Erweiterung des Ausgleichsverfahrens im Rahmen des Beschäftigungsförderungsgesetzes vom Mai 1985 hat hier für kleine Betriebe zwar Erleichterungen gebracht, die Kostenbelastung für die Unternehmen im ganzen aber unverändert gelassen.

Generell trägt das Beschäftigungsförderungsgesetz sicherlich dazu bei, Einstellungshemmnisse abzubauen, insbesondere indem es die Zulässigkeit befristeter Arbeitsverträge erweitert, die Teilzeitarbeit arbeitsrechtlich aufwertet und das Sozialplanrecht neu regelt. Da ein Großteil der Lohnnebenkosten jedoch von der Beschäftigtenzahl und nicht vom Umfang der geleisteten Arbeitsstunden abhängt, ist Überstunden die kostenmäßige Attraktivität zu Neueinstellungen noch keineswegs ganz genommen. Die Überstundenproblematik weiter von dieser Seite her anzugehen, statt mit Reglementierungen, ist der marktwirtschaftliche Lösungsweg und daher vorzuziehen.

22. Was zur Finanzierung von Investitionen in neue Arbeitsplätze an eigenen Mitteln der Unternehmen erforderlich ist, werden sie, auch wenn sich die Ertragslage weiter verbessert, aus einbehaltenen Gewinnen allein kaum beschaffen können. Das heißt, daß auch der Zuführung risikotragenden Kapitals von außen eine erhebliche Bedeutung zukommt. Damit ist die Risikoaversion der Banken ebenso angesprochen wie die steuerliche Begünstigung des Fremdkapitals, die die Beschaffung risikotragenden Eigenkapitals über den Markt verteuert. Hinzu kommen die übrigen Kosten der Eigenkapitelbeschaffung von außen. Bei börsenfähigen Unternehmen schlägt dabei vor allem zu Buche, daß die Emissionshäuser, die den Verkauf für die Unternehmen besorgen, dazu neigen, die Emissionskurse aus Gründen der Minimierung ihres Plazierungsrisikos möglichst niedrig festzusetzen – vom emittierenden Unternehmen also sozusagen ein beträchtliches Disagio als Risikoprämie zu verlangen. Mehr Wettbewerb unter den Banken um die Emission junger Aktien könnte daher für niedrigere Emissionskosten sorgen.

Für nicht-börsenfähige Unternehmen stellt sich der Zugang zu außenfinanziertem Eigenkapital zumeist als noch größeres Problem dar. In besonderem Maße gilt das für junge, technologieintensive Unternehmen. Inzwischen nimmt zwar auch in der Bundesrepublik das Venture Capital zu; viel mehr als ein Anfang ist auf diesem Gebiet freilich noch nicht gemacht.

23. Im Zusammenhang mit der Durchsetzung von Innovationen spielen zum Teil auch wettbewerbsrechtliche Regelungen eine nicht unbedeutende Rolle. Dies wird deutlich, wenn man sich klarmacht, daß neue Produkte häufig auf ihrem speziellen Markt beachtliche Marktanteile gewinnen müssen, damit die hohen Entwicklungskosten gedeckt und Anlaufverluste getilgt werden können. Die erforderlichen Marktanteile liegen nicht selten über den Grenzen, von denen ab das Kartellgesetz eine marktbeherrschende Stellung vermutet. Eine zu früh greifende Preisaufsicht kann dann leicht die Rentabilität von Innovationen verhindern. Sicherung des nachstoßenden Wettbewerbs durch Abbau von Marktzugangsschranken ist wachstumspolitisch allemal die effizientere Strategie. In welchem Umfang sich der Staat hier selbst im Weg steht – und dies nicht nur mit Marktregulierungen, sondern auch mit der Vergabepraxis bei öffentlichen Aufträgen – wäre einer eingehenden Überprüfung durchaus wert.

24. Verbesserung der wachstumspolitischen Rahmenbedingungen heißt nicht zuletzt auch Durchforstung des Dickichts staatlicher Gebote, Verbote, Verordnungen und Vorschriften, die je für sich zwar ihre Gründe haben mögen, die für die investierenden Unternehmen aber immer undurchsichtiger geworden sind und die vor allem aufgrund mangelnder Koordination zwischen der Vielzahl zuständiger Behörden investitionshemmend wirken. Hinzu kommt die inflationsartige Ausweitung von Einspruchsrechten, die Uneinheitlichkeit der einschlägigen Rechtsprechung und der immer längere Weg durch die einzelnen Instanzen, mit der Folge, daß das Behördenrisiko für ein innovatives Unternehmen heute oft größer ist als das Marktrisiko. Über partielle Verminderungen der Regelungsdichte (so im Baurecht) ist der Abbau dieser Investitionshemmnisse bislang kaum hinausgekommen.

25. Insgesamt gesehen kann es angesichts des Problembefunds nicht um Patentrezepte gehen. Wachstumspolitik heute – als Politik, die vornehmlich die Anpassungsfähigkeit an gewandelte Präferenzen, an veränderte weltwirtschaftliche Gegebenheiten, an neue Techniken und an neue Knappheitsverhältnisse zwischen Markt- und Umweltgütern fördert – muß an vielen Stellen gleichzeitig ansetzen und dabei mehr Ordnungspolitik als Prozeßpolitik sein. Anders als die Konjunkturpolitik muß die Wachstumspolitik die mittlere Frist im Auge haben. Ihr Erfolgsmaßstab ist das Entstehen neuer Arbeitsplätze, und nicht nur die Auslastung der vorhandenen alten Arbeitsplätze. Wachstumspolitik braucht daher einen längeren Atem, was angesichts der drängenden Beschäftigungsprobleme freilich nicht heißt, daß die weitere Verbesserung der Wachstumsbedingungen auf die lange Bank geschoben werden könnte.

Mehr Strukturpolitik – eine Antwort auf Arbeitslosigkeit und Stagnation der Realeinkommen?

Von *Hans-Hagen Härtel*

1. Arbeitslosigkeit und Produktivitätsschwäche strukturbedingt?

Es werden häufig strukturelle Ursachen dafür verantwortlich gemacht, daß nun schon seit 12 Jahren eine hohe und trendmäßig noch steigende Arbeitslosigkeit besteht und daß sich der Produktivitätsanstieg so stark verlangsamt hat, daß die auf den bestehenden Arbeitsplätzen verdienten Realeinkommen inzwischen nahezu stagnieren. Und da weder die Selbstheilungskräfte des Marktes noch zahlreiche Konjunkturprogramme die ungünstige Beschäftigungs- und Produktivitätsentwicklung umkehren konnten, fanden die Forderungen zunehmend Anklang, die Bundesregierung möge ihre traditionelle Zurückhaltung gegenüber der Strukturpolitik aufgeben. Im Hinblick auf die bisherige, meist strukturkonservierende Praxis der Strukturpolitik wurde insbesondere die Devise populär, der Staat dürfe sich nicht mit Schadensbegrenzung begnügen, sondern müsse sich vorausschauend und gestaltend in die Entscheidungen der Privaten einschalten, mit denen Quantität und Qualität des künftigen Angebots von Gütern und Arbeitsplätzen festgelegt werden.

a) Stärkere Fluktuationen und Friktionen?

Strukturbedingte Arbeitslosigkeit und Produktivitätseinbußen treten zunächst als fluktuations- oder friktionsbedingte Arbeitslosigkeit und Unterauslastung der Sachkapazitäten auf, wenn sich die Produktionsstruktur als nicht marktgerecht erweist, weil

- das angebotene Gütersortiment nicht den Wünschen der Nachfrager entspricht,
- die Struktur der zur Herstellung des Güterangebots benötigten natürlichen Ressourcen (einschließlich Umwelt), Vorprodukte und Leistungen der Arbeitskräfte und der Kapitalgeber nicht mit der Struktur des verfügbaren Angebots an Produktionsfaktoren in Einklang steht,
- die Wirtschaft nicht auf die Herstellung jener Güter und auf die Anwendung jener Produktionsverfahren spezialisiert ist, für die komparative Vorteile in der internationalen Arbeitsteilung bestehen.

Es gibt durchaus eine Reihe von Indizien dafür, daß seit den siebziger Jahren häufiger temporäre oder dauerhafte, von den Unternehmen nicht vorausgesehene Änderungen der Absatz- und Produktionsbedingungen sowie der Konkurrenzbeziehungen gegenüber dem Ausland eingetreten sind und auch ein größeres Ausmaß angenommen haben, als dies in den fünfziger und sechziger Jahren der Fall war. So ist mit dem wachsenden Wohlstand die Bedeutung der nicht lebensnotwendigen Güter, d.h. aber der Güter mit diskontinuierlicher Nachfrageentwicklung, gestiegen, und auf dem Wohnungsmarkt haben die zyklischen Ausschläge und die Trendverschiebungen zugenommen. Die Energieverteuerung, die Schwankungen der Zinssätze und Lohnsteigerungsraten und die von der Mikroelektronik ausgehende Beschleunigung des technischen Fortschritts haben starke temporäre oder trendmäßige Veränderungen in den Produktionsbedingungen hervorgerufen. Und die durch Kapitalbewegungen und Währungssubstitution ausgelösten Verschiebungen der Wechselkursrelationen, der Einkommenstransfer zugunsten der OPEC oder die Absatzerfolge Japans und der Schwellenländer auf zahlreichen Industriegütermärkten sind Beispiele für zunehmende Instabilität und rascheren Wandel der internationalen Wettbewerbsbedingungen.

Wenn auch die fluktuations- und friktionsbedingte Arbeitslosigkeit und Unterauslastung in den letzten zwölf Jahren größer geworden sind, so bleibt im Hinblick auf den wirtschaftspolitischen Handlungsbedarf zu fragen, wodurch die temporären oder dauerhaften Veränderungen der Absatz-, Produktions- und Wettbewerbsbedingungen hervorgerufen worden sind. Darüber hinaus reichen sie zur Erklärung der Arbeitslosigkeit und Produktivitätsschwäche bei weitem nicht aus, denn selbst wenn die vorhandenen Kapazitäten voll ausgelastet wären, ergäbe sich noch ein erheblicher Anstieg der Arbeitslosigkeit und eine Abflachung des Produktivitätsanstiegs. Die Expansion der Beschäftigung und Realeinkommen wird nicht mehr lediglich von strukturellen Kapazitätsengpässen, sondern durch globale Schranken begrenzt. Seit Jahren besteht ein Defizit an arbeitsplatz- und einkommensschaffender Sachkapitalbildung.

Wie es zu diesem Defizit gekommen ist und warum es sich als so nachhaltig erweist, darüber gibt es eine Reihe von unterschiedlichen Auffassungen. Strukturelle Hypothesen konkurrieren mit global orientierten Erklärungsansätzen, und strukturpolitische Empfehlungen stehen im Wettbewerb mit gesamtwirtschaftlich orientierten Rezepten.

Um die Vielfalt von Hypothesen zu ordnen, sei daran erinnert, daß Anlagen in inländisches Produktivvermögen auf den Vermögensmärkten mit Anlagen in Immobilien, in inländisches Finanzkapital und in ausländisches Beteiligungs- und Geldkapital konkurrieren und daß die Produktionsanlagen auf den Gütermärkten das potentielle Angebot und auf den Faktormärkten die potentielle Nachfrage bestimmen. Somit lassen sich die Hypothesen danach sortieren, ob sie die Fehlentwicklungen auf den Vermögensmärkten, auf den Gütermärkten oder auf den Faktormärkten suchen, wobei freilich die Interdependenz der drei Märkte sowie ihre Verflechtungen mit den entsprechenden Auslandsmärkten zu berücksichtigen sind.

b) Störungen auf den Vermögensmärkten?

Die Bildung von inländischem Produktivvermögen setzt voraus, daß genügend Anleger bereit sind, die damit verbundenen Risiken zu übernehmen, und daß das inländische Produktivvermögen auf den Vermögensmärkten hinsichtlich der Ertragsaussichten und der Sicherheit mit den inländischen und ausländischen Anlagealternativen konkurrieren kann. Es gibt drei Hypothesen dafür, daß das Defizit an Sachkapitalbildung seinen Ursprung nicht nur auf den Güter- und Faktormärkten hat, sondern auch auf Funktionsstörungen und Verzerrungen auf den Vermögensmärkten zurückzuführen ist:

- Erstens: Zunehmende Instabilität des Anlegerverhaltens hat die Preisausschläge auf den Vermögensmärkten verstärkt, die wiederum auf den Güter- und Faktormärkten Friktionen verursacht und die Investitionsrisiken erhöht haben.
- Zweitens: Es fehlte auf den Vermögensmärkten ein komplementäres Angebot an risikolosen Anlagen, das den Anlegern die Übernahme von risikoreichen Anlagen erleichtert hätte.
- Drittens: Die Anlagepräferenzen waren zugunsten der konkurrierenden Anlagealternativen, insbesondere Immobilien oder Auslandsanlagen verzerrt.

Die starken Ausschläge der Immobilienpreise, der Wertpapierkurse und Zinssätze sowie der Wechselkurse sind in der Tat ein Indiz dafür, daß seit den siebziger Jahren die Dispositionen der Anleger von großer Instabilität geprägt sind. Doch es ist zwischen Keynesianern und Monetaristen umstritten, ob diese Instabilität durch Marktversagen oder durch Staatsversagen verursacht ist. Es spricht indessen viel dafür, daß die starken Ausschläge hauptsächlich politisch bedingt sind und auf den häufigen und abrupten Wechsel von Inflationsduldung und Inflationsbekämpfung im Inland und im Ausland sowie auf den Mangel an Koordination zwischen Geldpolitik, Finanzpolitik und Einkommenspolitik einerseits sowie zwischen heimischer und ausländischer Wirtschaftspolitik andererseits zurückzuführen sind.

Eine weitere Kontroverse zwischen Keynesianern und Monetaristen besteht darüber, ob und inwieweit die Bildung von risikoreichem Produktivvermögen ein komplementäres Angebot von risikolosen Staatstiteln und Notenbankgeld voraussetzt. Die Ratio dieses Argumentes besteht darin, daß eine Verschiebung der Anlagepräferenzen zugunsten von Immobilien oder von Auslandskapital eine nachfragewirksame Realkapitalbildung bedeutet und damit anders zu bewerten ist als eine Präferenzverschiebung zugunsten von Finanzkapital. Soweit sich die Anlegerpräferenzen von Produktivvermögen zu Immobilien verlagern, sinkt zwar die Nachfrage nach Investitionsgütern, doch es steigt dafür die Wohnungsbaunachfrage. Und soweit die Anleger Auslandsvermögen gegenüber Inlandsvermögen bevorzugen, wird sich die D-Mark abwerten, so daß eine zunehmende Auslandsnachfrage und ein nachlassender Importdruck den Ausfall der Investitionsnachfrage ersetzen. Soweit Finanzanlagen attraktiver werden, ist damit zwar keine unmittelbare Mehrnachfrage verbunden, doch wird über die Reaktionen auf den Faktormärkten insoweit Nachfrage induziert, als Geldkapital als Produktionsfaktor eingesetzt wird. Bei sinkender Sachkapitalbildung müssen die Anleger, wie auch die anderen Anbieter von Faktorleistungen, ihre Einkommensansprüche reduzieren, wenn ihr Angebot zum Zuge kommen soll. Die Reduktion der Einkommensansprüche regt entweder die inländische Realkapitalbildung oder den Kapitalexport an. Der Marktausgleich auf den Gütermärkten und Faktormärkten unterbleibt jedoch, wenn eine Keynesche Konstellation vorliegt, wenn also die Anleger aus Risikogründen eher zinslose Liquidität halten, als daß sie Kapital zu dem herrschenden Marktzins den Unternehmen, Bauherren oder dem Ausland zur Verfügung stellen. Bei dieser Konstellation könnte entweder der Staat risikolose Anlagentitel bereitstellen und mit den aufgenommenen Finanzierungsmitteln zusätzliche Nachfrage finanzieren, oder die Notenbank müßte mehr Liquidität bereitstellen und durch Erwerb von Forderungen gegenüber inländischen Banken oder Nichtbanken, gegenüber dem Staat oder gegenüber dem Ausland die Bildung von Realkapital finanzieren.

Es ist allgemein unbestritten, daß in solchen Konstellationen, in denen die Risiken der Realkapitalbildung von den Anlegern so pessimistisch eingeschätzt werden, daß eine kumulative Deflation droht, der Fiskus oder die Notenbank einzuspringen haben. Fraglich ist jedoch, ob das trendmäßige Nachlassen der Investitionstätigkeit mit einem ungerechtfertigten Pessimismus und einem Mangel an risikolosen Anlagen zu erklären ist. Die Staatsschuld ist seit den siebziger Jahren in allen Ländern sehr viel schneller angewachsen, als das Sozialprodukt gestiegen ist, ohne daß dies die Bildung von Produktivkapital gefördert hätte; sie hat vielfach die Erwartungen destabilisiert und somit kontraproduktiv gewirkt. Ebenso fragwürdig ist die These, daß die Bildung von Produktivkapital durch Knappheit von Zentralbankgeld behindert worden sei. Dies schließt nicht aus, daß die Geldpolitik gelegentlich, z.B. im Jahr 1981, tatsächlich zu restriktiv angelegt war. Betrachtet man jedoch die trendmäßige monetäre Expansion, so ist sie weit über das reale Wachstum der Produktionskapazität hinausgegangen.

Was schließlich die dritte Hypothese betrifft, so läßt sich eine zu ungünstige Einschätzung von Rentabilität oder Sicherheit der Anlage in Produktivvermögen gegenüber der Anlage in Immobilien oder im Ausland zum einen mit Informationsmängeln und zum anderen mit externen Effekten erklären. Für das Vorliegen eines Informationsvorsprungs des Staates gibt es indessen wenig empirische Evidenz. Zwar haben die Banken durch eine falsche Bonitätseinschätzung einen zu hohen Kapitalexport in die Entwicklungsländer verursacht, doch haben die Regierungen die Banken an der überzogenen Kreditvergabe keineswegs gehindert, sondern sie im Gegenteil noch ermuntert.

Eine andere Qualität hat das Argument, daß inländisches Produktivkapital auf den Vermögensmärkten deshalb unterbewertet werde, weil die privaten Erträge niedriger sind als die sozialen Erträge. Diese Erträge der Investitionstätigkeit, die durch die Diffusion des technischen Fortschritts bei anderen Unternehmen oder durch die Sicherung und Schaffung von Arbeitsplätzen bei den Arbeitnehmern oder durch die Erhöhung des Steueraufkommens beim Staat anfallen, sind eine Rechtfertigung dafür, daß private Investitionen vom Staat gefördert werden. Obwohl das Steuersystem seit 1977 investitionsfreundlicher geworden ist, kann man nicht davon sprechen, daß in der Bundesrepublik die Bildung von inländischem Produktivkapital gegenüber anderen Vermögensanlagen oder gegenüber dem Konsum begünstigt ist. Nach wie vor sind Immobilien durch die steuerliche und finanzielle Begünstigung des Wohnungsbaus bevorzugt. Und die Bildung von Auslandsvermögen durch Kapitalexport ist zwar seit der Freigabe der Wechselkurse im Jahr 1973 nicht mehr generell durch die Unterbewertung der D-Mark begünstigt, doch besteht in der wirtschaftspolitischen Diskussion nach wie vor die Tendenz, Leistungsbilanzüberschüsse und Kapitalexport als einen Ausweis von wirtschaftspolitischem Erfolg und Leistungsbilanzdefizite und damit verbunden Kapitalimporte als Fehlentwicklung zu kennzeichnen, die durch geldpolitische Restriktion zu bekämpfen ist.

c) Störungen auf den Gütermärkten?

Eine nachhaltige Investitionsdynamik setzt voraus, daß die Unternehmen optimistische Absatzerwartungen haben und daß sie auf Veränderungen der Absatzchancen rasch und zutreffend reagieren. Es lassen sich wiederum drei Hypothesen anführen, in denen die Arbeitslosigkeit und Produktivitätsschwäche darauf zurückgeführt werden, daß diese Voraussetzungen auf den Gütermärkten nicht gegeben waren:

- Erstens: Das Potential an Absatzsteigerungen hat sich zunehmend erschöpft.
- Zweitens: Absatzmöglichkeiten sind ungenutzt geblieben, weil sie ohne Mitwirkung des Staates nicht erschlossen werden können.
- Drittens: Die Angebotselastizität der Unternehmen hat nachgelassen.

Die Unternehmen wissen, daß eine nachhaltige Absatzexpansion nicht auf der Basis des vorhandenen Güterangebots, sondern nur durch Wandel des Produktsortiments und durch Produktinnovationen möglich ist. Dauerhafter Nachfragepessimismus entsteht daher nicht schon deshalb, weil die Unternehmen ihre vorhandenen Produktionsanlagen nicht auslasten, sondern erst dann, wenn sie mit verändertem Güterangebot oder mit Produktinnovationen nicht auf ausreichende Resonanz stoßen. Die Ursachen hierfür könnten darin liegen, daß das inländische Absatzpotential begrenzt ist, weil die Konsumenten die Bildung von Vermögen dem Erwerb von Konsumgütern vorziehen. Mit dieser Hypothese läßt sich die Verlangsamung der Verbrauchsexpansion in den letzten 12 Jahren indessen kaum erklären, denn die Sparquote der privaten Haushalte ist seit Mitte der siebziger Jahre trendmäßig nicht mehr gestiegen, sondern gesunken. Nicht eine geringe Verbrauchsneigung, sondern eine geringe Expansion der Realeinkommen ist für den geringen Verbrauchsanstieg verantwortlich. Aber selbst wenn die Ersparnis die Neigung der Unternehmen zu Neuinvestitionen überstiegen hätte, wäre in einer offenen Volkswirtschaft daraus keine Stagnation entstanden, denn die Ersparnis hätte im Ausland, wo kein genereller Kapitalüberfluß bestand, ohne weiteres verzinslich untergebracht werden können, und für die Produzenten hätten auf dem Weltmarkt unbegrenzte Absatzmöglichkeiten bestanden, vorausgesetzt, das Angebot wäre nach Preis und Qualität wettbewerbsfähig gewesen.

Nach der zweiten Hypothese wären Nachfragepessimismus und Nachfrageschwäche damit zu erklären, daß die latenten Bedürfnisse der Konsumenten auf Feldern liegen, deren Erschließung bislang versäumt wurde. Dem Staat wird dabei die Aufgabe zugewiesen, den Unternehmen die Richtung der Nachfrageentwicklung zu weisen und die Absatzmöglichkeiten zu sichern. Dies ist insbesondere dort möglich, wo es um die Befriedigung von Kollektivbedürfnissen geht. Es verwundert deshalb nicht, daß bei nachfrageorientierten Erklärungsansätzen und Therapien staatliche oder staatlich induzierte Nachfrage eine bedeutsame Rolle spielt, so z. B. in jüngster Zeit im Rahmen der Umweltschutzpolitik. Dabei wird jedoch in der Regel nicht berücksichtigt, daß diese Absatzsicherheit nur für die Lieferbranchen gilt und daß auf anderen Märkten mit Absatzrückgang oder Absatzunsicherheit zu rechnen ist, wenn die staatliche Erschließung von Nachfragefeldern mit zusätzlichen Kosten verbunden ist oder Einkommen entzieht. Überdies ist zu berücksichtigen, daß bis Anfang der achtziger Jahre der Anteil der vom Staat induzierten Nachfrage an der gesamten Inlandsnachfrage ständig gestiegen ist. Und die Bildung neuer Schwerpunkte, wie z.B. in den siebziger Jahren der Aufbau und Ausbau der Infrastruktur, hat wegen der Instabilität der Auftragsvergabe die Absatzrisiken der Liefersektoren erhöht und wegen des häufig ungünstigen Verhältnisses von Kosten und Nutzen die Volkswirtschaft mit zusätzlichen Kosten belastet.

Ein Verlust an Angebotsflexibilität, der nach der dritten Hypothese den Mangel an Investitionsdynamik erklären könnte, wäre in vielfältigen Formen denkbar. Die gestiegenen Investitionsrisiken und die zunehmende Instabilität der Nachfrageentwicklung könnten die Unternehmen veranlaßt haben, die Marktentwicklung länger abzuwarten und mehr Zeit für die Gewinnung von Informationen aufzuwenden. Möglicherweise erfordern die Veränderungen der Absatzbedingungen, der Produktionsbedingungen und der Wettbewerbsbedingungen heute aber auch stärker als früher den zeitaufwendigen Abbau von Überkapazitäten und den Ausbau und Aufbau von Produktionsanlagen an anderer Stelle, der wegen der notwendigen Errichtung von Infrastruktur oder wegen der Umschulung und Qualifizierung der Arbeitskräfte ebenfalls Zeit erfordert. Die zahlreichen Branchenkrisen, z.B. bei Kohle und Stahl, im Schiffbau oder in der Landwirtschaft, und das wachsende Nord-Süd-Gefälle in der Bundesrepublik könnten einen gestiegenen Anpassungsbedarf anzeigen. Betrachtet man jedoch die einschneidendste Datenänderung in den siebziger und achtziger Jahren, nämlich die Energieverteuerung, so zeigt sich, daß die Ölimportländer in überraschend kurzer Zeit ihren Energieverbrauch vom wirtschaftlichen Wachstum entkoppeln und sich von den Lieferungen der OPEC unabhängig machen konnten. Überdies waren die Anpassungslasten der Energieverteuerung bei weitem nicht so stark auf einzelne Regionen oder Branchen konzentriert, wie die Strukturprobleme, die die Verbilligung des Mineralöls in den sechziger Jahren für den Montansektor und für die Kohlenreviere mit sich gebracht hatte. Daß die Ölpreisschocks dennoch Produktion und Beschäftigung beeinträchtigt haben, lag daran, daß die Energieverteuerung nicht inflationsneutral war, sondern mit Stabilisierungskrisen verbunden war; die Störungen kamen also von den Vermögensmärkten und Faktormärkten, nicht aber von den Gütermärkten.

In einer offenen Wirtschaft läßt sich die Angebotsflexibilität nur im internationalen Maßstab beurteilen. Eine gleichbleibende Angebotsflexibilität bedeutet einen Rückschritt, wenn sie in den konkurrierenden Industrieländern steigt, wenn z.B. die ausländischen Anbieter schneller mit niedrigeren Preisen, mit besserer Qualität oder mit neuen Produkten am Markt sind. Das Vordringen Japans und der ostasiatischen Schwellenländer hat hier neue Maßsäbe gesetzt.

d) Störungen auf den Faktormärkten?

Niveau und Struktur der Sachkapitalbildung sowie die Anpassungsflexibilität der Unternehmen werden nicht zuletzt auf den Faktormärkten determiniert. Es seien wiederum drei Hypothesen genannt, die die unbefriedigende Beschäftigungs- und Produktivitätsentwicklung durch Störungen auf den Faktormärkten zu erklären versuchen:

- Erstens: Die Einkommensansprüche der Anbieter von Faktorleistungen, die das reale Kostenniveau der Produktion bestimmen, sind so stark gestiegen, daß nicht genügend Produktion und Beschäftigung rentabel waren.
- Zweitens: Der Wandel der Produktionsstruktur und der technische Fortschritt gingen zu Lasten des Produktionsfaktors Arbeit.
- Drittens: Die Angebotselastizität der Unternehmen wurde durch Engpässe

im Faktorangebot (Kapitalmangel, Mangel an beruflicher und regionaler Mobilität der Arbeitskräfte, Umwelt- und Energieknappheit sowie Grenzen des technischen Fortschrittes) behindert.

Mit den Ölpreisschocks beanspruchten nicht nur die Anbieter von Energie einen höheren Anteil am Produktionsertrag, sondern es stiegen auch die Reallöhne schneller als das Produktionsergebnis je Arbeitskraft, und schließlich konnten auch die Kapitalgeber zunächst nur in der Bundesrepublik, aber seit Anfang der achtziger Jahre auch weltweit höhere Realzinsen durchsetzen. Hinzu kam, daß die Besteuerung der Unternehmen und der Kapitalbildung in der Bundesrepublik weltweit nach wie vor in der Spitzengruppe lag, ohne daß der Staat als Ausgleich dafür auf der Ausgabenseite produktivitätserhöhenden Maßnahmen Priorität einräumte. Der Anstieg der Einkommensansprüche auf breiter Front mußte die realen Produktionskosten erhöhen, zumal der kostensenkende Effekt des technischen Fortschrittes kleiner wurde, nicht zuletzt weil die Märkte weniger wurden, auf denen hohe Absatzsteigerungen die Ausnutzung der Kostendegression erlaubt hätten.

Diese Interpretation, daß nahezu alle Anbieter von Faktorleistungen höhere Einkommensansprüche durchgesetzt haben, scheint der gängigen These zu widersprechen, daß die Arbeitslosigkeit auf die Verteuerung des Produktionsfaktors Arbeit im Vergleich zum Produktionsfaktor Kapital zurückzuführen sei, eine These, die angesichts der Konstellation von hohen Realzinsen und niedrigen Reallohnsteigerungen für die letzten Jahre widerlegt scheint. Dieser Widerspruch verschwindet jedoch, wenn man in Rechnung stellt, daß in einer offenen Volkswirtschaft nicht der mobile, sondern der immobile Produktionsfaktor dafür zu sorgen hat, daß das Niveau der Produktionskosten so stark sinkt, daß genügend Produktion und Beschäftigung rentabel wird.

Damit ist auch die zweite Hypothese in das richtige Licht gerückt. Es ist keineswegs so, daß sich die rationalisierungsbedingten Freisetzungen von Arbeitskräften in den letzten zwölf Jahren verstärkt hätten; das Tempo der Kapitalintensivierung hat vielmehr in der deutschen Wirtschaft abgenommen. Auch zeichnet sich der technische Fortschritt, der von der Mikroelektronik seinen Ausgang nimmt, dadurch aus, daß er nicht nur die Arbeitskosten senkt, sondern auch kapital- und ressourcensparend ist. Das beschäftigungspolitische Problem liegt vielmehr darin, daß zum einen das reale Kostenniveau insgesamt noch zu hoch ist, so daß das Produktionsniveau und damit die Nachfrage nach Arbeit und Kapital zu niedrig sind, und daß zum anderen die Faktorpreisrelationen sich nicht so stark verändert haben, daß sich arbeitsintensivere Produktionen lohnen. Korrekturbedürftig ist in solchen Fällen nicht nur das Lohnniveau, d.h. der relative Preis des Produktionsfaktors Arbeit gegenüber den Preisen der anderen Produktionsfaktoren, sondern auch die Lohnstruktur, also die Lohnunterschiede zwischen Branchen, Regionen und Qualifikationen.

Die These, daß die Beschäftigungsprobleme etwas mit Starrheiten der Lohnrelationen zu tun haben, ist nicht unbestritten. So wird darauf verwiesen, daß sich die Tendenz zur Lohnnivellierung seit Mitte der siebziger Jahre nicht mehr fortgesetzt habe und daß die Lohnunterschiede nach Branchen oder Leistungsgruppen durchaus groß sind. Es ist jedoch fraglich, ob die Lohnrelationen, die sich in der Vergangenheit im Einklang mit dem Markt herausgebildet haben, heute noch marktgerecht sind. In einer offenen Volkswirtschaft entscheidet darüber nicht zuletzt der internationale Wettbewerb. Wechselkursbewegungen können allenfalls Niveauunterschiede ausgleichen. Einem außenwirtschaftlich vorgegebenen Zwang zur Differenzierung der Lohnstruktur kann sich ein Land jedoch nur dadurch entziehen, daß die einem Lohndruck ausgesetzten Arbeitskräfte auf die besser bezahlten Arbeitsplätze umgesetzt werden. Diese Arbeitskräfte können indessen, selbst wenn sie eine entsprechende Qualifikation haben, nicht alle im Export beschäftigt werden. Denn die Beteiligung an der internationalen Arbeitsteilung bringt der heimischen Wirtschaft zwar Produktivitätsvorteile und damit Realeinkommenszuwächse, führt jedoch – solange Exportsteigerungen von Importsteigerungen begleitet werden – nicht zu einer Zunahme der gesamtwirtschaftlichen Produktion. Dazu kommt es erst, wenn die Expansion der Realeinkommen eine Steigerung der Binnennachfrage nach sich zieht und die im Außenhandelssektor freigesetzten Arbeitskräfte in den binnenmarktorientierten Branchen Beschäftigung finden. Inwieweit aber der Strukturwandel und der technische Fortschritt in den für die Beschäftigung bedeutsameren binnenmarktorientierten Sektoren, insbesondere in den Dienstleistungsbranchen, eine gleichmäßigere Lohnverteilung erlauben oder eine stärkere Differenzierung erfordern, ist nicht sicher. Darüber entscheidet nicht zuletzt die Flexibilität des Angebots auf den Faktormärkten.

Für die Diagnose der in den letzten zwölf Jahren entstandenen Arbeitslosigkeit und Produktivitätsschwäche stehen die Angebotselastizität der Produktionsfaktoren Arbeit und Kapital sowie die Unvollkommenheiten der Arbeits- und Kapitalmärkte im Vordergrund. Der häufig beklagte Mangel an Flexibilität hat zum Teil seine Ursache darin, daß Arbeitskräfte und Kapitaleigner durch hohe Marktaustrittskosten in ihren bisherigen Positionen festgehalten werden. Diese Marktaustrittskosten bestehen darin, daß bei einer Aufgabe des Arbeitsplatzes oder der Produktion Vermögenswerte abgeschrieben werden müssen. Für Arbeitskräfte bestehen diese Vermögen in Humankapital, aber auch in gesetzlich oder vertraglich festgelegten Besitzständen, z.B. Einkommenspositionen oder Kündigungsschutzregelungen, die von der Dauer der Betriebszugehörigkeit oder von sozialen Merkmalen abhängen und entweder bei einem Arbeitsplatzwechsel verloren gehen oder sich bei der Suche nach einer neuen Beschäftigung als Einstellungsbarriere erweisen. Die Kapitaleigner müssen bei Stillegungen und Liquidierung von Produktionsanlagen unter Umständen auf Forderungen oder eingesetztes Eigenkapital verzichten. Im Falle hoher Marktaustrittskosten werden Arbeitskräfte und Kapitaleigner selbst bei hohen Einkommenseinbußen in der Hoffnung weitermachen, daß sich die Situation bessert oder daß andere Arbeitskräfte und Kapitaleigner ausscheiden, so daß das eigene Vermögen erhalten bleibt.

Die gleiche den Strukturwandel hemmende Eigenschaft haben hohe Kosten des Eintritts in neue Märkte. Für Arbeitskräfte sind dies Kosten des Wohnsitzwechsels oder Aufwendungen für Umschulung und Fortbildung, die sich bei fortgeschrittenem Alter unter Umständen nicht mehr lohnen. Für Kapitaleigner werden die Markteintrittskosten durch die Höhe des Investitionsaufwandes, der Investitionsrisiken und der durch Gesetz oder Verträge festgelegten Zahlungsverpflichtungen im Risikofall bestimmt. Hohe Markteintrittskosten führen nicht nur dazu, daß die Kapitalgeber für die Bereitstellung von Fremdkapital oder Eigenkapital einen höheren Mindestertrag fordern, sondern – wenn die Risiken unkalkulierbar werden – mit Kreditrationierung reagieren.

Als Beispiel für Krisenbranchen, die durch hohe Marktaustrittskosten für Kapitaleigner gekennzeichnet sind, gelten Kohle und Stahl sowie der Schiffbau mit ihren großen, unteilbaren und nicht für andere Produktion verwendbaren Produktionsanlagen. Beispiel für hohe Markteintrittskosten für Kapitalgeber sind die Märkte für technologieintensive Produkte, die mit hohen Forschungs- und Entwicklungsaufwendungen verbunden sind und bei denen das Risiko groß ist, daß konkurrierende Anbieter die Pioniergewinne abschöpfen oder daß der technische Fortschritt die Produktionsentwicklungen obsolet macht. Die hohen Austrittskosten und Eintrittsbarrieren für Arbeitskräfte werden demgegenüber vor allem auf sozioökonomische Gründe zurückgeführt, z.B. auf die abnehmende Neigung, zugunsten von mehr Einkommen die Kosten der Veränderung auf sich zu nehmen, oder auf die gesetzlichen oder tarifvertraglichen Absicherungen von Einkommensrisiken durch Kündigungsschutz oder Sozialpläne.

2. Die Erfolgsaussichten der Strukturpolitik

Die Frage, ob der Staat mit Hilfe der Strukturpolitik die Geschwindigkeit und die Richtung des Strukturwandels so beeinflussen kann, daß die beschäftigungs- und produktivitätsmindernden Hemmnisse auf den Vermögens-, Güter- und Faktormärkten vermieden oder überwunden werden, läßt sich erst beantworten, wenn Klarheit über die Aufgaben der Strukturpolitik besteht. Die Ökonomen unterscheiden bei der Analyse wirtschaftspolitischer Aktivitäten die Wirkungen auf die Effizienz, d.h. auf das Niveau des Einkommens und des Vermögens der Volkswirtschaft, und die Wirkungen auf die Verteilung des Einkommens und des Vermögens. Dabei ergibt sich häufig der Widerspruch, daß sich die Theoretiker in erster Linie mit der Effizienz von Maßnahmen befassen, während die Politiker von Verteilungsfragen in Anspruch genommen werden. Dies gilt auch für die sektorale Strukturpolitik, die von den Ökonomen nahezu ausschließlich als Instrument zur Verbesserung der gesamtwirtschaftlichen Effizienz gesehen wird.

Die sektorale Strukturpolitik unterscheidet sich von der sektorübergreifenden allgemeinen Wirtschaftspolitik dadurch, daß sie mit dem Instrument der sektoralen Differenzierung arbeitet. Die allgemeine Wirtschaftspolitik besteht aus

- Ordnungspolitik, die für funktionsfähige Vermögens-, Güter- und Faktormärkte sorgt und gegen die Beschränkung des Wettbewerbs einschreitet;
- Stabilisierungspolitik, die die Auslastung des gesamtwirtschaftlichen Produktionspotentials auf hohem, aber mit Preisniveaustabilität verträglichem Niveau verstetigt;
- Wachstumspolitik, die die Ressourcenausstattung der Volkswirtschaft verbessert, um die durch das bestehende Produktionspotential gesetzten Grenzen für die Expansion der Realeinkommen und der Beschäftigung hinauszuschieben.

Strukturpolitischer Handlungsbedarf läßt sich nicht schon mit dem Hinweis auf Marktversagen oder Marktunvollkommenheiten begründen. Man muß auch zeigen, daß zur Behebung von Marktversagen oder von Marktunvollkommenheiten eine sektorale Differenzierung der Ordnungs-, Stabilisierungs- oder Wachstumspolitik nötig ist.

a) Sektorale Ordnungspolitik

Die Notwendigkeit von ordnungspolitischen Eingriffen ist dort unbestritten, wo sich keine Wettbewerbsmärkte bilden können, also insbesondere dort, wo sich natürliche Monopole herausbilden würden. Das Entstehen von Marktmacht wird häufig als Begründung für strukturpolitischen Handlungsbedarf genannt. Indessen haben die wirtschaftliche Krise und die zunehmende Integration der Weltwirtschaft selbst auf solchen Märkten, auf denen es nur wenige nationale Anbieter gibt, den Wettbewerb intensiviert. Darüber hinaus haben die Internalisierung der Märkte sowie der technische Fortschritt beispielsweise auf den Telekommunikationsmärkten Wettbewerb möglich gemacht, wo früher eine Monopolstellung durch staatliche Unternehmen angezeigt gewesen war. Die strukturpolitische Praxis zeigt, daß die Regierungen eher zum Handeln gedrängt werden, um den Wettbewerb einzuschränken, anstatt ihn zu intensivieren. In vielen Ländern, namentlich in Frankreich, haben die Regierungen Konzentrations- und Fusionsvorgänge gefördert und versucht, nationale Champions zu züchten, von denen man sich eine Stärkung der Position im internationalen Wettbewerb versprach. Derzeit gibt es ähnliche Bestrebungen in der Europäischen Gemeinschaft. Gerade das französische Beispiel zeigt aber, daß diese Art der Industriepolitik nur dort erfolgreich war, wo die Unternehmen nicht dem Markt ausgesetzt, sondern überwiegend für Aufträge der Regierung oder staatlicher Unternehmen tätig sind (z.B. Rüstungsindustrie, Flugzeugbau, Telekommunikationsindustrie, Atomindustrie). Auf den zivilen Märkten zeigt sich jedoch, daß jene Unternehmen am erfolgreichsten sind, die auf den nationalen Märkten einem intensiven Wettbewerb ausgesetzt sind; dies gilt insbesondere für die japanischen Anbieter, die untereinander nicht nur auf dem heimischen, sondern auch auf den ausländischen Märkten in hartem Wettbewerb stehen.

Die Bundesregierung gehört zwar zu dem liberalen Lager, das der zunehmenden Tendenz zur Einschränkung des internationalen Wettbewerbs Widerstand leistet, doch hat sie im Inneren dieser Tendenz mehr als genug nachgegeben. Insbesondere in Schrumpfungsbranchen, z.B. in der Landwirtschaft, im Kohlenbergbau oder in der Stahlindustrie wurde der Anbieterwettbewerb oder der Substitutionswettbewerb weitgehend ausgeschaltet. Aber auch expandierende Märkte, wie z.B. die Telekommunikationsmärkte, der Strommarkt, die Verkehrsmärkte, die Versicherungsmärkte und weite Teile des Dienstleistungssektors sind in hohem Maße reguliert, so daß der Wettbewerb und der Marktzugang eingeschränkt sind. Diese Beschränkungen dienen ebenso wie die Regulierungen der Arbeitsmärkte kaum der Effizienz, sondern mehr der Erhaltung von Einkommenspositionen. Der in der Diagnose als wesentliche Ursache herausgestellte Mangel an Angebotsflexibilität auf den Güter- und Faktormärkten ist also weniger auf Marktversagen, sondern mehr auf Staatsversagen, insbesondere auf das Versagen der Ordnungspolitik zurückzuführen.

b) Sektorale Stabilisierungspolitik

Der zweite Fall von Marktunvollkommenheiten und Marktversagen, mit dem strukturpolitischer Handlungsbedarf begründet wird, ist Instabilität der Märkte, die auf Erwartungsirrtümer der Nachfrager, Anbieter oder Vermögensanleger zurückzuführen ist. Soweit die Erwartungsirrtümer branchenübergreifend sind, z.B. in einem verbreiteten, ungerechtfertigten Pessimismus oder Optimismus bestehen, ist die Konjunkturpolitik zuständig. Die ursprüngliche Hoffnung, der Staat könne durch Globalsteuerung solche Erwartungsstörungen so neutralisieren, daß sich die Entwicklung der Einkommen und der Beschäftigung im Einklang mit der Entwicklung der Produktionskapazitäten vollzieht, ist verflogen, seitdem die Wirklichkeit durch Stagflation gekennzeichnet ist. Einige Ökonomen glaubten, den Wirkungsgrad der Konkunkturpolitik dadurch steigern zu können, daß der Staat die fiskal- und kreditpolitischen Instrumente entsprechend dem Auslastungsgrad in Sektoren oder Regionen differenziert. Das Konzept der selektiven Konjunkturpolitik geht jedoch an der Tatsache vorbei, daß die Inflation nicht mehr ein Problem der Übernachfrage, sondern ein Problem der Erwartungsbildung ist. Inzwischen herrscht weitgehend Konsens, daß dem Postulat der Verstetigung eine stetige Fiskal- und Geldpolitik entspricht und ein kompensierendes antizyklisches Gegensteuern nur für den Fall vorzusehen ist, daß ein kumulativer Prozeß der Einkommensrestriktion eintritt. Dies bedeutet einen Abschied von der Idee der Feinsteuerung, für die die sektorale und regionale Differenzierung der Konjunkturpolitik nur der letzte Schritt war.

Die sektorale Stabilisierungspolitik ist indessen nicht nur darauf gerichtet, die Effizienz der Konjunkturpolitik zu verbessern, sondern hat auch eine eigenständige strukturpolitische Zielsetzung. Sie soll einerseits die Branchen abschirmen, die in besonderem Maße unter zyklischen Ausschlägen leiden, und sie soll andererseits branchenspezifische Erwartungsirrtümer korrigieren. Das Abschirmungsargument hat in dem Maße an Bedeutung gewonnen, in dem das Mißlingen einer gesamtwirtschaftlichen Stabilisierung selbst Ursache für Erwartungsstörungen geworden ist und Preisausschläge auf den Vermögensmärkten hervorgerufen hat, die die Marktsignale auf den Güter- und Faktormärkten verzerren und damit Friktionen im Strukturwandel verursachen.

Eine Abschirmung gegenüber den Vermögensmärkten könnte z.B. so aussehen, daß der Staat bei übermäßigen Zinsschwankungen die zinsreagiblen Gebrauchs- oder Investitionsgüterkäufe steuerlich begünstigt oder belastet und bei übermäßigen Wechselkursbewegungen die Importe entlastet und die Exporte belastet oder umgekehrt die Importe belastet und die Exporte entlastet (Quasiaufwertung oder Quasiabwertung). Eine derartige Abschirmungspolitik könnte die Nachfrage- und Kostenentwicklung der Unternehmen verstetigen, vorausgesetzt dem Staat wäre bekannt, in welchem Ausmaß die Marktsignale von den „wahren" Knappheitsverhältnissen abweichen. Selbst unter dieser Voraussetzung ist jedoch eine Reihe von Faktoren zu berücksichtigen, die die Abschirmung entweder unwirksam oder kontraproduktiv machen können:

- Die Abschirmung ist fiskalisch kostspielig, selbst wenn sich Belastungen und Entlastungen im Trend ausgleichen. Denn die Unternehmen haben genügend Phantasien und Möglichkeiten, um ungerechtfertigterweise in den Genuß von Entlastungen zu kommen oder sich Belastungen zu entziehen.
- Die Unternehmen verhalten sich gegenüber den Schwankungen der Marktsignale keineswegs passiv; sie reagieren z.B. mit Rabatten oder Preiserhöhungen, mit Lageraufbau oder Lagerabbau, mit der Variation der Fristenstruktur bei der Vermögensanlage oder Kreditaufnahme, mit Wechselkursarbitrage oder Standortdiversifizierungen usw. Wenn aber der Staat die

Unternehmen abschirmt, werden diese möglicherweise auf eigene Anpassungsmaßnahmen verzichten. Dies hätte zur Folge, daß sich die Elastizität der Unternehmen verringert oder daß die Unternehmen in Erwartung auf fiskalische Maßnahmen sogar prozyklisch reagieren.

– Die Unternehmen wissen, daß der Staat hinsichtlich der trendmäßigen Zins- und Wechselkursentwicklung kein überlegenes Wissen hat und eine Abschirmung gegenüber den Vermögensmärkten nicht lange gegen die Marktkräfte durchhalten kann. Insoweit werden die Unternehmen ihre langfristigen Investitions- und Standortentscheidungen nicht von den staatlichen Maßnahmen abhängig machen.

Die gleichen Überlegungen sind anzustellen, wenn die Instabilität der Märkte nicht das Ergebnis von gesamtwirtschaftlichen, sondern von branchenspezifischen Faktoren ist, z.B. von Schwankungen der Nachfrage, des Angebots oder der Wettbewerbsbedingungen gegenüber dem Ausland.

Strukturpolitische Hilfestellung wird bei Ungleichgewichten, die auf einzelne Märkte beschränkt sind, weniger in den Fällen einer Überhitzung der Branchenkonjunktur als notwendig angesehen, sondern mehr in den Konstellationen, in denen aufgrund von Nachfrageeinbrüchen, exzessivem Güterangebot, rascher Verschlechterung der Wettbewerbsfähigkeit gegenüber dem Ausland oder aufgrund von Liquiditätsengpässen, z.B. als Folge der Kürzung von Kreditlinien, Einkommens- und Beschäftigungseinbußen abgewehrt werden sollen. Dabei ist es gleichgültig, ob die Marktsignale temporäre Abweichungen vom Trend oder dauerhafte Veränderungen der Knappheitsrelationen anzeigen. Im ersten Fall dient die Marktstabilisierung der Überbrükkung von Durststrecken, im zweiten Fall verschafft sie den Unternehmen eine Atempause, in der Strategien zum Abbau der Überkapazitäten, zur Wiederherstellung der Konkurrenzfähigkeit oder zur Umsetzung der frei gewordenen Ressourcen in neue, rentable Produktionen entwickelt werden können.

Ein Blick in die strukturpolitische Praxis zeigt indessen, daß es meistens nicht gelingt, solche temporären Hilfen, die im Prinzip im Einklang mit dem Effizienzziel stehen können, auslaufen zu lassen. So dienen in der Landwirtschaft die Marktordnungen nicht mehr dem Marktausgleich, sondern der dauerhaften Einkommenssicherung. Im Kohlebergbau wurde das Ziel, inländische Kohle gegenüber Importkohle und anderen Energieträgern wettbewerbsfähig zu machen, aufgegeben, als nach dem Ölpreisschock das Argument der Versorgungssicherheit eine dauerhafte Protektion zu rechtfertigen schien. In der Stahlindustrie, im Schiffbau und in der Textilindustrie wurde der temporäre Schutz länger als ein Jahrzehnt aufrechterhalten, so daß nicht nur die Anpassung verzögert wurde, sondern neue Verzerrungen eingetreten sind.

c) *Sektorale Angebotspolitik*

Die konservierende Strukturpolitik wird zwar allenthalben beklagt, doch glaubt man, auf sie so lange nicht verzichten zu können, wie keine gleichwertigen Erwerbsmöglichkeiten in Aussicht stehen. Daß der Markt nicht genügend Erwerbsalternativen anbietet, wird mit einer dritten Gruppe von Marktunvollkommenheiten und Marktversagen begründet. Die privaten Kapitalgeber lassen, so lautet die These, rentable Investitionschancen ungenutzt, weil ihnen die sozialen Erträge aufgrund von externen Effekten nicht voll zufallen oder weil der Markt nicht genügend Möglichkeiten der Risikostreuung bereitstellt.

Diese Unvollkommenheiten treten vor allem auf den Faktormärkten auf. Sie begründen allerdings nicht eine sektorspezifische, sondern eine sektorübergreifende Angebotspolitik. Zum Teil geht es um die Ausstattung der Volkswirtschaft mit Ressourcen, die als Kollektivgüter im Prinzip allen Unternehmen zugute kommen, z.B. um die Gewährleistung der Versorgungssicherheit bei Rohstoffen, die Erhaltung der Umweltqualität, die Bildung von Humankapital, die Finanzierung der Erforschung und des Transfers von Grundlagenwissen sowie die Bereitstellung der materiellen Infrastruktur. Zum Teil werden Aktivitäten gefördert, deren Erträge zwar überwiegend einzelnen Unternehmen exklusiv zufließen, für die aber die generelle Vermutung begründet ist, daß auch ein großer Teil der Erträge als externe Effekte bei anderen Unternehmen anfallen, so z.B. bei betrieblichen Aufwendungen für die Ausbildung oder für Forschung und Entwicklung. Die besondere Aufmerksamkeit, die die Angebotspolitiker der Bereitschaft zur Kapitalbildung und Übernahme von Risiken widmen, erklärt sich daraus, daß steuerliche Diskriminierung und hohe gesellschaftliche Auflagen die privaten Kosten der Kapitalbildung und Risikoübernahme über die sozialen Kosten gedrückt haben.

Die Forderung, daß der Staat das Angebot an wachstumsrelevanten Produktionsfaktoren nicht nur erweitern, sondern auch sektoral steuern solle, wird vielfach pragmatisch mit der These begründet, daß eine globale Angebotspolitik einen zu großen Aufwand mit sich bringe, wenn die Fühlbarkeitsschwellen überschritten werden sollen. Es sei deshalb besser, die knappen Mittel auf ausgewählte Projekte zu konzentrieren. Diese Annahme beruht jedoch zum großen Teil auf Illusionen, denn die Konzentration von finanziellen Mitteln dürfte nicht zu einer Vermehrung, sondern nur zu einer Umlenkung der knappen Ressourcen führen, die dann an anderer Stelle fehlen. Eine sektorale Ressourcenlenkung setzt deshalb den Nachweis voraus, daß zum einen die Ressourcen bei den ausgewählten Projekten ein höheres Realeinkommen erbringen als an anderer Stelle und daß zum anderen bei diesen Projekten überdurchschnittlich große Marktunvollkommenheiten dafür verantwortlich sind, daß der Rentabilitätsvorteil nicht von den Privaten wahrgenommen wird. Sieht man von Projekten ab, an denen der Staat als potentieller Nutzer ein eigenes Interesse hat oder bei denen der Finanzbedarf und die Risiken so groß sind, daß private Kapitalmärkte mit der Kapitalaufbringung überfordert sind, so wird man derartige Nachweise in einer Wirtschaft, in der alle Branchen mehr oder weniger entwickelt sind, kaum führen können. Selbst die Entwicklung von Schlüsseltechnologien, von denen hohe externe Effekte auf andere Unternehmen und Branchen erwartet werden können, begründet keine spezifische staatliche Förderung, wenn der Ertrag den Unternehmen vorbehalten bleibt. Die Regierung verstößt damit gegen den Grundsatz der Wettbewerbsneutralität, da andere Anbieter benachteiligt werden. Dies gilt auch dann, wenn allen Unternehmen, die an der betreffenden Schlüsseltechnologie arbeiten, die Förderung angeboten wird. Denn es werden dann immer noch jene Unternehmen diskriminiert, die andere Entwicklungslinien verfolgen.

Man braucht also nicht auf Mangel an technischen und wirtschaftlichen Erfolgen zu verweisen, um gezielte Angebotspolitik mit Zurückhaltung zu betrachten. Selbst im Erfolgsfall wären die Kosten gegenzurechnen, die die Umlenkung der Ressourcen und die Diskriminierung und Entmutigung von konkurrierenden Alternativen mit sich bringen. Diese Bedenken werden um so mehr als vernachlässigbar angesehen, je mehr die gezielte Angebotspolitik dazu dient, die Wettbewerbsfähigkeit der eigenen Unternehmen gegenüber der – möglicherweise subventionierten – Auslandskonkurrenz zu stärken. Mit den ausländischen Anbietern werden aber stets auch inländische Produzenten diskriminiert, sei es, daß ihnen Ressourcen entzogen werden, sei es, daß sie von billigen Bezugsquellen abgeschnitten werden oder sei es, daß das Ausland weniger importieren kann.

Eine sektoral differenzierte Wachstumspolitik wird nicht nur auf der Angebotsseite durch Ressourcenlenkung gefordert, sondern auch durch Erschließung von Absatzmärkten. Man sieht, auch in der Strukturpolitik gibt es neben der angebotsorientierten die nachfrageorientierte Variante der Wachstumspolitik! Sie ist indessen ebenso diskriminierend, denn sie lenkt Nachfrage aus anderen Verwendungsbereichen ab. Die Erschließung von neuen Märkten läßt sich unter dem Effizienzziel nur rechtfertigen, wenn sie zugleich den Produktivitätsfortschritt und damit das Potential an Einkommens- und Nachfrageexpansion vergrößert. So werden für risikoreiche Produktentwicklungen Absatzhilfen und/oder temporärer Schutz des Binnenmarktes gegenüber dem Ausland vorgeschlagen, damit die Absatzrisiken sich mindern und die Unternehmen schneller die Phase der Kostendegression erreichen. Eine derartige Markterschließung ist indessen eine originäre unternehmerische Aufgabe. Der Staat verzerrt den Wettbewerb, wenn er den Absatz ausgewählter Produkte finanziell fördert. Zudem läuft er – ebenso wie bei dem Versuch, Märkte zu stabilisieren – die Gefahr, daß aus der temporären Hilfe permanente Hilfe wird. Eine Politik der Markterschließung ist jedoch unter dem Gesichtspunkt der gesamtwirtschaftlichen Effizienz dort angezeigt, wo der Staat durch kostenerhöhende Regulierungen, durch hohe Grenzsteuersätze und durch Schutz staatlicher Unternehmen oder andere Marktzugangsbeschränkungen verhindert, daß sich gesellschaftlich rentable Produktion auch privat rentiert. Insbesondere im Dienstleistungssektor besteht in dieser Hinsicht ein erhebliches Expansionspotential.

Strukturpolitik zur Beeinflussung der künftigen Produktionsstruktur ist nicht nur auf den Aufbau neuer und auf den Ausbau oder die Erhaltung bestehender Produktionsanlagen gerichtet, sondern auch auf die Schrumpfung unrentabler Kapazitäten. Während die sektorale Stabilisierungspolitik bestrebt ist, den Unternehmen eine Atempause zu verschaffen und Schrumpfungsprozesse zu strecken, ist eine sektorale Angebotspolitik darauf gerichtet, die Anpassung an die neuen Marktdaten zu beschleunigen. Um hier politischen Handlungsbedarf zu begründen, müßten in schrumpfenden Branchen Marktunvollkommenheiten bestehen, die den Überlebenskampf der Unternehmen unnötig verlängern oder zu einer ineffizienten Kapazitätsanpassung führen. Langwierige Überlebenskämpfe sind z.B. in Branchen zu erwarten, in denen die Marktaustrittskosten sehr hoch sind. Sie sind unter effizienzpolitischen Gesichtspunkten indessen keineswegs von vornherein schädlich, da sie Ausdruck dafür sind, daß die Gesellschaft Kosten aufwendet, um zu gewährleisten, daß der noch zu erwartende Absatz sich auf die rentabelsten Kapazitäten konzentriert. Da der Staat hier in der Regel keinen Informationsvorsprung hat, sondern auf die Informationen der Unternehmen angewiesen ist, wird die Förderung von Stillegungsmaßnahmen entweder nur mitgenommen oder führt nicht zu einer optimalen Kapazitätsbereinigung.

Die Gewährung von Stillegungsprämien, die Übernahme von Sozialplankosten, die Zahlung von Abfindungen an Arbeitnehmer oder die Gewährung von Sanierungshilfen haben stets auch eine verteilungspolitische Dimension. Sie bedeuten für die Arbeitskräfte eine Aufstockung des Arbeitslosengeldes und für die Kapitalgeber die Einsparung von Konkursverlusten. Diese Maßnahmen können leicht kontraproduktiv werden, wenn die Unternehmen und Arbeitskräfte in Erwartung staatlicher Hilfen die Kapazitätsbereinigung verzögern. Die Alternative wäre die vorübergehende Freistellung vom Kartellverbot und die Genehmigung zur Bildung von befristeten Krisenkartellen. Dieser Weg könnte in einigen japanischen Wirtschaftszweigen und auch in der europäischen Chemiefaserindustrie in der Tat den Kapazitätsabbau erleichtert haben. In der europäischen Stahlindustrie konnte jedoch die Bildung eines Krisenkartells nicht funktionieren, da die nationalen Stahlanbieter Rückhalt bei ihren Regierungen fanden. Das von der europäischen Kommission verordnete Zwangskartell dient aus diesem Grunde auch nicht in erster Linie dem Kapazitätsabbau, sondern ist ein Instrument zur Ausschaltung des Wettbewerbs. Letztlich geht es hier nicht um industriepolitische, sondern um regional- und verteilungspolitische Gesichtspunkte.

e) Sektorale Einkommenspolitik

Sowohl bei der Diagnose der Ursachen für die Arbeitslosigkeit und Produktivitätsschwäche als auch bei den Überlegungen über einen möglichen Beitrag der Strukturpolitik zur Überwindung dieser Fehlentwicklungen wurde deutlich, daß die Erfolgsaussichten der Strukturpolitik nicht gewürdigt werden können, wenn nicht auch der zunehmende Einfluß verteilungspolitischer Zielsetzungen auf die Strukturpolitik berücksichtigt wird. Strukturpolitische Maßnahmen sind in der Regel mit einer Begünstigung von Wirtschaftszweigen zu Lasten anderer Wirtschaftszweige oder der Allgemeinheit verbunden, doch zielen sie unter effizienzpolitischen Gesichtspunkten nicht auf die Sicherung oder Verbesserung von sektoralen Einkommenspositionen, sondern auf den Ausgleich von Marktunvollkommenheiten und damit auf die Erhöhung des Volkseinkommens. Zwar sollen durchaus Arbeitskräfte und Kapital in die begünstigten Wirtschaftszweige gelenkt werden und damit auch die Summe der Arbeits- und Kapitaleinkommen steigen, doch ist damit keine dauerhafte Verbesserung der sektoralen Pro-Kopf-Einkommen oder Kapitalrenditen zu Lasten anderer Wirtschaftszweige beabsichtigt; unter effizienzpolitischen Gesichtspunkten ist eine sektorale Begünstigung der Einkommensposition nur eine vorübergehende Begleiterscheinung, die sich nach Ablauf der Anpassungsvorgänge wieder abbaut.

Die Tatsache, daß die Strukturpolitik vorübergehend zugunsten der sektoralen Pro-Kopf-Einkommen und Kapitalrenditen interveniert, macht sie jedoch auch für die Verteilungspolitiker und für die in den begünstigten Sektoren tätigen Arbeitskräfte und Kapitalgeber interessant. Strukturpolitiker und Verteilungspolitiker gehen zunächst konform, wenn es darum geht, in Krisenbranchen vorübergehend den Absatz zu stabilisieren und die Wettbewerbsfähigkeit wieder herzustellen, zukunftsweisende Produktionszweige voranzubringen, für strategische Rohstoffe oder lebensnotwendige Güter eine Mindestversorgung aus dem Inland zu sichern oder mit staatlicher Hilfe Absatzmöglichkeiten zu erschließen. Die Wege gehen jedoch spätestens dann auseinander, wenn die Strukturpolitiker in den begünstigten Branchen zum Abbau der entstandenen Renten den Marktzugang öffnen und den Wettbewerb zu intensivieren suchen.

Die Zweckentfremdung der Strukturpolitik zu Verteilungszwecken wird so lange auf politische Grenzen stoßen, wie sie unmittelbare Interessen von anderen Branchen verletzt. Der Widerstand ist jedoch nur schwach, wenn die Kosten von der Allgemeinheit getragen werden oder die unmittelbar benachteiligten Interessenten im Ausland sind. Daß die Begünstigung heimischer Anbieter nur in der ersten Runde zu Lasten der konkurrierenden Anbieter aus dem Ausland geht, daß aber in den nächsten Runden die Absatzchancen heimischer Anbieter im Inland und im Ausland beeinträchtigt werden, weil die Realeinkommen weniger steigen, weil das Ausland weniger Güter nachfragt und weil infolge der Aktivierung der Handelsbilanz sich die D-Mark aufwertet, dies dringt nicht in das Bewußtsein der betroffenen Branchen und der Öffentlichkeit, zumal sich diese Effekte nicht genau identifizieren und quantifizieren lassen.

Für den Ökonomen, der sich mit Strukturanalysen befaßt und der sieht, wie angesichts der hohen Arbeitslosigkeit in der strukturpolitischen Praxis das Effizienzziel zunehmend von Verteilungszielen verdrängt wird, stellt sich die Frage, ob er als einziger die Fahne der Effizienz hochhalten sollte. Der Hinweis, daß die gegenwärtige strukturpolitische Praxis Wachstumsverluste mit sich bringt, findet kein Gehör, wenn es nicht um die Gewinne des Strukturwandels, sondern um die Verteilung der Gewinne und insbesondere um den Schutz derjenigen geht, die im Strukturwandel Einkommen und Vermögen einzubüßen glauben. Der Hinweis, daß eine Trennung von Effizienz und Verteilung sinnvoll bleibt, weil man bei der Realisierung einer effizienten Strukturpolitik die Verlierer des Strukturwandels aus den Gewinnen entschädigen kann, bleibt solange unbeachtet, wie nicht die Modalitäten und Instrumente einer solchen Verteilung angegeben werden. Die herkömmliche Verteilungs- und Sozialpolitik liefert solche Instrumente nicht. Ihre Ziele sind Gewährleistung des Existenzminimums, Einebnung von Einkommens- und Vermögensunterschieden und die Sicherung des Lebensstandards in Notfällen. Die Sicherung von Einkommens- und Vermögenspositionen gegenüber den Wechselfällen der wirtschaftlichen Entwicklung gehört nicht zu den verteilungs- und sozialpolitischen Zielen, ausgenommen die Gewährung von Arbeitslosengeld oder die Finanzierung von Umschulungs- und Arbeitsbeschaffungsmaßnahmen, die aber das bisher verdiente Einkommen nur vorübergehend und nur zum Teil sichert. Bei der verteilungspolitisch motivierten Forderung nach Strukturpolitik geht es aber nicht nur um vorübergehende Absicherung oder um die Unterstützung von Erwerbstätigen mit kleinem Einkommen, sondern um dauerhafte Sicherung von Arbeitsplätzen mit häufig überdurchschnittlichem Verdienst, um die Erhaltung von Industriestandorten und um die Rettung von Vermögen der Unternehmenseigner oder Gläubiger. Wird diesen Forderungen nachgegeben, so hat dies zur Folge,

- daß die Angebotsflexibilität vermindert wird, weil die Begünstigung bestehender Produktionen und die Erwartung weiterer Hilfen die Marktaustrittskosten für Arbeitskräfte und Kapitalgeber erhöhen,
- daß die Aufbringung der Subventionen oder die Verteuerung der Produkte aus den geschützten Branchen die Marktzutrittskosten in anderen Branchen erhöhen,
- daß die Strukturpolitik auch hinsichtlich der verteilungspolitischen Ziel-

setzung immer ineffizienter wird, weil sich die Subventionen nicht auf die betroffenen Arbeitskräfte und Kapitaleigner beschränken, sondern auch auf neu eintretende Arbeitskräfte oder Kapitalgeber ausgeweitet werden und über den Wettbewerb auch an die Abnehmer und Lieferanten der begünstigten Wirtschaftszweige abfließen.

Ist dieser Zeitpunkt erreicht, in dem die Strukturpolitik nicht nur für die Gesamtwirtschaft, sondern auch für die Begünstigten ineffizient geworden ist, dann ist auch offenkundig, daß der direkte Weg der Transferzahlung für alle günstiger ist, als der Umweg über die Begünstigung des Absatzes, die Verbilligung der Kosten oder die Einschränkung des Wettbewerbs in einer Branche. Es wird vielfach von Ökonomen auch vorgeschlagen, die doppelte strukturpolitische Zielsetzung aufzugeben und der Strukturpolitik das Effizienzziel zuzuordnen und Verteilungsziele mit Instrumenten der Verteilungspolitik zu erfüllen. Dies setzt jedoch voraus, daß für die vom Strukturwandel Betroffenen eine Anspruchsgrundlage formuliert wird, auf die sich dann aber auch andere berufen können, die in ähnlicher Lage sind. Dies jedoch würde dazu führen, daß man gleichsam ein Eigentumsrecht auf Besitzstandswahrung etabliert, das aber nicht nur finanziell unerfüllbar ist, sondern auch unvereinbar mit einer freiheitlichen Gesellschafts- und Wirtschaftsordnung ist. Strukturpolitik schafft dagegen die Möglichkeit, einem begrenzten Kreis von Arbeitnehmern und Kapitaleignern einen Anspruch auf Besitzstandswahrung zuzusprechen.

Eine solche als Strukturpolitik verbrämte Einkommens- und Vermögenssicherung ist gewiß höchst ungerecht gegenüber denjenigen, die in ähnlicher Lage nicht über mächtige Fürsprecher im politischen Raum verfügen, oder gegenüber denjenigen, deren Einkommenschancen durch die strukturpolitischen Eingriffe beeinträchtigt werden. Überdies profitieren von der Strukturpolitik auch Personen, die nicht in den Kreis der Begünstigten einbezogen werden sollen. Wird eine Einkommenspolitik zugunsten von Wirtschaftszweigen akzeptiert, die in besonders starkem Maße durch den Strukturwandel belastet sind, so haben die Instrumente der allgemeinen sektorübergreifenden Verteilungs- und Sozialpolitik Vorrang. Werden sektorspezifische Maßnahmen eingesetzt, so müssen sie gewährleisten, daß Strukturverzerrungen, ungewollte Verteilungswirkungen und das Risiko der Perpetuierung möglichst ausgeschaltet werden.

3. Schlußfolgerung

Die Suche nach möglichen strukturellen Ursachen für die Arbeitslosigkeit sowie nach erfolgversprechenden strukturpolitischen Ansätzen hat zum einen ein eher negatives Resultat erbracht. Es sind vor allem globale, sektorübergreifende Faktoren, die die Anpassung der Produktionsstruktur an Änderung der Nachfrage-, Produktions- und Wettbewerbsbedingungen erschweren und für das Defizit an Sachkapitalbildung verantwortlich sind, so die Instabilität der makroökonomischen Rahmenbedingungen, Unsicherheit über die Entwicklung der Marktbedingungen und Mangel an Anpassungselastizität, vor allem auf den Faktormärkten. Es erscheint darüber hinaus in einem marktwirtschaftlichen System nicht möglich, eine systematische sektorale Strukturpolitik zu konzipieren, geschweige denn durchzusetzen. Sektorale Strukturpolitik bedeutet eine Korrektur der Marktsignale zugunsten oder zu Lasten einzelner Wirtschaftszweige durch sektorale Differenzierung ordnungspolitischer, stabilitätspolitischer oder wachstumspolitischer Maßnahmen. Der Staat weiß aber nicht, inwieweit die Marktsignale verzerrt sind und die Unternehmen zu Attentismus oder Fehlanpassung verleiten. Und dort, wo begründete Vermutungen über Marktunvollkommenheiten oder Marktversagen bestehen, beziehen sie sich selten auf sektorspezifische Faktoren. Vielmehr betreffen sie mehr oder weniger alle Sektoren. Sektorale Strukturpolitik läuft daher ihrerseits Gefahr, die Unternehmen zu Fehllenkung der Ressourcen zu veranlassen. Vor allem bedeutet sie Diskriminierung der nicht begünstigten gegenüber den begünstigten Wirtschaftszweigen, der nicht begünstigten gegenüber den begünstigten Unternehmen der gleichen Branche und der leistungsfähigen gegenüber den wettbewerbsschwachen Unternehmen.

Der Haupteinwand gegen die sektorale Differenzierung besteht aber darin, daß die Wirtschaftspolitik damit in den Sog sektoraler Interessen gerät und zu einer sektoralen Einkommenspolitik zu degenerieren droht. Dies um so mehr, als die Instabilität der makroökonomischen Rahmenbedingungen, die Höhe der Investitionsrisiken und der Mangel an Angebotselastizität darauf zurückzuführen sind, daß die Gruppen die Wirtschaftspolitik in den Dienst ihrer Interessen zu stellen suchen. Eine sektorale Strukturpolitik zur Sicherung von partiellen Einkommens- und Vermögenspositionen beeinträchtigt nicht nur die Beschäftigungs- und Einkommenschancen der ungeschützten Sektoren, sondern erweist sich auch hinsichtlich der verteilungspolitischen Ziele als ineffizient. Aber selbst wenn man sich auf nicht-verzerrende strukturpolitische Maßnahmen beschränkt, gerät man in Gefahr, daß letztlich ein generelles Recht auf Besitzstandswahrung etabliert wird, das den Willen zur Risikoübernahme und zur Anpassung schwächen muß.

Das positive Ergebnis der Überlegungen ist, daß zur Überwindung von Arbeitslosigkeit und Produktivitätsschwäche die Wirtschaftspolitik darauf ausgerichtet sein muß, die Anreize zur Anpassung zu stärken, Zugangsbarrieren und Kosten der wirtschaftlichen Aktivitäten abzubauen, die Erwartungen zu stabilisieren und die Möglichkeiten zur Risikoübernahme zu verbessern. Dies bedingt nicht den Einsatz oder die Ergänzung der defensiven, auf Verteidigung von Einkommens- und Vermögenspositionen ausgerichteten Strukturpolitik durch eine selektive Expansionspolitik. Die Erfahrung zeigt, daß „schlechte" Subventionen stets als „gute" Subventionen eingeführt wurden. Gefordert ist vielmehr eine Ordnungspolitik, die die Funktionsfähigkeit der Güter-, Kapital- und Arbeitsmärkte sowie die Wettbewerbsintensität erhöht, sowie eine sektorübergreifende Stabilisierungs- und Wachstumspolitik. Soweit verteilungspolitische Ziele verfolgt werden, z.B. die Vermeidung sozialer Härten im Strukturwandel, müssen ebenfalls die Instrumente der sektorübergreifenden allgemeinen Verteilungs- und Sozialpolitik Vorrang haben.

Kapazitätsauslastung, Kapitalnutzungspreise und Produktivität – Ein Beitrag zur Erklärung der Wachstumsschwäche

Von *Klaus-Dieter Schmidt*

1. In der Diskussion um die Einführung der 35-Stundenwoche geht es meistens um die Kostenbelastung aus dem Lohnausgleich. Der Sachverhalt ist eigentlich klar: Kürzere Arbeitszeiten bei unveränderten Wochenverdiensten, denen keine entsprechenden Produktivitätssteigerungen gegenüberstehen, führen zu höheren Lohnstückkosten. Dadurch geraten alle Unternehmen, die an der Erlösschwelle produzieren, in die Kostenklemme. Um Überleben zu können, müssen sie verstärkt rationalisieren, und das bedeutet, zu teuer gewordene Arbeitskräfte durch billigere Maschinen ersetzen. In diesem Fall werden also Arbeitsplätze eingespart statt wie erhofft zusätzliche geschaffen.[1]

Es wird häufig argumentiert, daß eine Arbeitszeitverkürzung, bei der die Arbeitnehmer auf den Lohnausgleich verzichteten, anders zu beurteilen sei, weil sie den Unternehmen keine zusätzlichen Kosten aufbürde. Das ist nicht richtig. Neben variablen Lohnkosten und Materialkosten haben die Unternehmen auch weitgehend fixe Kapitalkosten – Zinskosten und Abschreibungen für die Nutzung von Gebäuden und Produktionsanlagen und für die Unterhaltung von Vorratslägern. Die Fixkosten schlagen bei einer Verkürzung der Arbeitszeit und einer Einschränkung der Produktion entsprechend stärker zu Buche. Eine Arbeitszeitverkürzung ohne Lohnausgleich wäre nur dann kostenneutral, wenn sie die Nutzung des investierten Kapitals nicht verkürzte. Dies ließe sich erreichen durch die Beschäftigung von zusätzlichem Personal vor und nach der normalen Arbeitszeit, etwa durch die Einrichtung zusätzlicher Schichten oder durch andere Formen einer flexiblen Arbeitszeitgestaltung, wie sie neuerdings erprobt werden.[2]

---

[1] Auf diese Zusammenhänge haben *Bernhard Filusch* und das Rheinisch-Westfälische Institut für Wirtschaftsforschung immer wieder hingewiesen. Vgl. Verkürzung der Wochenarbeitszeit – ein Weg zur Verringerung der Arbeitslosigkeit? RWI-Konjunkturbrief Juli 1983/4.

[2] *Bernd Hof:* Vorsprung durch Flexibilisierung. Institut der Deutschen Wirtschaft, Beiträge zur Wirtschafts- und Sozialpolitik 128, 6, 1984. – Dabei ist nicht zu übersehen, daß Mehrschichtbetrieb auch Zusatzkosten verursacht, etwa durch größeren Verschleiß der Anlagen, durch häufigere Betriebsunterbrechungen oder durch Zahlung von Schichtzulagen. Verglichen mit den Erträgen fallen diese Kosten aber nicht ins Gewicht.

2. Die Verkürzung der Arbeitszeit ist in der Bundesrepublik kein neues Thema. Es hat schon die wirtschaftspolitischen Debatten in den fünfziger und sechziger Jahren begleitet und immer wieder zu heftigen Kontroversen geführt.[3] Seitdem ist die Anzahl der tariflich zu leistenden Arbeitsstunden mehrmals in größeren und kleineren Schritten herabgesetzt worden – in der Regel bei vollem Lohnausgleich und häufig ohne kompensierende Maßnahmen, mit denen einer Verringerung in den Betriebszeiten hätte entgegengewirkt werden können. Anfang der sechziger Jahre arbeitete jede vollbeschäftigte Arbeitskraft im Durchschnitt mehr als 2100 Arbeitsstunden im Jahr, inzwischen sind es gerade noch 1700 Stunden, also ein Fünftel weniger (Schaubild 1). Zum größeren Teil spiegelt sich hierin die Verkürzung der Wochenarbeitszeit, zum kleineren Teil die Verlängerung des Jahresurlaubs.

3. Wie sich die Verkürzung der Arbeitszeit auf die Verwendung des volkswirtschaftlichen Produktivkapitals ausgewirkt hat, ist bislang noch nicht untersucht worden. Man kann aber davon ausgehen, daß in vielen Bereichen, in denen die Betriebszeiten nicht durch produktionstechnische Erfordernisse (etwa durch einen „Rund um die Uhr Betrieb", wie er etwa in der Energiewirtschaft oder bei den Eisenbahnen üblich ist) bestimmt sind oder in denen sie nicht durch gesetzliche Regelungen (etwa durch die Vorgabe starrer Ladenöffnungszeiten wie im Handel) weitgehend festgelegt sind, der Nutzungsgrad gesunken ist. Nach den vorliegenden Informationen zu urteilen ist zwar die Schichtarbeit vor allem in den fünfziger und sechziger Jahren ausgeweitet worden[4], doch ist es mehr als fraglich, ob dadurch der Effekt der Arbeitszeitverkürzung auch nur annähernd kompensiert worden ist. Daraus ist zu folgern, daß die deutsche Wirtschaft derzeit mit einem merklich höheren Kapitalaufwand produziert und mit entsprechend höheren Kapitalkosten belastet ist, als es ohne Arbeitszeitverkürzung oder aber bei einer anderen Arbeitszeitgestaltung, die eine stärkere Mehrfachbesetzung von Arbeitsplätzen ermöglicht hätte, der Fall sein würde. Der kräftige Rückgang der Kapitalproduktivität seit Mitte der fünfziger Jahre findet hierin eine Erklärung, wenn es auch sicher nicht die einzige ist.

Ein solcher Befund steht im auffälligen Gegensatz zur Entwicklung in anderen wichtigen Industrieländern. In den Vereinigten Staaten ist die durchschnittliche wöchentliche Nutzungszeit des Produktivkapitals in der Vergangenheit ständig gestiegen; im Verarbeitenden Gewerbe war sie Ende der siebziger Jahre um rund ein Zehntel höher als Anfang der sechziger Jahre. Es

---

[3] Wissenschaftliche Forschungsinstitute: Arbeitszeit und Produktivität, 1. u. 2. Bd., Berlin 1958 u. 1960.

[4] *Jörg Münstermann, Klaus Preiser:* Schichtarbeit in der Bundesrepublik Deutschland. Sozialwissenschaftliche Bilanzierung des Forschungsgegenstandes, statistische Trends und Maßnahmeempfehlungen. Bonn, Oktober 1978; *Werner Friedrich, Karl Ch. Röthlingshöfer:* Schichtarbeit in der Industrie. Ifo-Studien zur Industriewirtschaft 21, München 1980.

Schaubild 1: **Entwicklung der tariflichen Arbeitszeit 1960—1985 (1960 = 100)**

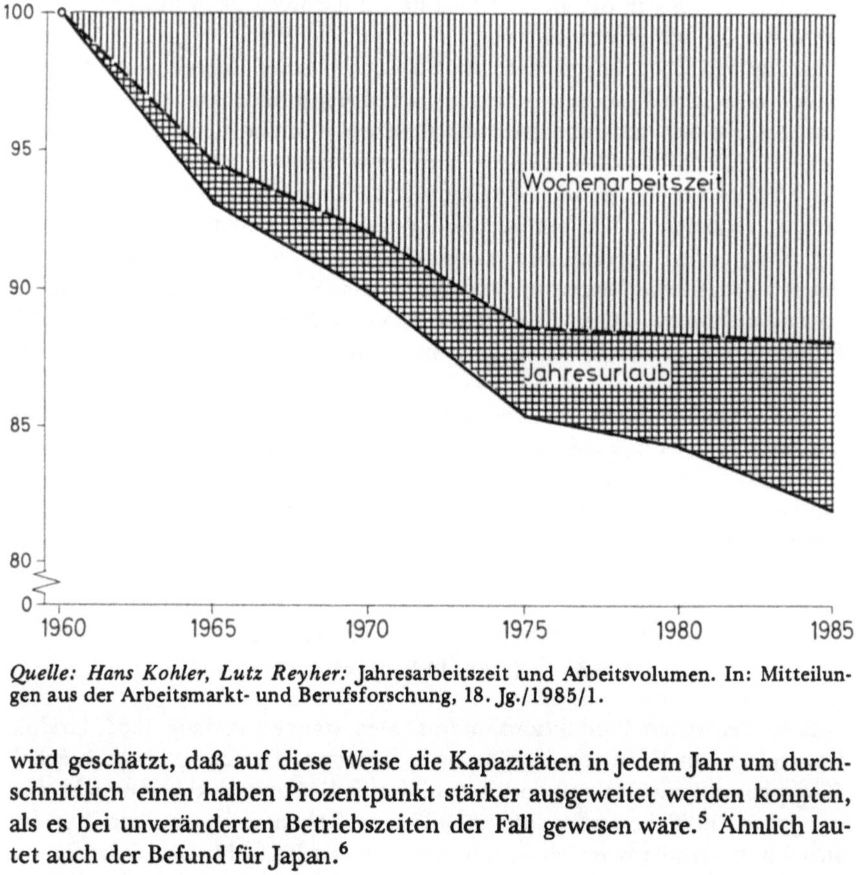

Quelle: Hans Kohler, Lutz Reyher: Jahresarbeitszeit und Arbeitsvolumen. In: Mitteilungen aus der Arbeitsmarkt- und Berufsforschung, 18. Jg./1985/1.

wird geschätzt, daß auf diese Weise die Kapazitäten in jedem Jahr um durchschnittlich einen halben Prozentpunkt stärker ausgeweitet werden konnten, als es bei unveränderten Betriebszeiten der Fall gewesen wäre.[5] Ähnlich lautet auch der Befund für Japan.[6]

4. Volkswirtschaften, die ihr Produktivkapital besser nutzen als andere, haben dadurch einen Wettbewerbsvorteil. Sie können mit niedrigeren Kosten produzieren und entsprechend preiswerter anbieten. Das macht mehr Arbeitsplätze rentabel. Die Beschäftigung kann höher sein als sie es sonst wäre, ohne daß zusätzliches Kapital investiert, und das heißt auch, ohne daß der Konsumspielraum der Volkswirtschaft beschnitten werden muß. In einer Zeit, in der der Produktionsfaktor Arbeit vergleichsweise reichlich und der Produktionsfaktor Kapital knapp geworden sind, ist die intensivere Nutzung der Sachkapazitäten ein wichtiger Beitrag zur Überwindung der Arbeitslosigkeit.

---

[5] *Murray F. Foss:* Changing Utilization of Fixed Capital. An Element in Long-Term Growth. Washington and London 1984.

[6] *Robert H. Hayes:* Why Japanese Factories Work. In: Harvard Business Review. July—August 1981.

Im folgenden Beitrag wird versucht, den Rückgang im Nutzungsgrad des Produktivkapitals in der Bundesrepublik Deutschland quantitativ zu bestimmen. Bei der schlechten Datenlage – so gibt es bislang so gut wie keine repräsentativen Erhebungen über die Entwicklung der „Maschinenlaufzeiten" in den einzelnen Branchen – kann es sich dabei freilich nur um Schätzungen handeln, die teils auf fundierten statistischen Informationen, teils aber auch nur auf Plausibilitätsüberlegungen beruhen. Damit soll zugleich das Interesse der empirischen Wirtschaftsforschung geweckt werden, sich auf diesem Gebiet zu engagieren. Das erarbeitete Datenmaterial bildet die Ausgangsbasis für einen ersten Versuch, die Auswirkungen der Arbeitszeitverkürzung auf das wirtschaftliche Wachstum und die Beschäftigung in der Bundesrepublik zu quantifizieren. Einige Überlegungen, auf welche Weise das brachliegende Produktivkapital künftig besser genutzt werden kann, runden den Beitrag ab.

Wohlgemerkt: Nicht die Verkürzung der Arbeitszeit steht im folgenden auf dem Prüfstand, sondern ihre Koppelung mit einer Verkürzung der Betriebszeit. In anderen Ländern ist die individuelle Arbeitszeit teilweise sogar kürzer als in der Bundesrepublik, dennoch werden dort die Sachkapazitäten länger genutzt.

I. Zeitreihen für die Nutzung des Produktivkapitals im Unternehmenssektor

5. In deutschen Produktionsunternehmen standen Anfang 1985 Produktionsanlagen in Form von Ausrüstung und Bauten, die sich zu Wiederbeschaffungspreisen bewertet auf rund 3,8 Billionen DM und zu konstanten Preisen des Jahres 1976 bewertet auf 2,8 Billionen DM summierten. Seit 1960 hat sich ihr Bestand (in realer Rechnung) etwa verdreifacht. Der Zuwachs war deutlich größer als der der gesamtwirtschaftlichen Produktion, die sich nur etwa verdoppelte. Der Kapitaleinsatz je Produkteinheit, der Kapitalkoeffizient, ist also erheblich gestiegen, und die Kapitalproduktivität, der Kehrwert des Kapitalkoeffizienten, ist entsprechend gesunken. Der Kapitalbedarf je Arbeitsplatz war im Durchschnitt etwa dreimal und je geleistete Arbeitsstunde sogar fast viermal so hoch wie Anfang der sechziger Jahre. Die Bundesrepublik Deutschland entwickelte sich also in der Vergangenheit zu einem außerordentlich sachkapitalintensiven Produktionsstandort (Tabelle 1).

1. Arbeitszeit und Nutzungszeit der Produktionsanlagen – Einige Vorüberlegungen

6. Eine Verringerung der Arbeitszeit führt dann nicht zu einer entsprechenden Verringerung im Nutzungsgrad der Produktionsanlagen, wenn

Tabelle 1: Bruttoanlagevermögen[1], Kapitalkoeffizient und Kapitalintensität im Unternehmenssektor (ohne Wohnungsvermietung) 1960, 1970, 1980 und 1984

	1960	1970	1980	1984[3]
Bruttoanlagevermögen zu Wiederbeschaffungspreisen (Mrd. DM)	434,1	1121,1	2862,9	3.692,2
Bruttoanlagevermögen zu Preisen von 1976 (Mrd. DM)	850,8	1533,9	2322,7	2.690,3
je Produkteinheit (DM)[2]	1,82	2,04	2,34	2,61
je Erwerbstätigen (1000 DM)	36,77	67,14	108,21	120,80
je Erwerbstätigenstunde (DM)	16,96	34,17	61,05	68,95

1 Nutzerkonzept.
2 Bruttowertschöpfung zu Preisen von 1976.
3 Geschätzt.

Quelle: Ifo-Institut für Wirtschaftsforschung, Investoren und Gütergruppenrechnung (unveröffentlichtes Material); Statistisches Bundesamt, Fachserie 18, Volkswirtschaftliche Gesamtrechnungen. Reihe 1, Konten und Standardtabellen. Stuttgart und Mainz 1985; eigene Berechnungen.

– für Zeiten, in denen die Arbeitsplätze nicht besetzt sind, zusätzliches Personal eingestellt,
– der Betriebsablauf ganz oder teilweise automatisiert oder
– die Wartungs- und Umrüstzeit der Produktionsanlagen verkürzt wird.

In der Vergangenheit hat sich gezeigt, daß die Unternehmen von diesen Möglichkeiten unterschiedlich Gebrauch machten. Ein Teil verzichtete ganz oder weitgehend auf kompensierende Maßnahmen. Der andere Teil, der einen Ausgleich suchte, ergriff häufig mehrere Maßnahmen zugleich: Wo sich geeignete Bewerber fanden, wurde zusätzliches Personal eingestellt, wo das nicht der Fall war, wurde die Anzahl der geleisteten Überstunden erhöht. Vielfach wurden aber auch die Rationalisierungsanstrengungen verstärkt.[7] Es ist also nicht möglich, eine direkte Brücke zu schlagen zwischen der Reduzierung der Arbeitszeit und der effektiven Nutzungszeit der Produktionsanlagen.

Welche unterschiedlichen Anpassungsreaktionen denkbar sind, machen folgende Überlegungen deutlich:

– In Branchen, in denen kontinuierlich – rund um die Uhr, an Wochenenden und auch an Feiertagen – gearbeitet wird, wirken sich Arbeitszeitverkür-

7 Wissenschaftliche Forschungsinstitute, a.a.O. – *Bettina Schattat,* Arbeitszeitverkürzung. Problemanalyse und alternative Lösungsmöglichkeiten. München 1979.

zungen normalerweise nicht auf den Nutzungsgrad aus. Das gilt etwa für die Elektrizitätswirtschaft oder die Eisenbahnen, die jederzeit leistungsbereit sein müssen. Ähnliches trifft für Branchen wie den Handel oder das Hotel- und Gaststättengewerbe zu, in denen die Öffnungszeiten entweder durch gesetzliche Regelungen oder durch die Gewohnheiten der Kundschaft weitgehend bestimmt werden. Ganz unbeeinflußt bleiben freilich auch diese Branchen von einer Einschränkung der Betriebszeiten in anderen Branchen nicht: So sinkt die Stromabgabe der Elektrizitätswirtschaft in der Nacht oder an den Wochenenden, wenn beispielsweise Industriebetriebe vom kontinuierlichen Drei-Schichtbetrieb abgehen. Und in der Gastronomie kann sich die Auslastung bei einer Zunahme der Freizeit sogar erhöhen, immer vorausgesetzt, es steigen auch die Einkommen.

– In anderen Branchen, in denen die Betriebszeiten nicht in gleicher Weise festliegen, hängen die Reaktionen von vielerlei Faktoren ab – etwa von der zeitlichen Verteilung saisonaler Belastungsspitzen, von den Techniken, die zur Verfügung stehen, oder ganz allgemein von der Wettbewerbsfähigkeit auf den heimischen und internationalen Märkten. So müssen die meisten Industrieunternehmen, die energieintensiv produzieren, an der Schichtarbeit festhalten, weil ihnen nachts günstige Stromtarife geboten werden, ihre Energiekosten sich andernfalls spürbar erhöhen würden. In diesen Branchen gibt es offenbar keine eindeutigen Reaktionsmuster, aus denen sich generelle Schlußfolgerungen ableiten ließen.

7. Nach einer Erhebung des Instituts für Arbeitsmarkt- und Berufsforschung (IAB) und des Ifo-Instituts für Wirtschaftsforschung (Ifo) werden die Produktionsanlagen im Verarbeitenden Gewerbe derzeit im Durchschnitt etwa 61 Wochenstunden genutzt.[8] Im Einschichtbetrieb sind es 40 Wochenstunden, im Mehrschichtbetrieb 99 Wochenstunden. Dabei zeigen sich deutliche Unterschiede nach Branchen (Tabelle 2). In der Regel sind die Betriebszeiten im kapitalintensiven Grundstoff- und Produktionsgütergewerbe höher als im Investitionsgüter- und im Verbrauchsgütergewerbe, aber es gibt auch bemerkenswerte Ausnahmen (Textilgewerbe).

Für die Länge der Betriebszeiten ist die Häufigkeit, mit der Schichtarbeit geleistet wird, die ausschlaggebende Größe. Schichtarbeit gibt es freilich in sehr unterschiedlichen Ausformungen – im Zwei- oder Dreischichtsystem, mit und ohne Schichtbetrieb an den Wochenenden oder an Feiertagen, mit voller oder mit reduzierter Belegschaft, mit kürzerer oder mit längerer Arbeiszeit, als sie sonst üblich ist. Nach der IAB/Ifo-Studie leisten im Verarbeitenden Gewerbe von den rund 4,8 Millionen Beschäftigten, die in der Pro-

[8] *Lutz Reyher, Eugen Spitznagel, Wolf-Rüdiger Streck, Bernhard Terriet, Kurt Vogler-Ludwig:* Zu den Beschäftigungspotentialen einer Entkopplung von Arbeits- und Betriebszeit. In: Mitteilungen aus der Arbeitsmarkt- und Berufsforschung, 18. Jg./1985, 1.

Tabelle 2: Durchschnittliche Betriebszeit der Produktionsanlagen im Verarbeitenden Gewerbe im Herbst 1984[1]

Wirtschaftsbereich	Betriebszeit in Wochenstunden		
	Insgesamt	davon im Ein-schicht-betrieb	davon im Mehr-schicht-betrieb
Textilgewerbe	81,3	40,3	112,3
Holzbearbeitung, Papier- und Pappeerzeugung und -verarbeitung	80,3	40,1	123,7
Metallerzeugung und -verarbeitung	78,8	40,3	117,7
Chemische Industrie, Mineralölverarbeitung	74,1	40,1	136,9
Herstellung von Kunststoffwaren, Gummiverarbeitung	68,8	39,8	107,2
Druckerei und Vervielfältigung	63,9	40,2	96,9
Industrie der Steine und Erden, Feinkeramik, Glasgewerbe	59,7	40,9	115,4
Stahl-, Maschinen- und Fahrzeugbau	57,5	40,3	81,3
Nahrungs- und Genußmittelgewerbe	54,5	41,6	99,8
Elektrotechnik, Feinmechanik und Optik, Herstellung von EBM-Waren	52,8	40,4	87,8
Holzverarbeitung, Herstellung von Musikinstrumenten usw.	42,4	40,5	81,0
Ledergewerbe, Bekleidungsgewerbe	41,3	40,2	101,0
Verarbeitendes Gewerbe insgesamt[2]	60,6	40,4	98,7

[1] Letzte Septemberwoche 1984.
[2] Gewichtet mit Beschäftigtenanteilen.

Quelle: Lutz Reyher, Eugen Spitznagel, Wolf-Rüdiger Streck, Bernhard Terriet, Kurt Vogler-Ludwig: Zu den Beschäftigungspotentialen einer Entkoppelung von Arbeits- und Betriebszeit. In: Mitteilungen aus der Arbeitsmarkt- und Berufsforschung, 18. Jg./1985, 1.

duktion tätig sind, knapp 1,7 Millionen (38 vH) Schichtarbeit im Mehrschichtbetrieb. Von diesen arbeiten

– 1,1 Millionen im Zweischicht- und 0,6 Millionen im Dreischichtbetrieb,
– 1,4 Millionen ohne und 0,3 Millionen mit Wochenendschichten.

Überdies sind die einzelnen Schichten personell nicht gleichmäßig besetzt. Die Spätschichten werden im Durchschnitt mit einem Drittel und die Nachtschichten sogar mit drei Fünfteln weniger Arbeitskräften gefahren als die Frühschichten. Im Zweischichtbetrieb wird meistens acht Stunden gearbeitet, im Dreischichtbetrieb geringfügig weniger. Abweichende – deutlich längere und kürzere – Arbeitszeiten gibt es nur bei Schichtbetrieb an den Wochenenden.[9]

8. Schichtarbeit ist in größeren Unternehmen stärker verbreitet als in kleineren. Zumindest gilt das für Nachtschichtarbeit. In der Industrie leisteten 1979 im Durchschnitt 8 vH aller Beschäftigten Nachtarbeit, in Unternehmen mit mehr als 1000 Beschäftigten waren es 13 vH, in Unternehmen mit weniger als 50 Beschäftigten nur 2 vH.[10] Dies ist in erster Linie durch unterschiedliche Produktionsprogramme und Produktionsverfahren bedingt: In Bereichen, in denen eine mehr oder weniger kontinuierliche Fertigung aus technischen Gründen erforderlich ist, dominieren im allgemeinen Großunternehmen. Zum Teil sind dafür aber auch wirtschaftliche Überlegungen ausschlaggebend. Eine rentable Produktion in den überdurchschnittlich kapitalintensiven Unternehmen ist häufig nur bei Schichtarbeit möglich. Ein Beispiel dafür ist die Textilindustrie, die aus Wettbewerbsgründen teilweise schon in den fünfziger Jahren zum Dreischichtsystem übergehen mußte.

2. *Schichtarbeit und Schichtarbeitsstunden 1960–1984*

9. Über die Verbreitung der Schichtarbeit in anderen Wirtschaftsbereichen und vor allem über ihre Entwicklung in der Zeit gibt es weitaus weniger Informationen als für die Industrie. Nach Untersuchungen von *Münstermann/Preiser* (1978), die sich auf drei Stichprobenerhebungen der amtlichen Statistik stützen, läßt sich für 1975 die Gesamtzahl der abhängig Erwerbstätigen, die regelmäßig in wechselndem Rhythmus in Schicht arbeiteten, mit 3,6 Millionen angeben. Gegenüber 1960 errechnen sie eine Zunahme um rund eine Million oder um knapp zwei Fünftel. Diese Zahl muß man freilich relativieren, weil sich in diesem Zeitraum auch die Anzahl der Arbeitsplätze insgesamt erhöht hat: 1975 waren trotz des Einbruchs im Gefolge der Rezession noch immer rund 2 Millionen (10 vH) mehr Arbeitnehmer beschäftigt als 1960. Der Anteil der im Schichtbetrieb Tätigen am gesamten Personalbestand stieg also nur wenig, und zwar von 13 vH auf 16 vH.

Münstermann/Preiser schätzen, daß durch die Ausweitung der Schichtarbeit im Zeitraum von 1960 bis 1976 knapp eine Milliarde Jahresarbeitsstunden hinzugewonnen worden sind. Dieser Zugewinn muß verglichen werden mit den Arbeitsstunden, die wegen der Verkürzung der Arbeitszeit insgesamt

---

[9] *Reyher u.a.*, a.a.O.
[10] *Friedrich/Röthlingshöfer*, a.a.O.

weniger erbracht wurden, und die sich auf ein Jahresvolumen von etwas über fünf Milliarden Stunden summieren.[11] Durch Veränderungen im Schichtarbeitsvolumen ist also rein rechnerisch nur etwa ein Fünftel von dem kompensiert worden, was durch die Verkürzung der tariflichen Arbeitszeit an Arbeitsstunden weggefallen ist. Insgesamt ist also davon auszugehen, daß die Zunahme der Anzahl der Schichtarbeiter um zwei Fünftel nur zu einer etwa halb so starken Ausweitung der Schichtarbeitsstunden geführt hat, und zwar vor allem deshalb, weil in diesem Zeitraum

- auch für alle Schichtarbeiter die tarifliche Arbeitszeit verkürzt worden ist,
- ein Teil der zusätzlichen Schichtarbeitsplätze, vor allem in den Dienstleistungsbereichen, mit Teilzeitkräften besetzt worden ist und
- nicht wenige Unternehmen, die früher regelmäßige Schichtarbeit hatten, inzwischen nur noch von Fall zu Fall zusätzliche Schichten einlegen.

10. Im Branchenquerschnitt zeigt sich überdies, daß Schichtarbeit vor allem in den wenig kapitalintensiven Wirtschaftsbereichen zugenommen hat – im Handel, bei den Kreditinstituten und Versicherungen und bei den Sonstigen Dienstleistungen. In den kapitalintensiven Bereichen ist dagegen die Schichtarbeit teilweise sogar zurückgegangen, so im Bergbau und im Verkehrswesen (Tabelle 3). Im wesentlichen spiegelt sich hierin der strukturelle Wandel, den die deutsche Wirtschaft durchgemacht hat – die Anpassung an Veränderungen in der Struktur der Nachfrage, in der internationalen Arbeitsteilung und vor allem in der Technik. Beispielhaft sei hier die Entwicklung im Bankwesen erwähnt, wo durch die Ausweitung des Massengeschäfts und des dadurch notwendigen Auf- und Ausbaus von Rechenzentren neue Arbeitsplätze mit Abend- und Nachtarbeit entstanden sind. Hierbei hat auch eine Rolle gespielt, daß teure Computerkapazitäten nur bei einem „Rund um die Uhr-Betrieb" rentabel auszulasten sind.

11. Der Befund, daß die Schichtarbeit in der Industrie in den sechziger und frühen siebziger Jahren zugenommen und damit den Rückgang in der tariflichen Arbeitszeit zu einem gewissen Teil kompensiert hat, gilt für die Zeit danach vermutlich nur noch mit Einschränkungen. Verläßliche Daten hierüber gibt es nicht. Nach Untersuchungen des Ifo-Instituts sieht es aber so aus, als sei in der Industrie in den letzten Jahren der Umfang der Schichtarbeit weitgehend unverändert geblieben. „Nur wenige Betriebe haben die Schichtarbeit in der jüngeren Vergangenheit eingestellt, noch weniger planen deren Neueinführung".[12] Denkbar ist freilich, daß im Gefolge der Bemühungen um die Arbeitszeitflexibilisierung die Schichtarbeit künftig wieder an Bedeutung gewinnen wird.

---

[11] *Reyher u. a.*, a.a.O.
[12] *Friedrich/Röthlingshöfer*, S. 26.

Tabelle 3: Zur Veränderung der Schichtarbeit und der Schichtarbeitsstunden bei Arbeitnehmern nach Wirtschaftsbereichen 1975 gegenüber 1960

Wirtschaftsbereich	Veränderung der Anzahl der Schichtarbeitnehmer		Veränderung der Anzahl der Schichtarbeitsstunden		Veränderung der Anzahl der gesamten Arbeitsstunden		
	in 1000	in vH	in Mill. Std.	in vH	in Mill. Std.	in vH	Nachrichtlich: Bei unveränderten Schichtarbeitsstunden in vH
Land- u. Forstwirtschaft	9	+150	15	+112	– 630	–58	–59
Energiewirtschaft, Bergbau	– 343	– 60	–764	– 65	– 613	–41	+10
Verarbeitendes Gewerbe	+ 418	+ 31	+312	+ 11	–3288	–17	–20
Baugewerbe	+ 107	+274	+182	+228	– 726	–19	–23
Handel, Kreditinstitute, Versicherungen	+ 261	+502	+423	+388	– 257	– 5	–12
Verkehr und Nachrichtenübermittlung	+ 52	+ 12	– 31	– 3	– 359	–12	–11
Sonstige Dienstleistungen	+ 321	+745	+540	+592	+ 123	+ 5	–17
Staat	+ 199	+166	+302	+133	+1734	+40	+34
Insgesamt	+1024	+ 39	+972	+ 18	–4016	–10	–12

Quelle: Jörg Münstermann, Klaus Preiser: Schichtarbeit in der Bundesrepublik Deutschland. Sozialwissenschaftliche Bilanzierung des Forschungsgegenstandes, statistische Trends und Maßnahmeempfehlungen. Bonn, Oktober 1978; *Hans Kohler, Lutz Reyher:* Jahresarbeitszeit und Arbeitsvolumen. In: Mitteilungen aus der Arbeitsmarkt- und Berufsforschung, 18. Jg./1985/1; eigene Berechnungen.

In den meisten Bereichen außerhalb der Industrie dürfte die Schichtarbeit hingegen weiter zugenommen haben. Darauf deutet der kräftige Anstieg der Beschäftigtenzahlen (vor allem bei den Teilzeitbeschäftigten) hin. In diesen Bereichen – und dazu gehören vor allem der Handel, das Verkehrsgewerbe, das Hotel- und Gaststättengewerbe, das Gesundheitswesen und das Dienstleistungshandwerk – sind die täglichen Betriebszeiten üblicherweise länger als die tägliche Arbeitszeit eines Arbeitnehmers; zudem wird dort vielfach auch an den Wochenenden gearbeitet: Im Handel liegen die wöchentlichen Verkaufszeiten zwischen 52 und 44 Stunden mit dem Mittel bei 47 Stunden.[13] Da und dort werden auch Anstrengungen gemacht, die Öffnungszeiten wieder auszuweiten – so in jüngster Zeit geschehen bei den Banken und, wenn auch erst zaghaft, beim Einzelhandel. Dem stehen freilich die Fälle gegenüber, in denen das Leistungsangebot zeitlich weiter eingeschränkt wird. Insbesondere gilt das für den öffentlichen Dienst – man denke etwa an die fortschreitende Ausdünnung des Personennahverkehrs in den späten Abend- und Nachtstunden.

Es ist auch nicht zu übersehen, daß gerade im Dienstleistungssektor versucht wird, die Schichtarbeit, insbesondere die Nachtschichtarbeit, durch eine Mechanisierung und Automatisierung einzelner Arbeitsgänge in Grenzen zu halten. So werden Routinetätigkeiten zunehmend durch Automaten wie elektronische Kassen in Bahnhöfen oder Parkhäusern oder Geldausgabeautomaten bei Banken wahrgenommen. Es erhöht sich damit die Nutzungszeit des investierten Kapitals, ohne daß zusätzliche Arbeitskräfte benötigt werden.

12. Die langsamere Ausweitung der Schichtarbeit bei rascherer Ausbreitung der Automatisierung sollte freilich nicht zu falschen Schlüssen führen. Es gibt immer noch ein erhebliches Potential für Schichtarbeitsplätze – in den Warenproduzierenden Bereichen und vor allem in den Dienstleistungsbereichen. Im Verarbeitenden Gewerbe wäre es nach Einschätzung der Unternehmen möglich, die bisherige durchschnittliche Betriebszeit von 61 Stunden auf 67 Stunden, also um ein Zehntel auszuweiten.[14] Rund die Hälfte der Unternehmen würden dabei zusätzliche Arbeitskräfte einstellen, Vollzeit- wie Teilzeitkräfte. Die Zunahme im Mechanisierungsgrad der Produktion macht offenbar nicht nur traditionelle Schichtarbeitsplätze überflüssig, sondern schafft auch neue. Die Untersuchungen von *Dostal et al.* (1977) über den technischen Wandel in verschiedenen Industriezweigen deuten darauf hin, daß bei technischen Änderungen Schichtarbeit sogar häufiger eingeführt als abgebaut wird.[15]

---

[13] *Reyher u. a.,* a.a.O.
[14] *Reyher u. a.,* a.a.O.
[15] *Werner Dostal, Manfred Lahner, Erhard Ulrich:* Datensammlung zum Projekt Auswirkungen technischer Änderungen auf Arbeitskräfte. Beiträge zur Arbeitsmarkt- und Berufsforschung 17, Nürnberg 1977.

3. *Auswirkungen von Arbeitszeitverkürzungen auf die Dauer der Betriebszeiten*

13. Die Veränderung der Schichtarbeit in Relation zur Veränderung der gesamten durchschnittlich geleisteten Arbeitszeit liefert wichtige Anhaltspunkte über die Veränderung der Nutzungszeit der Produktionsanlagen. Aber es sind nur grobe Anhaltspunkte. Das gilt insbesondere dort, wo eine weitgehende Entkoppelung der Betriebszeiten vom Arbeitseinsatz technisch möglich und ökonomisch lohnend ist.

Überschlägige Schätzungen führen zu dem Ergebnis, daß im Zeitraum von 1960 bis 1984 die durchschnittliche Betriebszeit der Produktionsanlagen in der deutschen Wirtschaft zwar merklich gesunken ist, aber nicht so stark, wie es die Verkürzung der Arbeitszeit – unter Berücksichtigung der Veränderung der Schichtzeiten – vermuten läßt.[16]

Im Durchschnitt wurden die Produktionsanlagen im Unternehmenssektor 1984 zu 93 vH genutzt, gemessen an einem Nutzungsgrad von 100 vH, wie er bei unveränderten Arbeitszeiten des Jahres 1960 möglich gewesen wäre (Tabelle 4). Die Verkürzung der Arbeitszeit – im Durchschnitt um knapp ein Fünftel – wurde also zu rund zwei Dritteln wettgemacht – durch Ausweitung der Schichtarbeit, durch Verkürzung der Rüstzeiten sowie durch Automatisierung. Es bleibt gleichwohl eine beträchtliche Lücke. Hinter ihr verbirgt sich ein nicht genutzter Kapitalbestand, der zu heutigen Preisen bewertet auf 250 Milliarden DM zu veranschlagen ist und der rein rechnerisch ausreichen würde, um $1\frac{1}{2}$ Millionen Arbeitsplätze zusätzlich zu besetzen.

14. Auf den ersten Blick mag es scheinen, als habe sich der Rückgang im Nutzungsgrad im Ganzen gesehen seit Mitte der siebziger Jahre nicht fortgesetzt. Dabei ist freilich zu berücksichtigen, daß ein Vergleich zwischen Jahren wie 1975 einerseits und 1980 oder 1984 andererseits auch konjunkturelle Einflüsse und das heißt kurzzeitige Schwankungen in der Kapazitätsauslastung spiegelt – 1975 war ein Rezessionsjahr, 1980 und 1984 waren Aufschwungjahre. Gleichwohl bleibt der Eindruck, als sei es zu einer Unterbrechung des bisherigen Trends gekommen. Dafür sprechen vor allem zwei Beobachtungen:

– Zum einen hatte sich das Tempo der Arbeitszeitverkürzung bis zum „Einstieg in die 35-Stundenwoche" stark verlangsamt. Die wöchentliche Arbeitszeit blieb seit Anfang der siebziger Jahre sogar unverändert, und nur der Jahresurlaub wurde im Durchschnitt um 5 Tage verlängert. Eine Ver-

[16] *Klaus-Dieter Schmidt:* Entwicklung von Arbeitszeit und Kapitalnutzungszeit in der Bundesrepublik Deutschland. Versuch einer Quantifizierung. Kieler Arbeitspapiere (in Vorbereitung).

Tabelle 4: Entwicklung der effektiven Arbeitszeit und der Betriebszeit der Produktionsanlagen nach Wirtschaftsbereichen 1960–1984 (1960 = 100)

Wirtschaftsbereich	1965		1970		1975		1980		1984	
	a	b	a	b	a	b	a	b	a	b
Land- u. Forstwirtschaft	103	101	95	98	92	96	99	95	90	95
Energieversorgung, Bergbau	98	99	93	98	87	97	85	98	83	98
Verarbeitendes Gewerbe	94	97	91	94	83	88	82	88	81	88
Baugewerbe	94	95	90	92	87	90	83	88	83	88
Handel	97	100	90	99	82	98	80	98	79	98
Verkehr- und Nachrichtenübermittlung	97	99	93	97	86	95	83	94	82	94
Kreditinstitute und Versicherungen	97	99	91	95	84	92	82	92	82	93
Sonstige Dienstleistungen[1]	96	99	90	98	83	96	79	95	77	95
Unternehmen insgesamt[1]	96	99	91	96	84	93	82	93	81	93

a Arbeitszeit.
b Betriebszeit
1 Ohne Wohnungsvermietung.

Quelle: Klaus-Dieter Schmidt: Entwicklung von Arbeitszeit und Kapitalnutzungszeit in der Bundesrepublik Deutschland. Versuch einer Quantifizierung. Kieler Arbeitspapiere (in Vorbereitung).

längerung des Urlaubs wirkt sich weit weniger als eine Verkürzung der Wochenarbeitszeit auf die Betriebszeiten aus, weil der Ausfall an Arbeitsstunden besser durch die Einstellung von kurzfristig beschäftigten Kräften (Saisonarbeiter, Urlaubsvertretungen) ausgeglichen werden kann.

– Zum anderen haben die Unternehmen, nachdem sie in den frühen siebziger Jahren in die Kostenklemme geraten waren, ihre Anstrengungen verstärkt, die Betriebszeiten durch Mechanisierung und Automatisierung aufrechtzuerhalten. Fortschritte in der Automatisierungstechnik haben diesen Prozeß beschleunigt.

15. Auffällig ist, daß der Rückgang im Nutzungsgrad im Verarbeitenden Gewerbe stärker ausgefallen ist als in anderen Wirtschaftsbereichen. Zum Teil ist dies das Ergebnis von Struktureffekten wie das relative Schrumpfen der mehrschichtig arbeitenden Grundstoffindustrien gegenüber den Investitionsgüterindustrien oder der schichtintensiven Produktionsbereiche gegenüber den Bereichen Forschung, Verwaltung und Vertrieb. Zum Teil hängt es aber auch damit zusammen, daß das Verarbeitende Gewerbe nicht im gleichen Maße in das Korsett fester (und in der Vergangenheit weitgehend unveränderter Betriebszeiten) eingebunden ist, wie etwa der Handel, das Gastgewerbe oder große Teile des Dienstleistungshandwerks, die zudem auch größere Möglichkeiten für den Einsatz von Teilzeitkräften an den „Rändern" der normalen Arbeitszeit haben.

Umgerechnet in effektive Betriebsstunden hat sich die durchschnittliche Betriebsdauer im Verarbeitenden Gewerbe von knapp 67 Wochenstunden im Jahre 1960 auf knapp 61 Wochenstunden im Jahre 1984 verkürzt. Die Differenz von 6 Stunden entspricht ziemlich genau dem, was die Unternehmen des Verarbeitenden Gewerbes hinsichtlich der Verlängerung der Betriebszeiten als erwünscht ansehen.

II. Auswirkungen von Verkürzungen der Betriebszeiten auf Wachstum und Beschäftigung

16. Es liegt auf der Hand, daß eine Verkürzung der Nutzungszeit des Produktivkapitals einzelwirtschaftlich wie gesamtwirtschaftlich beträchtliche Nachteile hat. Stark gerafft lassen sich diese wie folgt beschreiben:

- Eine Verkürzung der Nutzungszeit erhöht den Kapitaleinsatz je Arbeitsplatz, die Kapitalintensität. Für die Schaffung zusätzlicher und die Modernisierung vorhandener Arbeitsplätze sind dann höhere Investitionen aufzuwenden als es sonst erforderlich wäre.
- Eine Erhöhung der Kapitalintensität drückt in diesem Falle die Kapitalproduktivität. Die Produktionsmenge, die mit einem bestimmten Kapitalbetrag erzeugt werden kann, ist geringer.
- Eine Senkung der Kapitalproduktivität beeinträchtigt die Rentabilität des investierten Kapitals. Es vergrößert sich das Gewicht der Fixkosten. Auch andere Kostenvorteile, die sich sonst aus der Produktion größerer Stückzahlen ergeben (economies of scale) gehen verloren. Hinzu kommt schließlich der Kosteneffekt, der daraus resultiert, daß mit älteren Anlagen produziert wird: Bei kürzerer Nutzung gibt es weniger Verschleiß, die Anlagen werden nicht so schnell durch effizientere ersetzt. Es verringert sich damit auch das Tempo bei der Einführung und Ausbreitung neuer Technologien.
- Eine Erhöhung der Produktionskosten mindert die Wettbewerbsfähigkeit gegenüber den Konkurrenten. Um die Rentabilität des Unternehmens zu sichern, müssen entweder die Preise heraufgesetzt werden, was Einbußen

bei der Nachfrage nach sich zieht, oder die Produktion muß durchrationalisiert werden. Beides kostet in der Regel Arbeitsplätze.

Eine Verkürzung der Arbeitszeit, die die Nutzungsmöglichkeiten des Produktionskapitals schmälert, macht als Rezept zur Bekämpfung der Arbeitslosigkeit offensichtlich keinen Sinn. Sie steigert die Kosten der Arbeitsplätze, ist also im Prinzip nicht anders zu beurteilen als eine Arbeitszeitverkürzung mit vollem Lohnausgleich.

17. Wie stark die Verkürzung der Nutzungsdauer das Wachstum und die Beschäftigung gedrückt haben, läßt sich schwer sagen. Aufschlüsse darüber könnte man allenfalls aus einer aufwendigen Simulationsanalyse unter Verwendung eines ökonometrischen Strukturmodells gewinnen. Die Ergebnisse einer Studie aus dem Institut für Weltwirtschaft, die sich mit den allokativen Verzerrungen durch Subventionen beschäftigt, deuten darauf hin, daß die Verluste aus einer ineffizienten Ressourcenverwendung quantitativ durchaus zu Buche schlagen.[17] Eine Alternativrechnung für die Entwicklung wichtiger volkswirtschaftlicher Kennziffern wie Kapitalintensität, Kapitalproduktivität und Kapitalrentabilität unter der Annahme unveränderter Nutzungsgrade kann aber zeigen, um welche Größenordnungen es geht (Schaubild 2).

Rein rechnerisch könnten derzeit bei gegenüber 1960 unveränderten Betriebszeiten im Unternehmenssektor

- der durchschnittliche Kapitaleinsatz je Arbeitsplatz (zu Wiederbeschaffungspreisen) um rund 10.000 DM geringer oder
- die Bruttowertschöpfung je 1000 DM eingesetztes Kapital um 25 DM größer als gegenwärtig sein.

Die Sachkapitalrentabilität könnte dabei um knapp einen Prozentpunkt höher und das Renditedifferential gegenüber Finanzanlagen entsprechend niedriger sein, mögliche Rückwirkungen auf den Kapitalzins nicht mitgerechnet. Dabei hätten vermutlich die Investitionen in Sachkapital stärker zugenommen als es tatsächlich der Fall war. Es wäre also weniger Geld in Finanzanlagen geflossen, und das bedeutet auch, es wäre weniger Geld im Ausland und mehr im Inland investiert worden.

18. Der Rückgang im Nutzungsgrad des Produktivkapitals ist gewiß nur ein Grund unter mehreren, die für den Verfall der Kapitalrendite in den sechziger und siebziger Jahren ausschlaggebend gewesen sind. In erster Linie

---

[17] *Egbert Gerken, Karl-Heinz Jüttemeier, Klaus-Werner Schatz* und *Klaus-Dieter Schmidt:* Mehr Arbeitsplätze durch Subventionsabbau. Kieler Diskussionsbeiträge 113/114, Oktober 1985.

Schaubild 2: **Zur Entwicklung von Kapitalintensität, Kapitalproduktivität und Kapitalrentabilität im Unternehmenssektor 1960–1984**

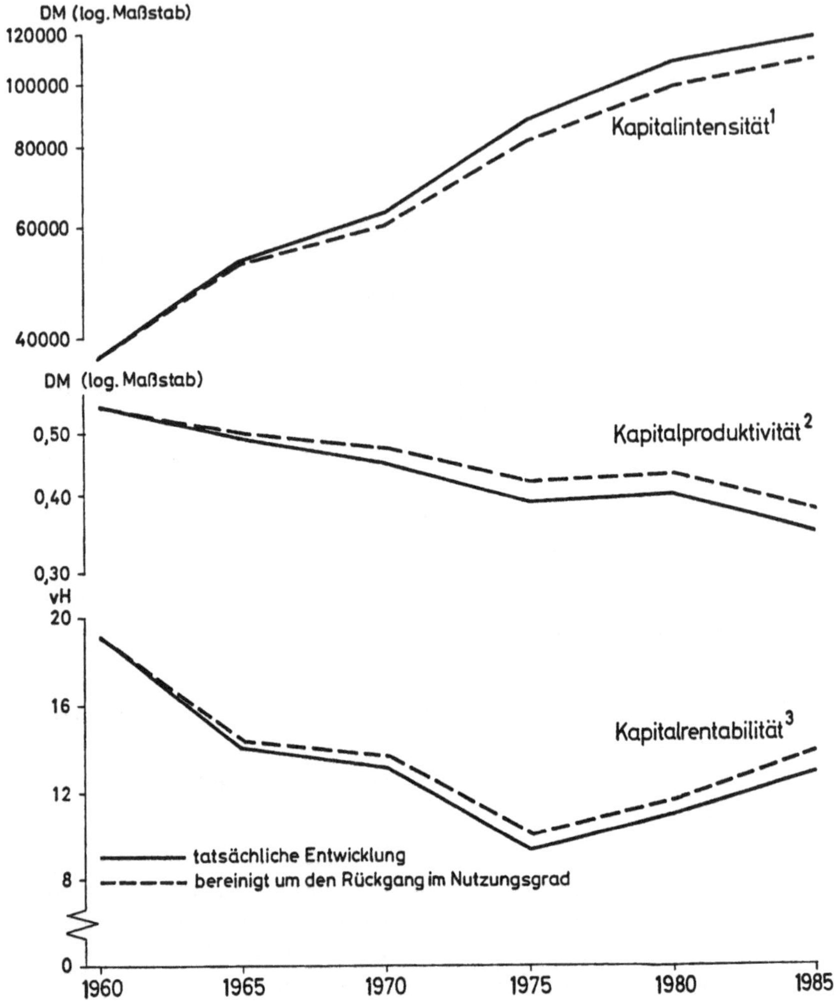

1 Bruttoanlagevermögen (in Preisen von 1976) je Erwerbstätigen.
2 Bruttowertschöpfung je DM Bruttoanlagevermögen (in Preisen von 1976).
3 Einkommen aus Vermögen in vH des Nettoanlagevermögens (in jeweiligen Preisen).

Quelle: Ifo-Institut für Wirtschaftsforschung, Investoren und Gütergruppenrechnung (unveröffentlichtes Material); Statistisches Bundesamt, Fachserie 18, Volkswirtschaftliche Gesamtrechnungen. Reihe 1, Konten und Standardtabellen. Stuttgart und Mainz 1985; eigene Berechnungen.

Tabelle 5: Durchschnittliche wöchentliche Betriebszeiten in der amerikanischen Industrie im Herbst 1976

Wirtschaftsbereich	Wochenstunden	Zum Vergleich: Bundesrepublik Deutschland = 100[1]
Industrie insgesamt[2] darunter:	81,8	135
Textilindustrie	115,6	142
Metall-Erzeugung und -verarbeitung	96,9	123
Industrie der Steine und Erden, Feinkeramik, Glasgewerbe	119,3	202
Stahl-, Maschinen- und Fahrzeugbau	83,0	144
Druckerei und Vervielfältigung	82,8	130

[1] Verarbeitendes Gewerbe 1984.
[2] Gewichtet mit Beschäftigtenanteilen.

Quelle: Murray F. Foss: Changing Utilization of Fixed Capital. An Element in Long-Term Growth. Washington and London 1984; *Lutz Reyher, Eugen Spitznagel, Wolf-Rüdiger Streck, Bernhard Terriet, Kurt Vogler-Ludwig:* Zu den Beschäftigungspotentialen einer Entkoppelung von Arbeits- und Betriebszeit. In: Mitteilungen aus der Arbeitsmarkt- und Berufsforschung, 18. Jg./1985, 1.

sind hier die steigenden Lohn- und Energiekosten und der wachsende Druck der internationalen Konkurrenz zu nennen, die viele Unternehmen in Bedrängnis brachten. Eine Verlängerung statt einer Verkürzung der Betriebszeiten hätte aber dazu beitragen können, den Druck spürbar zu mildern.

19. Aus Befragungen läßt sich entnehmen, daß sich viele Unternehmen um ihre Wettbewerbsfähigkeit gegenüber der ausländischen Konkurrenz sorgen. Diese wird unter anderem durch zwei Faktoren bestimmt, nämlich durch

- eine rentable Ausnutzung der Produktionsanlagen und
- eine hohe Lieferbereitschaft.[18]

Beides kann durch Schichtarbeit oder durch andere Formen flexibler Arbeitszeitverkürzung beträchtlich gesteigert werden. Die zunehmende Abwanderung sachkapitalintensiver Produktionen in die asiatischen Schwellenländer hängt vermutlich nicht nur mit dem starken Lohngefälle, sondern auch mit der unterschiedlichen Nutzung der Produktionsanlagen zusammen.

[18] *Friedrich/Röthlingshöfer,* a.a.O.

Auch wenn internationale Vergleiche wegen der statistischen Abgrenzungsschwierigkeiten stets problematisch sind, so liefern sie doch Anhaltspunkte dafür, wo eine Wirtschaft im Wettbewerb mit anderen Ländern steht. Es ist auffällig, daß zum Beispiel die durchschnittlichen Betriebszeiten in der amerikanischen Industrie deutlich länger sind als in der deutschen Industrie, und zwar durchweg in allen Branchen (Tabelle 5). Man hat dort die Wirkungen einer Verkürzung der Arbeitszeit auf die Nutzungszeit des Produktivkapitals mehr als kompensiert. Auch dies kann erklären, warum viele amerikanische Unternehmen trotz einer niedrigeren Investitionsquote produktiver als deutsche Unternehmen sind.

III. Flexibilisierung der Arbeitszeit – eine Chance für mehr Arbeitsplätze

20. Vorschläge zur Überwindung der Arbeitslosigkeit zielen im allgemeinen auf die Schließung der Investitionslücke. Ein großer Teil der fehlenden Arbeitsplätze, so lautete bereits Mitte der siebziger Jahre die Diagnose des Sachverständigenrats zur Begutachtung der gesamtwirtschaftlichen Entwicklung, müsse erst geschaffen werden, und zwar durch höhere Investitionen. „Eine über mehrere Jahre anhaltende Welle von Investitionen ist nötig, um wieder Vollbeschäftigung zu erreichen.“[19] Im Kern ist diese Aussage sicher richtig.

Es sollte aber nicht aus dem Blick geraten, daß viele hunderttausend Arbeitsplätze kurzfristig ohne nennenswerte zusätzliche Investitionen wieder besetzt werden könnten – durch eine bessere zeitliche Nutzung des vorhandenen Produktivkapitals. Eine Verlängerung der Betriebszeiten um sechs Wochenstunden, wie sie die Unternehmen des Verarbeitenden Gewerbes für möglich halten, würde rein rechnerisch die Einstellung von einer dreiviertel Million Arbeitskräften mit voller Stundenzahl erforderlich machen. Und bei einer Verlängerung der Öffnungszeiten im Einzelhandel, von der auch eine Reihe von Dienstleistungsbereichen wie Cafés oder Reinigungsbetriebe profitierten, könnten noch einmal rund eine Viertel Million zusätzlicher Arbeitsplätze entstehen. Dies wären, wohlgemerkt, nur die unmittelbaren Beschäftigungsgewinne einer effizienteren Ressourcenausnutzung. Hinzu kämen jene Gewinne, die bei einer stärkeren Wachstumsdynamik auch in anderen Bereichen anfielen.

21. Die Chancen, daß der Trend zu rückläufigen Nutzungszeiten wieder gewendet werden kann, stehen gar nicht einmal so schlecht. Seit der Auseinandersetzung um die schrittweise Einführung der 35-Stundenwoche in

---

[19] Sachverständigenrat zur Begutachtung der gesamtwirtschaftlichen Entwicklung: Zeit zum Investieren. Jahresgutachten 1976/77, Stuttgart und Mainz 1976, Ziffer 321.

der Metallindustrie im Frühjahr 1984 ist ein neuer Gedanke in die beschäftigungspolitische Diskussion gekommen: die Flexibilisierung der Arbeitszeit. Bislang vollzog sich die Verkürzung der Arbeitszeit in den einzelnen Tarifbereichen für alle Beschäftigten mehr oder weniger im Gleichschritt – durch Verkürzung der Wochenarbeitszeit und Verlängerung des Jahresurlaubs. Dies erwies sich als Einbahnstraße in Richtung auf eine Zentrierung der Arbeitszeiten – auf die 5-Tage-Woche (aus der vielfach schon eine 4½-Tage-Woche geworden ist) oder auf den standardisierten 8-Stundentag von 7.30 morgens bis 16.00 nachmittags. Würden die Möglichkeiten der Flexibilisierung, wie sie der Manteltarifvertrag in der Metallindustrie eröffnet hat, von den Tarifpartnern nicht nur dort, sondern auch anderswo genutzt, dann wäre der Weg frei, die Arbeitszeiten auf breiter Basis wieder zu entzerren und die Betriebszeiten zu verlängern.

Welche Möglichkeiten die Arbeitszeitflexibilisierung bietet, hat unlängst der Sachverständigenrat an einigen Beispielen eindrucksvoll demonstriert[20]: Würde beispielsweise die Verkürzung der Arbeitszeit von 40 Stunden auf 38½-Stunden (wie es teilweise schon geschieht) in Form einschichtig freier Tage oder Tageshälften gewährt, dann ließen sich die bisherigen Betriebszeiten nicht nur aufrechterhalten, sondern sogar verlängern. So ließe sich eine halbe zusätzliche Schicht einführen, die Betriebszeit also auf 12 Stunden am Tage ausweiten, wenn ein rotierender Teil der Arbeitskräfte zeitweilig nur vier statt acht Stunden arbeitete. Die Arbeitszeitgestaltung würde also für die Unternehmen zu einer lohnenden Optimierungsaufgabe mit dem Ziel einer besseren Auslastung des Produktivkapitals.[21]

Es geht bei alledem gar nicht einmal so sehr um die Entwicklung neuer Formen der Arbeitszeitgestaltung, sondern vor allem um die Ausweitung erprobter Regelungen, wie sie bisher schon in anderen Bereichen üblich sind, die einen kontinuierlichen 24-Stundenbetrieb aufrechterhalten müssen; dabei steht der Übergang zum vollen Mehrschichtbetrieb in der Regel nicht zur Diskussion. Es geht vielmehr um die Auflockerung starrer Systeme an den „Rändern", etwa um die Verschiebung der Arbeitszeit für einen Teil der Arbeitnehmer in den frühen Abend oder um gelegentliche Samstagsarbeit.

22. Dagegen mag eingewandt werden, daß Schichtarbeit, Wochenendarbeit und überhaupt eine „unübliche" Arbeitszeit

– von den Beschäftigten nur ungern akzeptiert,

---

[20] Sachverständigenrat zur Begutachtung der gesamtwirtschaftlichen Entwicklung: Chancen für einen langen Aufschwung. Jahresgutachten 1984/85, Stuttgart und Mainz 1984, Ziffern 126 ff.

[21] *Hof*, a.a.O.

– von der Arbeitsmedizin überwiegend skeptisch beurteilt und
– von der Sozialforschung sogar durchweg abgelehnt wird.

Dazu ist dreierlei zu sagen:

Erstens: Es ist nicht zu übersehen, daß die Abneigung gegen für sie unbequeme Arbeitszeiten bei vielen Arbeitnehmern zugenommen hat. Dies ist Ausdruck des viel beschriebenen sozialen Wertewandels: Die Arbeitswelt hat ihren zentralen Platz im Leben eingebüßt, Freizeit und Familie sind wichtiger geworden. An die Gestaltung der Arbeitsplätze und der Arbeitsanforderungen werden inzwischen Ansprüche gestellt, die vor nicht so langer Zeit noch unvorstellbar waren. Zugleich hat die Normierung der Lebensgewohnheiten und insbesondere die Komprimierung der Arbeit auf bestimmte Tageszeiten und Wochentage rasche Fortschritte gemacht. Sie hat hierzulande ein Maß erreicht, wie es sonst wohl nirgendwo in der Welt zu finden ist. In anderen Ländern streuen nicht nur die Arbeitszeiten, sondern auch die meisten privaten Aktivitäten viel stärker, angefangen von der Einnahme der Mahlzeiten über das Einkaufen bis zur Gestaltung der Freizeit. Wer meint, daß darunter das Familienleben leiden müsse, braucht sich nur in den Nachbarländern umzusehen. Die Hartnäckigkeit, mit der heute in der Bundesrepublik geltende Arbeitszeitregelungen wider alle ökonomische Vernunft verteidigt werden, ist nur mit der fast zweitausendjährigen Abwehrschlacht der Kirchen gegen die Sonntagsarbeit vergleichbar. Inzwischen haben die Kirchen klein beigegeben, doch sind inzwischen offenbar die Gewerkschaften in deren Rolle eingetreten.

Zweitens: Es ist wohl richtig, daß Arbeitskräfte mit Schichtarbeit, insbesondere mit Nachtschichtarbeit, im Durchschnitt größeren gesundheitlichen Belastungen ausgesetzt sind als Beschäftigte mit normalen Arbeitszeiten. Das hängt jedoch zum Teil auch mit den zusätzlichen Erschwernissen zusammen, unter denen Schichtarbeit häufig stattfindet, wie Lärm, Staub, körperliche Anstrengung. Eine Verbesserung der äußeren Arbeitsbedingungen brächte hier eine größere Entlastung für die arbeitenden Menschen als die Abschaffung der Schichtarbeit. Zudem sind die Ergebnisse der arbeitsmedizinischen Forschung keineswegs eindeutig.[22] Sie sind es erst recht nicht, sobald man sie mit den Ergebnissen von Studien über das Freizeitverhalten von Arbeitnehmern und seine gesundheitlichen Folgen vergleicht.

Drittens: Es ist gewiß auch denjenigen Sozialforschern beizupflichten, die darauf hinweisen, daß durch Schichtarbeit soziale Kontakte schwieriger werden. Dies hängt aber vorwiegend damit zusammen, daß die Gesellschaft soziale Aktivitäten auf feste Zeiten, meistens auf den frühen Abend oder auf

22 *Münstermann/Preiser*, a.a.O.

das Wochenende normiert hat. Im übrigen gibt es keine Hinweise darauf, daß Polizisten, Lokomotivführer oder Krankenschwestern, die umschichtig arbeiten, weniger intensive Beziehungen zu ihren Nachbarn oder Freunden unterhalten als Lehrer oder Finanzbeamte, die sich eines vergleichsweise geregelten Tagesablaufs erfreuen.

23. In den meisten Prognosen wird für eine ganze Reihe von Jahren ein Mangel an Arbeitsplätzen angezeigt. In solcher Situation muß die Frage legitim sein, ob der Anspruch auf einen frühen Feierabend oder ein langes Wochenende überall aufrechterhalten werden kann. Die Ausweitung der Betriebszeiten an den „Rändern" der normalen Arbeitszeit kann zusätzliche Arbeitsplätze für die Arbeitslosen schaffen und sie kann die Arbeitsplätze für die Arbeitbesitzenden sichern. Dies sollte kein zu hoher Preis sein.

Es sollte bei alledem auch nicht übersehen werden, daß die Ausbreitung computergesteuerter Fertigungs- und Kommunikationstechniken die Entkoppelung von individueller Arbeitszeit und betrieblicher Kapitalnutzungszeit begünstigt. Die Unternehmen können aus Gründen des Wettbewerbs gar nicht umhin, die Möglichkeiten zur Steigerung der Rentabilität von Investitionen, die sich ihnen damit bieten, zu nutzen. Die Arbeitnehmer müssen darauf achten, daß dieser Prozeß nicht zu ihren Lasten geht.

II.
Zur Rolle der Lohnpolitik

Attentismus der Investoren und Lohnpolitik

Von *Horst Tomann*

1. Der folgende Essay wurde durch einen Beitrag von *Streissler* angeregt, der 1983 begründet hat, daß gerade die *Keynes*'sche Theorie eine zutreffende Diagnose der Stagnation liefert.[1] Unter der Annahme, daß Märkte geräumt werden, aber mit unterschiedlicher Reaktionsgeschwindigkeit, begründet die *Keynes*'sche Theorie eine Hierarchie von Märkten. In dieser Hierarchie sind es die – besonders effizienten – Finanzmärkte, die über ihren Einfluß auf die Investitionen das Aktivitätsniveau der Wirtschaft steuern. Das Stagnationsphänomen läßt sich damit letztlich auf die Bestimmungsgründe der Investitionen, einerseits das auf den Finanzmärkten bestimmte Zinsniveau – die Opportunitätskosten einer Investition in Sachvermögen –, andererseits die Gewinnerwartungen der Unternehmen zurückführen. Es wird untersucht, ob die Lohnpolitik, die in den zurückliegenden Jahren zum Kern der gängigen wirtschaftspolitischen Therapievorstellungen gehörte, unter diesen Bedingungen einen Beitrag zur Überwindung der Stagnation leisten kann.

Keynes'sche Diagnose der Stagnation

2. Der Beginn der zurückliegenden Stagnation wird allgemein auf die Jahre 1980/81 datiert, als die Ökonomie der Bundesrepublik Deutschland – ausgelöst durch den zweiten Ölpreisschub und die Wende der amerikanischen Geldpolitik im Jahre 1979 – konfrontiert wurde mit einem hohen Leistungsbilanzdefizit, einer starken Abwertung der D-Mark gegenüber dem Dollar und einem scharfen geldpolitischen Restriktionskurs, der das externe Gleichgewicht möglichst rasch wieder herstellen sollte. Die Finanzpolitik war auf die Konsolidierung der Staatshaushalte ausgerichtet und daher nicht frei für einen kompensatorischen Einsatz.[2] Das Zinsniveau stieg sehr stark an und blieb mehrere Jahre auf hohem Niveau. Die private Investitionstätigkeit ging massiv zurück und erholte sich erst im Verlauf des Jahres 1983, als die Indu-

---

[1] *Erich Streißler* (1983): Stagnation – Analyse und Therapie, in: *Bombach u.a.* (Hrsg.), Makroökonomik heute: Gemeinsamkeiten und Gegensätze. Tübingen, S. 457–476.

[2] *Horst Tomann* (1982): Bundesbank, Leistungsbilanz und Staatsverschuldung. Konjunkturpolitik 28, S. 275–297.

strie begann, ihre Investitionsplanungen wieder nach oben zu revidieren.[3] Aber es sollte nahezu sechs Jahre dauern (bis zum Herbst 1985), bis die realen Ausrüstungsinvestitionen wieder höher waren als zu Beginn der Stagnation. Mit dem Absinken der Investitionstätigkeit verlangsamte sich das Wachstum des Produktionspotentials – auf eine durchschnittliche Jahresrate von $1^1/_2$ vH – und es öffnete sich die Schere zwischen der Potential-Wachstumsrate und der Trendrate der Arbeitsproduktivität. Dies hatte zur Folge, daß die Anzahl der für die Erstellung des potentiellen Sozialprodukts erforderlichen Arbeitsplätze zunehmend zurückging. Die Abnahme des Arbeitsplatzpotentials hielt bis zuletzt an und wurde in den Jahren nach 1983 lediglich durch eine konjunkturell bedingte Beschäftigungszunahme verdeckt.

3. Eine keynesianische Erklärung des Investitionsattentismus, der im Zentrum der Stagnation steht, stützt sich einerseits auf pessimistische Erwartungen der Investoren, andererseits auf hohe Alternativkosten einer Investition in Kapitalgüter, nämlich ein hohes Zinsniveau. Pessimismus der Investoren kann resultieren aus einer erwarteten Stagnation der Nachfrage, einer Erhöhung von Investitionsrisiken oder der Erwartung einer Stabilisierungskrise, die von einem scharfen Restriktionskurs der Geldpolitik ausgelöst wird. Der Pessimismus der Investoren muß nicht am Anfang der Stagnationserklärung stehen, aber pessimistische Erwartungen können sich im Verlauf einer Stagnation verfestigen und sind dann schwer durch wirtschaftspolitische Signale zu durchbrechen.

Ein hohes Zinsniveau kann zunächst Folge der Inflationsbekämpfung sein. Der „zu hohe" Kapitalmarktzins – gemessen an einem Zinsniveau, das mit einem hohen Beschäftigungsstand vereinbar ist – steht daher gewöhnlich am Anfang einer Stagnationsphase. Ein hohes Zinsniveau kann aber trotz des Erfolges in der Inflationsbekämpfung hoch bleiben, wenn die Geldvermögenshalter wegen der Unsicherheit der Investitionen in Sachkapital eine hohe Liquiditätspräferenz haben und deshalb eine hohe Liquiditätsprämie für die Aufgabe von Geld fordern. Im Verlauf des Stagnationsprozesses kann dies dazu führen, daß sich Erwartungspessimismus und Liquiditätspräferenz – und damit die Stabilisierung eines hohen Zinsniveaus – gegenseitig verstärken, so daß es zu einem kumulativ wirkenden Abwärtstrend bei den Investitionen kommt.

4. Die Stagnationsphase in der Bundesrepublik seit 1980 fügt sich erstaunlich gut in das Erklärungsmuster dieser *Keynes*'schen Diagnose.

---

[3] Deutlicher als die amtliche Statistik zeigen dies die Indikatoren der vom Ifo-Institut durchgeführten Unternehmensbefragungen (Schaubild 1). Dabei ist von Sonderbewegungen im Jahre 1982 abzusehen, die durch eine befristete staatliche Investitionszulage ausgelöst wurden.

Tabelle 1: Lohnpolitik und Realzins

Jahr	Tariflohnentwicklung[1]	Inflationsrate[2]	Kapitalmarktzins[3]
1970	13,6	3,3	8,2
1971	14,1	5,2	8,2
1972	9,5	5,6	8,2
1973	10,6	7,0	9,5
1974	13,0	6,9	10,6
1975	9,3	5,9	8,7
1976	6,0	4,4	8,0
1977	6,9	3,6	6,4
1978	5,7	2,7	6,1
1979	4,9	4,2	7,6
1980	6,7	5,4	8,6
1981	5,6	6,3	10,6
1982	4,1	5,3	9,1
1983	3,3	3,3	8,0
1984	2,8	2,4	7,8
1985	3,4	2,2	6,9

1 Jährliche Veränderungsrate des gesamtwirtschaftlichen Tariflohn- und -gehaltsniveaus auf Stundenbasis, in vH.

2 Jährliche Veränderungsrate des Preisindex für die Lebenshaltung aller privaten Haushalte.

3 Umlaufrendite festverzinslicher Wertpapiere.

Quelle: Deutsche Bundesbank, Monatsberichte.

– Am Anfang des Prozesses steht der Anstieg des Zinsniveaus. Die Deutsche Bundesbank hatte bereits im Frühjahr 1979 einen restriktiven Kurs der Geldpolitik eingeleitet, der die kurzfristigen Zinsen nach oben trieb und auch auf den Kapitalmarktzins durchschlug. Die Wende in der amerikanischen Geldpolitik im Herbst 1979 zu einem rigorosen Kurs der Inflationsbekämpfung, die das internationale Zinsniveau nachhaltig anhob, zwang die deutsche Notenbank dann, den restriktiven Kurs im Interesse des externen Gleichgewichts zu halten. Die D-Mark als internationale Reservewährung schien in besonderem Maße von einem Kapitalabfluß bedroht zu sein. Als sich der Anstieg des Dollarkurses 1981 beschleunigte, schnellte der deutsche Kapitalmarktzins auf ein zuvor nicht erreichtes Niveau. Die Umlaufrendite festverzinslicher Wertpapiere lag mehrere Monate bei über 13 %. Ein solches Zinsniveau war weder durch die heimische Inflationsrate noch durch die Inflationserwartungen gerechtfertigt. Der Anstieg des Zinsniveaus traf die Unternehmen real. Obwohl sich das exzessive Niveau des Kapitalmarktzinses in den Jahren danach wieder zurückbildete, wurde dies für Investoren, die vor der Entscheidung standen, sich zu verschulden, nicht real wirksam: Da die Inflationsrate rascher sank als der Kapitalmarktzins, stieg die reale Zinsbelastung der Schuldner bis in den konjunkturellen Aufschwung hinein an (Tabelle 1). Im Frühjahr 1986 lag der Realzins bei 5½ %.

– Im Verlauf des Stagnationsprozesses wurden die Gewinnerwartungen der Unternehmen destabilisiert. Dies läßt sich freilich nur unvollkommen belegen, weil der Versuch, die Erwartungen der Investoren zu erfassen, schwierige Indikatorprobleme aufwirft. In der Regel wird daher die in der Vergangenheit erwirtschaftete Gewinnmarge bzw. die Rendite auf Sachanlagen auch als Erwartungsindikator genommen. So hat der Sachverständigenrat berechnet, daß die Gewinnmargen im verarbeitenden Gewerbe in den Jahren 1980/81 erheblich gesunken sind und in diesen Jahren auch wesentlich niedriger als beispielsweise 1974/75 lagen.[4] Das Kieler Institut für Weltwirtschaft hat einen entsprechenden Rückgang der Renditen auf Sachanlagen nachgewiesen.[5] Diesen Rechnungen muß man aber – abgesehen von schwierigen Bewertungsfragen – entgegenhalten, daß sie sich auf die Annahme stützen, bei einer so komplexen Entscheidung wie einer Investition sei die Erwartungsbildung im wesentlichen adaptiv. Aussagefähiger scheinen daher – trotz aller Meßprobleme – Indikatoren zu sein, die versuchen, Erwartungen unmittelbar durch Unternehmensbefragungen zu erfassen und ihre Entwicklung durch ein Standardisierungsverfahren quantitativ abzubilden. Ein solcher Indikator ist der Geschäftsklima-Index des Ifo-Instituts, der die Einschätzung der gegenwärtigen und in den nächsten sechs Monaten erwarteten Geschäftslage im verarbeitenden Gewerbe abbildet. Nach diesem Indikator haben die Erwartungen der Unternehmer rasch auf den geldpolitischen Restriktionskurs und die exogenen Einflüsse des Jahres 1979 reagiert. Im Vergleich zu 1974/75 war das Ausmaß der Verschlechterung des Geschäftsklimas nicht nennenswert größer, wohl aber die Dauer dieser Phase pessimistischer Erwartungen. Die Industrieunternehmen haben ihre erwartete Geschäftslage vier Jahre lang (bis Ende 1983) negativ beurteilt, knapp drei Jahre – von Mitte 1980 bis Anfang 1983 – waren sie sehr pessimistisch.[6] Erstaunlich ist vor allem, daß der Erwartungspssimismus noch im Verlauf des Jahres 1982, also in einer Phase, in der die Erfolge der Preisniveaustabilisierung sichtbar wurden, der Kapitalmarktzins sank, die Gewinnmargen stiegen und ein beachtlicher Handelsbilanzüberschuß erwirtschaftet wurde, zugenommen hat.

Obwohl damit keine eindeutigen Belege gegeben sind, so widersprechen die empirischen Indikatoren doch nicht der Vermutung, daß sich in der zurückliegenden Stagnation der Pessimismus der Investoren und der Anstieg des (realen) Zinsniveaus gegenseitig verstärkten, so daß sich die Dauer der Stok-

---

[4] Jahresgutachten 1985/86, S. 45.

[5] *Klaus-Dieter Schmidt u. a.* (1984): Im Anpassungsprozeß zurückgeworfen. Die deutsche Wirtschaft vor neuen Herausforderungen. Kieler Studien 185. Tübingen.

[6] Während dieser Zeit lag der Index unter dem Wert –20, der in normalen Rezessionsphasen einen unteren Wendepunkt markiert.

Schaubild 1: Tendenz der Investitionsplanung

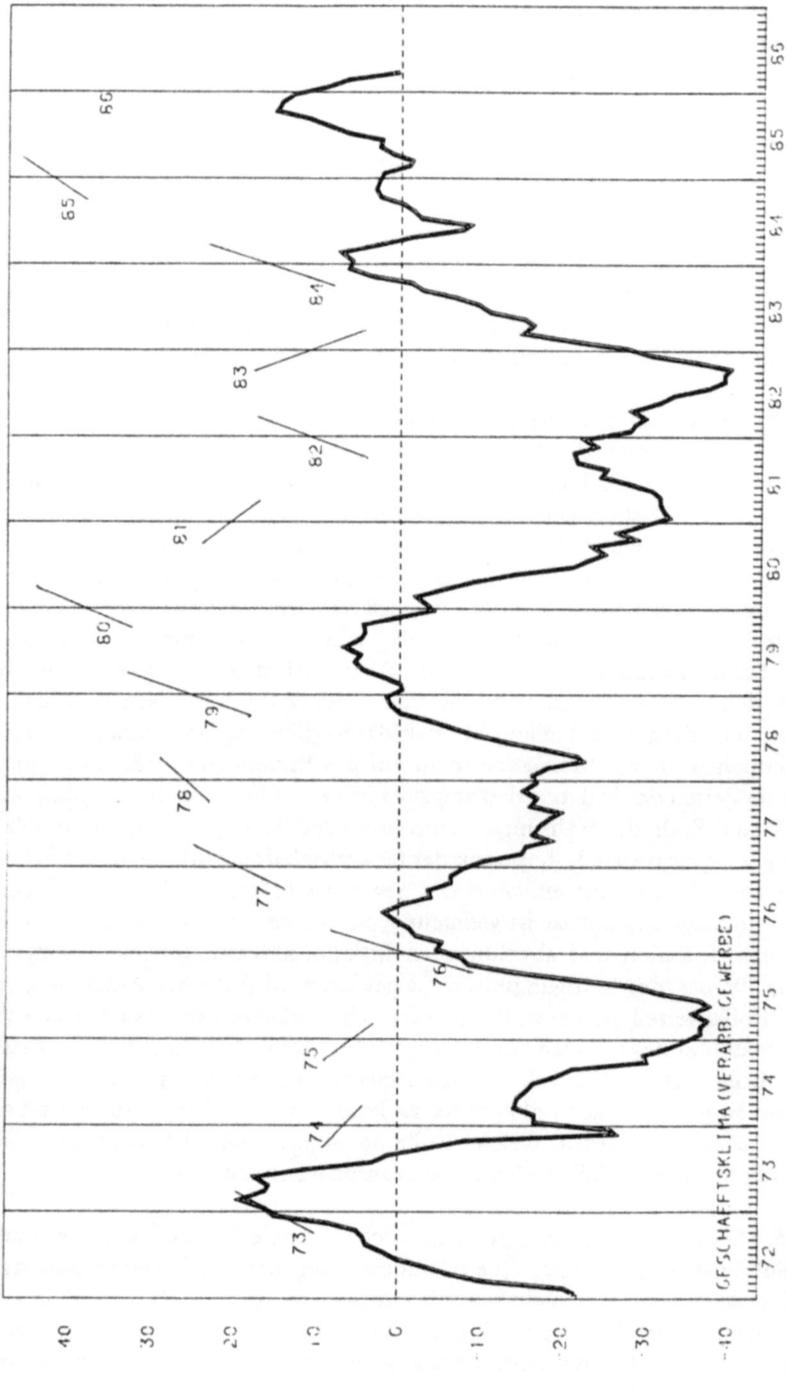

Quelle: IFO-Institut.

kungsphase verlängerte. Die Frage ist nun, welche Rolle die Lohnpolitik in dieser gesamtwirtschaftlichen Konstellation spielen konnte, die für die Ökonomie der Bundesrepublik eine neue Erfahrung darstellt.

Hypothesen zur Rolle der Lohnpolitik

5. Die Lohnpolitik steht seit Jahren im Zentrum der wirtschaftspolitischen Debatte um die Überwindung der Stagnation. Sowohl der Sachverständigenrat als auch die Wirtschaftsforschungsinstitute sehen in einer „zurückhaltenden Lohnpolitik" einen notwendigen Bestandteil einer Wirtschaftspolitik, die aus der Stagnation herausführt und die Beschäftigung erhöht.

Dieser weitgehende Konsens in der wirtschaftspolitischen Beratung ist aber keineswegs mit der Auffassung verbunden, daß die Stagnation ihre Ursache in zu hohen Löhnen gehabt habe. Den Gewerkschaften wird vielmehr konzediert, daß sie sich seit dem Ende der 70er Jahre im wesentlichen kooperativ verhalten haben. So hat das Deutsche Institut für Wirtschaftsforschung in seinem Votum zur Gemeinschaftsdiagnose vom Frühjahr 1985 noch einmal ausdrücklich darauf hingewiesen, daß die Ursache für die lang anhaltende wirtschaftliche Schwäche und die hohe Arbeitslosigkeit nicht in ungenügender Lohnzurückhaltung zu sehen sei. Aber auch marktgerechte Löhne können sich – so der Sachverständigenrat – als Folge der Stagnation als „zu hoch" erweisen. Dabei zeigt sich, daß die Begründung einer zurückhaltenden Lohnpolitik in der Stagnation nicht auf das Erklärungsmuster zurückgreift, das zu Zeiten der Inflationsbekämpfung in den frühen 70er Jahren gültig war. Seit dem Ende des Währungssystems von Bretton Woods ist die Geldpolitik fähig, eine aggressive Lohnpolitik der Gewerkschaften wirksam in die Schranken zu weisen – mit entsprechend negativen Folgen für die Beschäftigung. Für die Stagnationsphase ist vielmehr typisch, daß den Tarifparteien auch bei geringer Inflation und abnehmenden Inflationserwartungen die Verantwortung für das Beschäftigungsniveau zugewiesen wird. Dieser Auffassung von der Rollenverteilung liegt offensichtlich ein vorkeynesianisches Vertrauen in die Stabilität des privaten Sektors zugrunde. Dies gibt Anlaß, die Hypothesen zur Rolle der Lohnpolitik, die die Debatte beherrschen, mit den *Keynes*'schen Hypothesen zur Lohnpolitik zu konfrontieren. Darauf aufbauend soll dann überprüft werden, welche Rolle die vermuteten Wirkungen der Lohnpolitik in der zurückliegenden Stagnationsphase gespielt haben.

6. Die Lohnpolitik in ihrer „klassischen" Rolle hat die Aufgabe, durch Geldlohnsenkungen bzw. einen Minderanstieg des Tarif-Lohnniveaus dazu beizutragen, ein nicht mehr marktkonformes (= „zu hohes") Reallohnniveau abzubauen. Der Sachverständigenrat hat sich zu den wirkungsanalytischen Vorstellungen, die mit einer zurückhaltenden Lohnpolitik verbunden werden, zuletzt im Jahresgutachten 1984/85 (Ziffer 304) geäußert. Der Rat unterscheidet drei Fälle:

(1) Unternehmen, für die eine Produktionsausweitung ohne Senkung der realen Kosten möglich ist (die zu konstanten Grenzkosten produzieren); hier setzt sich die Lohnzurückhaltung über den Wettbewerbsdruck auf den Gütermärkten in eine Preissenkung (bzw. eine Mindersteigerung der Preise) um, was den Absatz stimuliert und zu mehr Produktion und Beschäftigung führt. Dies ist die Wirkungskette, die bereits *Keynes* im 19. Kapitel seiner „General Theory" der „klassischen" Theorie der Unterbeschäftigung (von *Pigou*) unterstellt und die er als „fallacious" anprangert, sobald man sie auf den gesamtwirtschaftlichen Zusammenhang überträgt. Denn im Falle einer *allgemeinen* Lohnzurückhaltung kann man die aggregierte Nachfrage nicht mehr als gegeben annehmen. Der Sachverständigenrat bezieht sich denn auch nicht mehr auf das *Say*'sche Gesetz (wie in früheren Gutachten), sondern schränkt die Gültigkeit des Arguments auf zum Ausland hin offene Märkte ein. Die Lohnpolitik wird also nach dieser These als Instrument zur Verbesserung der internationalen Wettbewerbsfähigkeit eingesetzt. Diese Wirkung der Lohnpolitik auf eine Erhöhung der Exportchancen, weil die Löhne relativ zum Lohnniveau im Ausland sinken, findet sich auch im Katalog der indirekten beschäftigungssteigernden Wirkungen von Geldlohnsenkungen, den *Keynes* im 19. Kapitel der „General Theory" aufstellt.
(2) Unternehmen, deren Produktionsbedingungen eine Mehrproduktion nur zu Stückkosten erlauben, die über dem Marktpreis liegen (steigende Grenzkosten); hier führt ein – relatives – Sinken der Löhne dazu, daß zusätzliche Produktion bei gegebenen Güterpreisen rentabel wird. Eine Produktionsausdehnung bei konstanten oder nur wenig sinkenden Güterpreisen (d.h. bei sinkendem Reallohn) ist daher möglich, solange das Grenzprodukt der Arbeit noch den Reallohn übersteigt. Im gesamtwirtschaftlichen Zusammenhang stellt sich aber auch hier wieder die Frage nach dem Niveau der aggregierten Nachfrage, von dem es abhängt, wieviel zusätzlich an Produktion und Beschäftigung realisiert werden kann.
(3) Im Gegensatz zu den beiden ersten Fällen, denen das (neoklassische) Vertrauen in die markträumende Wirkung flexibler Löhne zugrunde liegt, stellt der dritte Fall darauf ab, daß die Produktionsausdehnung für ein Unternehmen mit erhöhter Unsicherheit verbunden sein kann, sei es wegen zunehmender Absatzrisiken, einer zu eng werdenden Eigenkapitalausstattung, hoher Innovationsrisiken oder des Risikos der Unteilbarkeit großer Produktionsanlagen. Der Zurückhaltung von Lohnansprüchen weist der Sachverständigenrat in diesem Zusammenhang die Funktion zu, die Kosten der Inkaufnahme solcher Unsicherheit zu vermindern. Der Rat hält diese Fallgruppe für so bedeutsam, daß er dafür wirbt, „zumindest eine Zeit lang eine kräftige Erhöhung der Gewinne

im Vergleich mit der Steigerung der Lohneinkommen unausweichlich zu finden, wenn der Beschäftigungsstand kräftig steigen soll".[7]
Diese These ist jedoch preistheoretisch nicht fundiert. Eine Erhöhung der Gewinnsumme der Unternehmen läßt die erhöhte Unsicherheit der Kapitalverwertung unverändert. Es ist daher zu erwarten, daß die zusätzliche Gewinnsumme nicht investiert, sondern als Geldvermögen gehalten wird. Solange sich das Rendite- und Risikoprofil nicht verändert, werden die Unternehmen weiterhin die Alternative, ein risikoloses Zinseinkommen zu erzielen, dem unsicheren Ertrag aus der Investition vorziehen.[8]

Es ist bezeichnend, daß der Sachverständigenrat bei der Begründung seiner Hypothesen über die Wirkungen der Lohnpolitik partialanalytisch argumentiert. Die Vorstellung, über Geldlohnsenkungen bzw. einen Minderanstieg der Geldlöhne ließe sich der Reallohn vermindern – und entsprechend der neoklassischen Grenzproduktivitätstheorie des Lohnes eine Erhöhung der Beschäftigung auslösen – trifft für einzelne Unternehmen, einzelne Branchen oder einzelne Berufsgruppen fraglos zu. Sie gilt im internationalen Wettbewerb auch für ein Land, dessen lohnpolitische Zurückhaltung den Außenwert der Währung nicht erhöht. Aber davon abgesehen steht dieser Wirkungsanalyse in einem gesamtwirtschaftlichen Zusammenhang die keynesianische Kritik entgegen, daß der Reallohn ein marktendogenes Phänomen ist: Die Lohnpolitik bestimmt unmittelbar nur das Niveau der Geldlöhne, aber eine allgemeine Veränderung des Geldlohnniveaus beeinflußt die aggregierte Nachfrage. Damit sind das Preisniveau bzw. die Inflationsrate, über die sich erst der Reallohn bestimmt, nicht unabhängig von der Lohnpolitik vorgegeben.

7. Für *Keynes* war dieser Lohn-Preis-Zusammenhang eine Selbstverständlichkeit. Er hat die „wage-unit" in der „General Theory" als Numeraire gewählt und damit von vornherein postuliert, daß Veränderungen des Geldlohnniveaus keine direkten Wirkungen auf das Aktivitätsniveau und darüber auf das Beschäftigungsniveau einer Volkswirtschaft auslösen. Dies kann als die wesentliche Hypothese der Beschäftigungstheorie von Keynes zur Lohnpolitik angesehen werden. Es bedeutet nicht, daß *Keynes'* Theorie von der Annahme rigider Löhne ausgeht, wie oft behauptet wird. Im 19. Kapitel der „General Theory" diskutiert *Keynes* ausführlich die indirekten Wirkungen einer Änderung des Geldlohnniveaus. Vielmehr werden die Geldlöhne bei

---

[7] Jahresgutachten 1984/85, Ziffer 304.

[8] Genau genommen liegt die Schwäche des Arguments in einem Mitnahmeeffekt. Natürlich erhöht die Lohnzurückhaltung auch die Rentabilität der marginalen Investitionen, deren Unsicherheit größer ist. Sie bewirkt aber nicht, was eigentlich erforderlich wäre, eine Veränderung der Renditestruktur zugunsten der besonders mit Unsicherheit behafteten Investitionen. Statt dessen wird den Unternehmen ein pauschaler Einkommensvorteil gewährt. Die Präferenztheorie gibt uns für diesen Fall risikobehafteter Wahlentscheidungen sogar Anlaß zu vermuten, daß die Risikoscheu wächst. Denn der Bedarf an Sicherheit nimmt mit wachsendem Vermögen eines Investors zu.

Keynes als exogen angenommen.[9] Die Wahl der Lohneinheit als Bezugsgröße der Beschäftigungstheorie impliziert aber, daß Änderungen des Geldlohnniveaus nicht auf die Beschäftigung wirken, sondern auf das Preisniveau. *Riese* hat diese Wirkungsanalyse als *keynes*ianische Quantitätstheorie bzw. den *keynes*ianischen Monetarismus bezeichnet.[10] Lohnpolitik ist danach Anti-Inflationspolitik. Lohnpolitische Zurückhaltung wirkt deflatorisch.

Auch das lohnpolitische Konzept des Sachverständigenrats, das Kostenniveau-Neutralität als Norm der Geldlohnentwicklung setzt, war ursprünglich ein Anti-Inflationskonzept. Der Rat hat dieses Konzept bereits in seinem ersten Gutachten (1964) entwickelt. Damals war die Sorge der Wirtschaftspolitik vor allem darauf gerichtet, in einer vollbeschäftigten Wirtschaft mit einer Tendenz zu außenwirtschaftlichen Überschüssen Inflation zu vermeiden: Obgleich der Anstieg des Preisniveaus während der sechziger Jahre noch sehr mäßig war, zeigte die Teuerung im Vergleich zu den fünfziger Jahren doch eine deutliche Beschleunigung. Dies waren die ersten Anzeichen eines inflatorischen Potentials, das damals – durchaus *keynes*ianisch – in der zunehmenden Verknappung von Arbeitskräften und in den wachsenden Leistungsbilanzüberschüssen gesehen wurde. Die wirtschaftspolitischen Strategien, die der Sachverständigenrat in seinen früheren Gutachten zur Diskussion stellte, waren daher vor allem geprägt von dem Konzept einer stabilitätsorientierten (Kostenniveau-neutralen) Lohnpolitik und von der Debatte um flexible Wechselkurse als Instrument der außenwirtschaftlichen Absicherung des Geldwertes.

8. Der Sachverständigenrat hat das Konzept der Kostenniveau-neutralen Lohnpolitik in allen Gutachten beibehalten. Eine methodisch entscheidende Änderung trat ein, als der Rat Mitte der siebziger Jahre dazu überging, beschäftigungspolitische Schlußfolgerungen abzuleiten. Die ursprünglich mit diesem Konzept verbundene Hypothese, daß Lohnerhöhungen einen Kostendruck und damit Preissteigerungen auslösen,

$$\Delta L \rightarrow \Delta C \rightarrow \Delta P$$

wurde umgekehrt in die Hypothese, daß eine zurückhaltende Lohnpolitik das Kostenniveau senkt und damit den Gewinn erhöht.

$$-\Delta L \rightarrow -\Delta C \rightarrow \Delta G$$

Die Änderung der wirkungsanalytischen Konzeption des Rates besteht darin, daß das Preisniveau nicht mehr als marktendogen bestimmt angenommen, sondern als gegeben vorausgesetzt wird.[11] Denn eine Senkung des Kosten-

---

[9] *F. H. Hahn* (1984): Wages and Employment. Economic Theory Discussion Papers, No. 75. University of Cambridge.

[10] *Hajo Riese* (1986): Theorie der Inflation. Tübingen, S. 14 ff.

[11] Zur Kritik dieser Annahme vgl. *Riese* (1986).

niveaus führt nur bei gegebenem (jedenfalls nicht in gleichem Ausmaß sinkenden) Preisniveau zu einer Gewinnerhöhung.

Damit zeigt sich, daß der Sachverständigenrat gleichsam ein *keynes*ianisches Konzept der Anti-Inflationspolitik neoklassisch uminterpretiert und als Konzept der Beschäftigungspolitik eingesetzt hat. Während mit dem Konzept ursprünglich die Vorstellung verbunden war, durch Nominallohnpolitik ließe sich das Preisniveau steuern, setzt der Rat nunmehr auf das Vertrauen, durch Nominallohnpolitik den Reallohn ändern zu können. Der Zusammenhang von Geldlohnniveau und Preisniveau wird neoklassisch, als ein relativer Preis angesehen, entgegen einer *Keynes* folgenden Interpretation, die diesen Zusammenhang quantitätstheoretisch begreift.

9. In der Anwendung des Konzepts der Kostenniveau-neutralen Lohnpolitik bleibt der Rat indessen nicht im Rahmen des neoklassischen Paradigmas, wonach eine Reallohnsenkung genügt, um das Beschäftigungsniveau zu erhöhen. In der neoklassischen Modellwelt geht es nur um relative Preise, die Bewegungen des Preisniveaus sind unerheblich (Annahme der Neutralität des Geldes). Der Sachverständigenrat ist aber dem Zielkatalog des Stabilitäts- und Wachstumsgesetzes verpflichtet und schließt daher Reallohnsenkungen, die über eine Erhöhung des Preisniveaus zustandekommen, aus.

Nach dem Konzept des Sachverständigenrats ist die Lohnpolitik neutral in Bezug auf das Kostenniveau, wenn sie eine anderweitig begründete Erhöhung des Kostenniveaus der Unternehmen, in gesamtwirtschaftlicher Betrachtung also insbesondere die Verteuerung ausländischer Vorleistungen bzw. die Erhöhung der Kapitalkosten kompensiert. Diese Lohnformel beruht zwar auf der alten Grundidee des auf mittlere Sicht produktivitätsorientierten Lohnes: Bleibt die Erhöhung des Lohnniveaus im Rahmen des Anstiegs der gesamtwirtschaftlichen Arbeitsproduktivität, so läßt die Lohnpolitik für sich genommen das gesamtwirtschaftliche Kostenniveau unverändert. Aber erst die Kompensation inflatorischer Impulse, die von den übrigen Komponenten des gesamtwirtschaftlichen Kostenniveaus ausgehen und den „verteilbaren" Produktivitätsfortschritt vermindern, macht die produktivitätsorientierte Lohnpolitik Kostenniveau-neutral.[12]

Unter zurückhaltender Lohnpolitik versteht der Sachverständigenrat eine Steigerungsrate des Lohnniveaus, die hinter der als Kostenniveau-neutral angesehenen Rate zurückbleibt und den Unternehmen – bei gegebenen Absatzbedingungen – zusätzliche Gewinnspielräume verschafft. Erst von einer

---

[12] Die Formel ist insofern symmetrisch, als ein relatives Zurückbleiben dieser anderen Kostenkomponenten entsprechend höhere, d. h. über den Produktivitätsfortschritt hinausgehende Lohnerhöhungen rechtfertigt.

solchen Lohnpolitik sind nach der Konzeption des Sachverständigenrats beschäftigungspolitische Impulse zu erwarten. Dabei wird implizite ein „reales" Kostenniveau zugrundegelegt, d.h. die Einrechnung eines Inflationsausgleichs in die Lohnabschlüsse, an den sich die Tarifparteien „gewöhnt" haben, wird akzeptiert.[13] Auch eine Politik der reinen Reallohnsicherung wird daher als lohnpolitische Zurückhaltung eingestuft, sofern nämlich ein Reallohnanstieg Kostenniveau-neutral möglich wäre. Im Ganzen setzt der Rat darauf, daß eine zurückhaltende Lohnpolitik letztlich einen Reallohnanstieg bewirkt. Dieser wird aus den Produktivitätseffekten induzierter Investitionen und den Nachfrageeffekten in einem konjunkturellen Aufschwung erwartet.

10. Mit dem Konzept der Kostenniveau-neutralen Lohnpolitik sind also unterschiedliche wirkungsanalytische Vorstellungen verbunden. Das inflatorische Potential der Lohnpolitik wird *keynes*ianisch gesehen, d.h. hier wird ein Zusammenhang von Geldlohnniveau und Preisniveau unterstellt, der die Verantwortung der Tarifparteien für das Beschäftigungsniveau über die von der Geldpolitik gesetzte Schranke begründet. Ein deflatorisches Potential der Lohnpolitik wird zwar eingeräumt, aber mit der monetaristischen Erwartung verbunden, daß „... der vom Geldangebot her gegebene Finanzierungsspielraum ... dann stärker zur Finanzierung einer realen Expansion genutzt werden (kann) statt zur Finanzierung von Preissteigerungen".[14] Damit zeigt sich, daß der Sachverständigenrat einer zurückhaltenden Lohnpolitik auf jeden Fall eine beschäftigungssteigernde Wirkung zurechnet, unabhängig davon, in welchem Ausmaß die Kostensenkung zu einem Minderanstieg des Preisniveaus führt. Seine wirkungsanalytischen Vorstellungen beziehen sich dabei entweder auf einen unmittelbaren Lohn-Gewinn-Zusammenhang – eine Position, die das deflatorische Potential der Lohnpolitik leugnet und die markttheoretisch allenfalls durch eine spezifische Rigidität der Güterpreise nach unten begründet sein könnte. Oder der Rat setzt im Rahmen einer monetaristischen Erklärung auf die monetären Impulse überschüssiger Kassenhaltung, deren Transmission in Mengen- und Beschäftigungseffekte ungewiß ist. Damit erweist sich aber die Rollenverteilung zwischen Geldpolitik und Lohnpolitik, die der Sachverständigenrat seit 1973 für begründet hält, in der Phase der Stagnation als brüchig, weil sie auf einen Transmissionsmechanismus setzen muß, den die Lohnpolitik nicht kontrollieren kann.

11. Neben den bisher diskutierten wirkungsanalytischen Vorstellungen stehen Hypothesen über indirekte Wirkungen der Lohnpolitik auf die gesamtwirtschaftliche Nachfrage und die Beschäftigung. Die Lohnpolitik kann die aggregierte Nachfrage stimulieren, indem sie

---

[13] Jahresgutachten 1985/86, Ziffer 285.
[14] Jahresgutachten 1984/85, Ziffer 304.

(1) über eine Umverteilung der Reallohneinkommen die Konsumneigung verändert,
(2) die internationale Wettbewerbsfähigkeit der heimischen Produktion erhöht und die Nachfrage nach Exportgütern und Importsubstituten steigert,
(3) zu einer Stimulierung bzw. Stabilisierung der Gewinnerwartungen der Investoren beiträgt,
(4) über ihren Einfluß auf die Geldnachfrage eine Senkung des Zinsniveaus und – bei gegebenen langfristigen Ertragserwartungen – eine Erhöhung der Investitionen bewirkt.

Was den Einfluß einer zurückhaltenden Lohnpolitik auf die Konsumneigung betrifft, so ist nicht einmal die Wirkungsrichtung eindeutig zu bestimmen. *Keynes* vermutet, daß eine Senkung der Geldlöhne mit der Folge von Preissenkungen im ganzen eher eine nachfragedämpfende Wirkung hat.[15] Dem steht das monetaristische Argument entgegen, daß der Konsum eher vermögensbestimmt ist und eine Erhöhung des realen Vermögenswertes den Konsum stimulieren kann. Über einen internen Deflationskurs eine Aktivierung der Leistungsbilanz zu erreichen, ist ein für sich genommen sehr wirksames Instrument der Beschäftigungspolitik. In dieser Rolle ist die Lohnpolitik eine Variante der „beggar-my-neighbour-policy". Sind die Wechselkurse nicht fixiert, so löst sie allerdings eine Aufwertungstendenz aus, mit der möglichen Folge einer Neutralisierung der Beschäftigungseffekte. Im anderen Fall muß mit Reaktionen der Partnerländer gerechnet werden, bis hin zu protektionistischen Eingriffen in den internationalen Güterverkehr.

Damit zeigt sich, daß das entscheidende Glied in der Wirkungskette von einer zurückhaltenden Lohnpolitik zu einer Zunahme des Beschäftigungsgrades im Einfluß der Lohnpolitik auf die Investitionen zu sehen ist. Investitionen sind Entscheidungen über künftige Produktion und daher mit einer besonderen Unsicherheit verbunden. Die Verläßlichkeit des Wirkungszusammenhangs steht unter dem Vorbehalt dieser Unsicherheit. Selbst im günstigsten Fall, wenn die Lohnpolitik nicht nur deflatorisch wirkt, sondern einen Einfluß auf die Realeinkommen hat, ist zu bedenken, daß ihre unmittelbaren Einkommenswirkungen (Reallohnsenkungen) mit Sicherheit eintreten, ihre Wirkungen auf die Investitionen dagegen unsicher bleiben. In den folgenden Abschnitten wird dieser Wirkungszusammenhang thematisiert. Der mögliche Einfluß der Lohnpolitik auf die Erwartungen der Investoren und ihr Einfluß auf das Zinsniveau werden getrennt untersucht. Schlußfolgerungen darüber, welchen Einfluß die Lohnpolitik in der zurückliegenden Stagnation auf die Investitionsbereitschaft im Ganzen hatte, müssen jedoch beide Komponenten im Zusammenhang sehen.

---

[15] *J. M. Keynes* (1936): The General Theory of Employment, Interest and Money, Reprint, London 1961, S. 262.

Lohnpolitik und Erwartungen der Investoren

12. Die These des Sachverständigenrats, eine kräftige Erhöhung der Gewinne im Vergleich mit der Steigerung der Lohneinkommen sei unausweichlich, damit der Beschäftigungsstand steigt, läßt sich, wie gezeigt wurde, nicht preistheoretisch fundieren. Denn die Erhöhung der Gewinnsumme eines Unternehmens enthält für sich genommen keinen Anreiz, das Risiko des Investitionsbudgets durch die Aufnahme besonders riskanter zusätzlicher Investitionen zu vergrößern. Höhere Gewinne können aber die Erwartung höherer Gewinne in der Zukunft stimulieren. Es ist dieser Einfluß einer zurückhaltenden Lohnpolitik auf die Gewinnerwartungen der Investoren, den der Sachverständigenrat neben dem Reallohn-Argument immer wieder zur Begründung positiver Beschäftigungseffekte herangezogen hat. Der Rat betont dabei, daß die Lohnpolitik die Erwartung dauerhaft niedrigerer Löhne bzw. Lohnsteigerungsraten erzeugen muß, damit sie auf die Gewinerwartungen durchschlägt.[16]

Obwohl die Wirkungen einer allgemeinen Reduktion bzw. eines Minderanstiegs des Lohnniveaus diese Erwartungen nicht bestätigen würden, weil das Preisniveau entsprechend sinkt, so kann die Lohnpolitik auf diese Weise doch die Unternehmer generell optimistisch stimmen und „den Teufelskreis einer übermäßig pessimistischen Einschätzung der Grenzleistungsfähigkeit des Kapitals durchbrechen".[17] *Keynes* fügt jedoch sogleich hinzu, daß diesem günstigen Einfluß entgegenstehen kann, daß sich die Auseinandersetzungen zwischen den Tarifparteien am Arbeitsmarkt verschärfen, wenn sich die Arbeitnehmer über die Wirkungen einer allgemeinen Geldlohnsenkung in gleicher Weise täuschen wie die Unternehmen.

Der stimulierenden Wirkung einer zurückhaltenden Lohnpolitik auf die Erwartungen der Investoren steht weiter entgegen, daß der deflatorische Effekt (der Anstieg des Preisniveaus bleibt hinter den Erwartungen zurück) die reale Schuldenlast der Unternehmen erhöht und insbesondere hoch verschuldete Unternehmen bei gegebenen Zinszahlungsverpflichtungen in den Konkurs treiben kann.[18] Dieser über die Erhöhung der Realverschuldung wirkende Insolvenzeffekt hat in der zurückliegenden Stagnation eine entscheidende Rolle gespielt (vgl. Ziffer 19). Die Beobachtung einer Zunahme von Insolvenzen wirkt auf die Erwartungen zurück. Insofern sind die deflatorischen Wirkungen, die sich aus dem Zusammenspiel von Geldpolitik und

---

[16] *Bernd Prior, Horst Tomann* (Hrsg.), (1986): Theoretische Grundlagen der Beschäftigungspolitik, Berlin. – Vgl. auch *Olaf Sievert* (1979): Die Steuerung der Konjunktur durch den Staat, in: Staat und Wirtschaft. Schriften des Vereins für Socialpolitik N.F., Bd. 102, S. 809–846.

[17] *Keynes* (1936), S. 264. Eigene Übersetzung.

[18] *Keynes*, a.a.O.

Lohnpolitik ergeben, ein Signal für rational handelnde Unternehmen, das ihre Investitionsbereitschaft beeinträchtigt.

13. Keynes geht daher – gleichsam unter Vorwegnahme der Theorie rationaler Erwartungen – auch nicht von der Erwartung dauerhaft niedriger Löhne aus, um den Einfluß der Lohnzurückhaltung auf die Grenzleistungsfähigkeit des Kapitals abzuleiten. Er hält vielmehr einen stimulierenden Einfluß auf die Investitionsbereitschaft dann für begründet, wenn die Geldlöhne im Verhältnis zu den künftig erwarteten Löhnen sinken. Diese Annahme weist ihn als einen Theoretiker aus, dem zu Unrecht vorgeworfen wurde, er habe die Erkenntnisse der allgemeinen Preistheorie nicht angewandt.[19] Denn *Keynes* liefert damit gerade die preistheoretische Begründung des Zusammenhangs von Geldlohnsenkung und Investitionen. Die Transmission des Impulses läuft über den Vermögensmarkt. Die Erwartungen eines künftig wieder höheren Lohnniveaus und – wegen des Lohn-Preis-Zusammenhangs – eines höheren Preisniveaus erhöht die (erwartete) Rentabilität von Kapitalgütern, die heute erworben werden, im Vergleich zur Rentabilität von Kapitalgütern, die künftig produziert und investiert werden. Auf dem Vermögensmarkt steigt der Nachfragepreis für nichtmonetäre Vermögenswerte (P_K) relativ zum Geldlohnniveau (L), d.h. ausgedrückt in Lohneinheiten. Diese Erhöhung des Realwertes des nichtmonetären Vermögens stimuliert die Investitionstätigkeit (I), d.h. den Kauf von Investitionsgütern, deren Angebotspreis niedriger ist als der (gestiegene) Nachfragepreis.

$$-\Delta L \rightarrow \Delta P_K \rightarrow I$$

Aus der *Keynes*'schen Analyse des Zusammenhangs von Geldlohnniveau und Beschäftigung müssen wir daher die Lehre ziehen, daß nicht der relative Preis für Arbeit, das Lohnniveau im Verhältnis zum aktuellen Preisniveau, die Ursache für Beschäftigungsstörungen ist, wie es eine neoklassische Analyse nahelegen würde. Entsprechend kommt es nicht darauf an, diesen relativen Preis für Arbeit zu verändern, wenn die Beschäftigung erhöht werden soll. Im Rahmen der *Keynes*'schen Theorie erweist sich dies als eine partielle Betrachtungsweise. Vielmehr lehrt uns die *Keynes*'sche Analyse, in ihrem Kern eine monetäre Analyse, die Wurzeln des Stagnationsphänomens in einer Störung der relativen Preise für Vermögenswerte zu suchen.[20] Die Erhöhung des Aktivitätsniveaus der Wirtschaft setzt voraus, daß der reale Wert nichtmonetären Vermögens steigt, etwa weil – bei gegebenem Zins – die Gewinnerwartungen aus bereits investiertem Vermögen zunehmen. Die Lohnpolitik kann diese Wirkung in einer monetären Ökonomie nur auslösen, wenn das Lohnniveau im Verhältnis zum künftig erwarteten Lohnniveau sinkt.

---

[19] *Axel Leijonhufvud* (1966): On Keynesian Economics and the Economics of Keynes. A Study in Monetary Theory. Zitiert nach der deutschen Ausgabe: Über Keynes und den Keynesianismus. Köln 1973, S. 251 f.

[20] *Leijonhufvud,* a.a.O.

Damit werden aber auch die Einwände gegen die Tragfähigkeit dieses Transmissionsmechanismus deutlich.

(1) Daß die Gegenwartspreise im Verhältnis zu den für die Zukunft erwarteten Preisen sinken, erfordert ein großes Ausmaß an lohnpolitischer Zurückhaltung. Denn durch die Lohnpolitik muß die Erwartung ausgelöst werden, daß die Geldlöhne bzw. die Steigerungsraten des Geldlohnniveaus eine untere Grenz erreicht haben. Ein solcher Schritt läßt sich in einer Marktwirtschaft mit autonomen Tarifparteien institutionell nicht durchsetzen. Eine nur moderate Dämpfung der lohnpolitischen Ansprüche dagegen (*Keynes:* „sagging money wages") kann die Erwartung weiterer lohnpolitischer Zurückhaltung auslösen und hat daher eher die entgegengesetzte Wirkung auf die Gewinnerwartungen. „... it would be much better that wages should be rigidly fixed and deemed incapable of material changes, than that depressions should be accompanied by a gradual downward tendency of money-wages ...".[21]

(2) Die Gewinnerwartungen der Investoren können dadurch irritiert werden, daß es in einem Gewinnboom wieder zu gewerkschaftlichen Nachholansprüchen kommt. Solche Nachholansprüche sind zwar wahrscheinlicher, wenn der Reallohn sinkt, weil die Tarifparteien bei ihren Lohnverhandlungen die Inflationsrate unterschätzt haben.[22] Sie sind dann aber auch kaum streitig. Die Erfahrungen der Rezession 1966/67 und des nachfolgenden Booms zeigen vielmehr, daß auch ein Lohnstillhalteabkommen, wie es in der Metallindustrie zustande kam, solche Nachholansprüche provoziert. Denn im Nachhinein, wenn die Lohnzurückhaltung tatsächlich einen Gewinnboom auslöst, wie 1969, wird zwischen den Tarifparteien immer streitig sein, ob die Geschäftsgrundlage für das Stillhalten der Gewerkschaften noch gegeben ist. Diese Erfahrung hat die Erwartungen sowohl der Gewerkschaften als auch der Unternehmer möglicherweise nachhaltig geprägt.

14. In der zurückliegenden Stagnationsphase stand einer stimulierenden Wirkung lohnpolitischer Impulse möglicherweise entgegen, daß die Erwartungen der Investoren von spezifischen anderen Einflüssen dominiert wurden. Hier ist in erster Linie die Erwartung eines restriktiven geldpolitischen Kurses zu nennen, der einen beginnenden Investitionsboom frühzeitig bremst (vgl. Ziffer 15 ff.). Darüber hinaus könnte die Stagnation der frühen 80er Jahre durch einen spezifischen Wachstumspessimismus geprägt worden sein, der in der Erwartung gründete, ein neuer Wachstumsschub müßte an seinen sozialen

---

21 *Keynes* (1936), S. 265.

22 *Hans-Peter Spahn* (1985): Stagnation – Theorie und Politik aus keynesianischer Sicht. Habilitationsschrift Berlin, S. 301. – Veröffentlicht unter dem Titel: „Stagnation in der Geldwirtschaft – Dogmengeschichte, Theorie und Politik aus keynesianischer Sicht." Frankfurt/New York 1986.

Folgekosten scheitern. Der Sachverständigenrat nennt in seinem Jahresgutachten 1985 (Ziffer 299) diesen Wachstumspessimismus als zentralen binnenwirtschaftlichen Belastungsfaktor der Zukunftserwartungen. Ich halte diese These, die häufig zu der Forderung nach einem Abbau von Regulierung und einer Liberalisierung der marktwirtschaftlichen Rahmenbedingungen führt, für zu pauschal. Ein Problem ist aber darin zu sehen, daß die Umweltpolitik bei der Setzung von Rahmenbedingungen und der Anlastung sozialer Folgekosten zwischen Neuinvestitionen und bereits investiertem Vermögen diskriminiert: Die Kosten von Regulierungen, aufwendigen Genehmigungsverfahren und zusätzlichen Umweltschutzauflagen betreffen in vollem Umfang die Investitionen, während bestehende Produktionsanlagen in aller Regel einen weitgehenden Bestandsschutz genießen. Dies führt zu erheblichen Bestandsrenten, die in die Erwartungen der Investoren als Normalrendite eingehen und die Investitionsbereitschaft hemmen. Überdies wird dadurch ein Anreiz gesetzt, alte Produktionsanlagen über ihre ökonomische Lebensdauer hinaus zu nutzen – mit der Folge einer Verzögerung umwelttechnischer Fortschritte.

Diesen Belastungsfaktor kann eine Politik der Lohnzurückhaltung nicht kompensieren. Selbst wenn es ihr gelingt, die Gewinnerwartungen zu stimulieren, so daß der Nachfragepreis für nichtmonetäres Vermögen steigt, so richtet sich die zusätzliche Nachfrage der Investoren doch allein auf bereits produzierte Kapitalgüter, während die Fortsetzung des Impulses auf neu zu produzierende Kapitalgüter wegen der darauf lastenden Auflagen einer diskriminierenden Umweltpolitik unterbleibt.

$$-\Delta L \rightarrow \Delta P_K \nrightarrow I$$

Allenfalls die Erwartung einer künftigen weiteren Verschärfung diskriminierender umweltpolitischer Vorschriften, welche die Grenzleistungsfähigkeit der Investitionen weiter verringern, könnte dem entgegenwirken. Die Lösung des Problems muß indessen auch unter wohlfahrtsökonomischen Gesichtspunkten darin liegen, in der Umweltpolitik Instrumente einzusetzen, welche die Renditestruktur zwischen bestehendem nichtmonetärem Vermögen und Neuinvestitionen möglichst nicht verfälschen.

15. Besser gesichert ist das Urteil über die erwartungsstabilisierende Wirkung der Lohnpolitik, wenn diese nicht – wie bisher angenommen – deflatorisch wirkt, sondern lediglich die Bereitschaft signalisiert, auf inflatorischen Druck zu verzichten. Denn in diesem Fall können die Unternehmer darauf vertrauen, daß die Notenbank eine Expansion der gesamtwirtschaftlichen Nachfrage nicht sogleich zum Anlaß nehmen muß, zur Sicherung der Geldwertstabilität einen restriktiven geldpolitischen Kurs zu fahren.

Die wirkungsanalytischen Vorstellungen, die diesem Urteil zugrunde liegen, sind denkbar einfach: Einerseits die *keynes*ianische, quantitätstheoretische These über den Zusammenhang von Lohnniveau und Preisniveau. Andererseits die These, daß die Notenbank bei der Inflationsbekämpfung den marktwirtschaftlichen Weg geht, über monetäre Impulse und deren Zinseffekte eine Drosselung des gesamtwirtschaftlichen Aktivitätsniveaus und eine Beschäftigungskrise auszulösen. Die Aussicht auf einen solchen Restriktionskurs ist für Investoren immer mit dem Risiko hoher Verluste, die unter Umständen zur Insolvenz führen können, verbunden. Dies hat die Erfahrung im zurückliegenden Jahrzehnt bestätigt. Die Deutsche Bundesbank hat nach dem Ende des Währungssystems von Bretton Woods und dem Übergang zu flexiblen Wechselkursen den neu gewonnenen Spielraum genutzt und inflatorisch überhöhte Ansprüche der Gewerkschaften ebenso wie außenwirtschaftliche inflatorische Impulse durch die beiden Stabilisierungskrisen 1974/75 und 1980/81 konsequent bekämpft. In beiden Fällen hat es jedoch eines lang anhaltenden Restriktionsdrucks bedurft, bis die Erfolge bei der Stabilisierung des Geldwertes sichtbar wurden.

Ein kooperatives Verhalten der Gewerkschaften hat daher einen günstigen Einfluß auf die Erwartungen der Investoren, weil dadurch ein geldpolitischer Restriktionskurs, der die Gewinnerwartungen beschneidet, unwahrscheinlicher wird. Auch haben die Gewerkschaften selbst ein Interesse an einer kooperativen Strategie, weil der Kampf der Notenbank um den Geldwert immer über den Verlust von Arbeitsplätzen und Lohnerhöhungsspielräumen ausgetragen wird. Es besteht also durchaus die Chance, die Gewerkschaftsmitglieder davon zu überzeugen, in einer Stagnation mit hoher Arbeitslosigkeit auf eine aggressive Lohnpolitik und das damit verbundene Umverteilungsziel zu verzichten. Die Gewerkschaften befinden sich aber gegenüber der Bundesbank in einer strategischen Situation.[23] Sie wissen nicht, ob die Bundesbank tatsächlich auf einen restriktiven geldpolitischen Kurs verzichtet, wenn sie sich kooperativ verhalten. Tut sie das nicht, etwa weil sie im Falle einer drohenden Abwertung die befürchteten inflatorischen Impulse aus dem Ausland von Anfang an verhindern will, wie 1981, so bleiben die erwarteten beschäftigungssteigernden Wirkungen eines stabilitätsorientierten Verhaltens der Gewerkschaften aus. Dies bringt die Gewerkschaftsführer in erhebliche Schwierigkeiten, eine kooperative Strategie gegenüber ihren Mitgliedern zu rechtfertigen.

16. Welche lohnpolitische Strategie ist aber kooperativ zu nennen? Das geeignete Kriterium dafür scheint mir das Niveau der Geldlöhne im Verhältnis zur erwarteten Inflationsrate zu sein. Die Lohnpolitik ist kooperativ,

---

[23] *Carl Christian von Weizsäcker* (1978): Das Problem der Vollbeschäftigung heute. Zeitschrift für Wirtschafts- und Sozialwissenschaften, Bd. 98, S. 33–51, hier S. 44 ff.

wenn sie nicht von sich aus einen inflatorischen Impuls auslöst. Sie muß dazu nicht Kostenniveau-neutral sein. Vielmehr genügt die Bereitschaft, einen anderweitig begründeten Kostenschub, etwa durch eine einmalige Heraufsetzung des Ölpreises oder durch die Erhöhung der Zinskosten, und dessen preisniveausteigernde Wirkung als Reallohnsenkung hinzunehmen. In diesem Fall nimmt der Verzicht auf kompensatorische Geldlohnforderungen dem inflatorischen Impuls die Kraft und verhindert, daß ein kostengetriebenes Inflationskarussell in Gang kommt.

Das Konzept der Kostenniveau-neutralen Lohnpolitik, das der Sachverständigenrat vertritt, stellt an eine kooperative Lohnpolitik strengere Anforderungen. Denn nach diesem Konzept wird den Gewerkschaften zugemutet, die unvermeidbare Reallohnsenkung aufgrund einer anderweitig begründeten Erhöhung des Kostenniveaus nicht nur zu akzeptieren (über die Erhöhung des Preisniveaus), sondern durch ein vorbeugendes Zurücknehmen von Lohnerhöhungsansprüchen dafür zu sorgen, daß die Reallohnsenkung Kostenniveau-neutral, d.h. ohne einen zusätzlichen Anstieg des Preisniveaus zustande kommt. Bezogen auf die strategische Situation, in der sich Gewerkschaften und Bundesbank befinden, bedeutet dies, daß der Sachverständigenrat den Gewerkschaften auf jeden Fall die kooperative Strategie (in seinem Sinne) abverlangt, unabhängig davon, ob sich die Bundesbank expansiv oder restriktiv verhält. Aus der Priorität des Ziels der Geldwertsicherung wird abgeleitet, daß ein Anstieg des Preisniveaus vorrangig zu verhindern ist.

Dabei sollte deutlich sein, daß es gute Gründe gibt, auch der Bundesbank eine kooperative Strategie zuzumuten, die darin besteht, den preisniveausteigernden Effekt von Kostenimpulsen (abwertungsbedingte Verteuerung ausländischer Vorleistungen, Zinskostenschub) hinzunehmen, solange sich die Gewerkschaften kooperativ verhalten. Eine kooperative Strategie der Bundesbank

(1) verringert die Legitimationsprobleme der Gewerkschaften bei der Durchsetzung kooperativer lohnpolitischer Strategien,
(2) führt – über den Anstieg des Preisniveaus – zu einer breiteren Verteilung von Anpassungslasten: Der Realeinkommensverzicht wird auch jenen auferlegt, die ein in Geldeinheiten fest vereinbartes Einkommen beziehen, etwa die Geldvermögensbesitzer,
(3) vermeidet Allkokationswirkungen einer verzerrten Faktorpreisrelation, die sich bei Lohnzurückhaltung ergeben.

Der Sachverständigenrat ist in den Jahresgutachten 1984/85 und 1985/86 insofern von seinem lohnpolitischen Konzept abgewichen, als er bei der Berechnung des Maßstabs für eine Kostenniveau-neutrale Lohnpolitik den in den zurückliegenden Jahren erheblichen Anstieg der Realzinsen nicht mehr in

Ansatz gebracht hat.[24] Dazu hat vermutlich die Einsicht beigetragen, daß man der Lohnpolitik nicht Kosteneffekte als Vorleistung anrechnen kann, die auf die Erfolge in der Preisniveaustabilisierung zurückzuführen und damit auch ein Verdienst der Lohnpolitik selbst sind.

17. Anders als zu Beginn der siebziger Jahre haben sich die Gewerkschaften in der Stagnation der achtziger Jahre kooperativ verhalten. Von den Tariflohnerhöhungen ging kein inflatorischer Impuls aus. Das Tariflohnniveau stieg nach 1980 mit ständig sinkenden Zuwachsraten (Tabelle 1). In den Jahren 1981/82 waren die Lohnsteigerungsraten sogar niedriger als die Inflationsrate, in den folgenden Jahren lagen sie kaum darüber. Der Lohnführer IG Metall war im Zusammenhang mit Vereinbarungen über eine Arbeitszeitverkürzung sogar bereit, die Lohnerhöhungen 1985 auszusetzen („Lohnpause"). Die „Reallohnposition", an der nach der Konzeption des Sachverständigenrats das Ausmaß an lohnpolitischer Zurückhaltung abgelesen wird, ist von 1981 bis 1985 – trotz nur mäßiger Produktivitätsfortschritte – gesunken (JG 85, Tabelle 6).[25] Es hat also im Ganzen gesehen den Anschein, daß von der Lohnpolitik her die Bedingungen günstig waren, über einen stimulierenden Effekt auf die Erwartungen der Investoren den Ausbruch aus der Stagnation zu schaffen.

Lohnpolitik und Realzins

18. Neben pessimistischen Erwartungen fungiert nach einer keynesianischen Stagnationserklärung ein „zu hohes" Zinsniveau als Bestimmungsgrund des Investitionsattentismus. Nach *Keynes'* Ansicht sind zu hohe langfristige Zinssätze – die über einem Niveau liegen, das mit einem hohen Beschäftigungsgrad vereinbar ist – sogar „das Grundübel". Sie sind verantwortlich für den Ausbruch der Depression und sie bestimmen maßgeblich ihre Dauer. *Keynes'* wirtschaftspolitische Stellungnahmen waren viele Jahre lang von dem Gedanken geprägt, daß die Korrektur des Zinsniveaus eine „lebensnotwendige Voraussetzung für die wirtschaftliche Erholung ist".[26] Wir haben gesehen, daß diese Erkenntnis die zurückliegende Stagnation in der Bundesrepublik zutreffend charakterisiert. Der Anstieg des Zinsniveaus, als Folge der Inflationsbekämpfung und zur Wiederherstellung des externen Gleichgewichts nach 1980 von der Bundesbank ausgelöst, stand am Anfang des Wirkungszu-

---

[24] In welcher Größenordnung sich der „Zinskosteneffekt" bewegt, d.h. der Einfluß der Realzinsentwicklung auf den Spielraum für Kostenniveauneutrale Lohnerhöhungen, wird nur noch nachrichtlich, in Form einer Graphik, mitgeteilt. Vgl. JG 84/85, Schaubild 24, JG 85/86, Schaubild 11.

[25] Ohne „Zinskosteneffekt", d.h. vor Kompensation des Anstiegs der realen Zinskosten in den Unternehmen.

[26] *Leijonhufvud* (1966), S. 254.

sammenhangs. Trotz eines raschen Abbaus des Leistungsbilanz-Defizits und zunehmender Erfolge in der Inflationsbekämpfung blieb der langfristige Kapitalmarktzins dann mehrere Jahre auf hohem Niveau und verstärkte den Erwartungspessimismus der Investoren.

Die Rolle der Lohnpolitik in einer solchen stagnativen Hochzinsphase wird darin gesehen,

(1) den Zinskosteneffekt für die Investoren durch lohnpolitische Zurückhaltung zu kompensieren,
(2) auf indirektem Wege, sei es über eine Erhöhung der realen Kaufkraft (Realkasseneffekt) oder über den Wechselkurs, zinssenkende Wirkungen auszulösen.

In beiden Fällen wird von einer zurückhaltenden Lohnpolitik ein stimulierender Effekt auf die Investitionen und damit auf die Beschäftigung erwartet.

19. Die Lohnpolitik der frühen 80er Jahre hat nach dem Urteil des Sachverständigenrats die hohen Zinssteigerungen im großen und ganzen kompensiert: „... die Lohnpolitik (hat) die Anpassung der Volkswirtschaft an einen dauerhaft erhöhten Zins wesentlich vorankommen lassen.“[27] Der Rat quantifiziert den kompensierenden Impuls anhand des Konzepts der Kostenniveau-neutralen Lohnpolitik. Danach hätte die seit 1979 zu beobachtende Verschlechterung der Reallohnposition „überwiegend ausgereicht, die entgegengesetzt wirkenden Zinskosteneffekte auszugleichen“.[28]

Daß sich das Zinsniveau in den 80er Jahren dauerhaft erhöht hat und sich die Produktionsstruktur daran anzupassen hat, wie der Sachverständigenrat konstatiert, ist nicht selbstverständlich. Erklärungsbedürftig bleibt vor allem, warum das Zinsniveau nicht mit zunehmendem Erfolg der Inflationsbekämpfung entsprechend der Inflationsrate gesunken ist. Ein Grund dafür könnte sein, daß die Inflationserwartungen, insbesondere die dominierenden Inflationserwartungen der internationalen Geldvermögensbesitzer hoch geblieben sind. Das dauerhaft hohe Zinsniveau könnte aber auch dadurch zu erklären sein, daß trotz sinkender Inflationserwartungen die Unsicherheit über die künftigen Erträge aus Investitionen zugenommen hat, so daß die Geldvermögensbesitzer eine höhere Liquiditätsprämie fordern und damit den Zins hoch halten.

Auch sind die Wirkungen der Impulse, die von einer kompensatorischen Lohnpolitik ausgehen, keineswegs eindeutig. Ein dauerhaft erhöhter Zins

[27] Jahresgutachten 1984/85, Ziffer 328.
[28] Jahresgutachten 1984/85, Ziffer 187.

verteuert die Finanzierung von Investitionen, so daß der Nachfragepreis nach Kapitalgütern sinkt. Die lohnpolitische Zurückhaltung bewirkt dagegen, so die Vorstellung des Rates, daß die künftigen laufenden Aufwendungen für den Investor dauerhaft niedriger sind. Dies könnte die Zahlungsbereitschaft für Investitionsgüter wieder erhöhen. Zugleich werden aber durch den deflatorischen Effekt der Lohnpolitik die Ertragserwartungen gedämpft. Diese Wirkung ist, wie bereits gezeigt wurde, nur dann nicht zu erwarten, wenn die Löhne entweder im Vergleich zu den Löhnen im Ausland oder im Vergleich zum zukünftig erwarteten Lohnniveau sinken. Hinzu kommt, daß eine allgemeine lohnpolitische Zurückhaltung den Anreiz zu einem Wandel der Produktionsstruktur zu Lasten langlebiger Investitionsgüter, der durch das hohe Zinsniveau gegeben ist, nicht kompensieren kann. Ein Entlastungseffekt, den die Lohnpolitik durch ihre kostensenkende Wirkung auslösen mag, wird um so geringer sein, je größer die Kapitalbindung ist.[29] Es bleibt als wesentlicher Effekt einer kompensierenden Lohnpolitik, daß sie die Wirkungen des kostensteigernden Impulses einer Erhöhung des Zinsniveaus auf das Preisniveau neutralisiert.

Damit sind aber aus gesamtwirtschaftlicher Sicht erhebliche Gefahren verbunden.

(1) In einer Phase, in der aufgrund verunsicherter Erwartungen oder erhöhter Investitionsrisiken von einem dauerhaft erhöhten Zinsniveau auszugehen ist, wirkt eine Politik der Lohnzurückhaltung kontraproduktiv, weil sie über den Lohn-Preis-Mechanismus den Realzins weiter ansteigen läßt. Die Entwicklung des Realzinses in der Bundesrepublik seit 1981 kann dafür als Musterbeispiel herangezogen werden. Von 1980 bis 1984 hat sich der Realzins nahezu verdoppelt, von knapp 3 % im Jahre 1980 auf mehr als 5 % im Jahre 1984.[30] Dabei hat der Kapitalmarktzins – gemessen an der Umlaufrendite festverzinslicher Wertpapiere – seit Anfang 1981 eine fallende Tendenz. Der Realzinsanstieg in den Jahren danach ist also Folge des Rückgangs der Inflationsrate, die von 6 % im Jahre 1981 auf 2½ % im Jahre 1984 sank. Unabhängig davon, welchen Anteil die Geldpolitik und die Lohnpolitik an diesem stabilisierungspolitischen Erfolg hatten, so hat doch die kompensatorische Lohnpolitik zu diesem Kurs der Wirtschaftspolitik beigetragen. Es ist unstreitig, daß damit vor allem die Geldschuldner getroffen wurden, die bei höheren Inflationserwartungen investiert haben und deren Investitionen sich nachträglich als Fehlinvestitionen erwiesen. Die Insolvenzrate ist noch während des Konjunkturaufschwungs der Jahre nach 1983 gestiegen, mit entsprechend kontraktiven Wirkungen auf die Beschäftigung.

---

29 Ein Beispiel ist der besonders zinsabhängige Wohnungsbau.
30 Jahresgutachten 1985/86, Schaubild 11.

Damit bestätigt sich eindrucksvoll die *Keynes*'sche These, die *Hahn* als eine seiner wichtigsten Thesen hervorgehoben hat, daß außerhalb einer neoklassischen Modellwelt mit vollkommener Voraussicht „the deflationary process of falling money wages would cause bankruptcies".[31] *Hahn* fügt hinzu, daß steigende Realzinsen den realen Gegenwartswert alter Kapitalgüter verringern, so daß es unprofitabel wird, neue Kapitalgüter zu produzieren.

(2) Die Lohnpolitik hat vermutlich selbst einen Einfluß darauf, daß das Niveau der Geldzinsen hoch bleibt, obwohl die Inflationsrate sinkt. Das ist der Fall, wenn die deflatorischen Wirkungen der Lohnpolitik – und das dadurch erhöhte Insolvenzrisiko – die Unsicherheit des Ertragsstromes aus Investitionen in den Erwartungen der Geldvermögensbesitzer erhöhen, so daß diese eine erhöhte Liquiditätsprämie verlangen. Dieser Rückkoppelungseffekt könnte in den zurückliegenden Jahren eine Rolle gespielt haben.

Hieran zeigt sich im übrigen, daß das monetaristische Vertrauen in die zinssenkende Wirkung eines konsequenten Restriktionskurses zur Erreichung der Geldwertstabilität vermutlich nur auf sehr lange Frist gerechtfertigt ist. Auf mittlere Sicht, auf die sich der Entscheidungshorizont von Investoren und Wirtschaftspolitikern erstreckt, dürfte überwiegen, daß die Deflationspolitik die Erwartungen der Investoren destabilisiert und damit Zinssenkungen, die von den güterwirtschaftlichen Bedingungen her möglich wären, blockiert.

20. Im ganzen hat der kompensatorische Einsatz der Lohnpolitik seit 1980 die Beschäftigungsprobleme eher verschärft. Rückblickend stellt sich der Wirkungszusammenhang zusammengefaßt so dar: Die Lohnpolitik ist kooperativ, d.h. für sich genommen nicht preisniveausteigernd. Der Zinssatz steigt. Dies verlangt nach dem Konzept der Kostenniveau-neutralen Lohnpolitik eine weitere Reduktion der Lohnsteigerungsrate, zu der die Gewerkschaften angesichts der drohenden Zunahme der Arbeitslosigkeit auch bereit sind. Die Inflationsrate geht zurück. Der Prozeß einer Reduktion von Lohn/Preissteigerungsraten setzt sich im Zuge eines nachgreifenden geldpolitischen Restriktionskurses fort. Der Kapitalmarktzins sinkt nur ganz allmählich, so daß der Realzins in einem overshooting-Prozeß weiter nach oben getrieben wird. Dies führt zu Unternehmenszusammenbrüchen und der Vernichtung von Arbeitsplätzen. In den bestehenden Unternehmen sinkt der Realwert des Kapitalstocks, so daß Investitionen vertagt werden. Die erhöhte Unsicherheit hält das Zinsniveau hoch.

Damit wird der grundlegende Konstruktionsfehler des Konzepts einer kompensierenden Lohnpolitik sichtbar. Wegen des deflatorischen Effekts,

---

[31] *Hahn* (1984), S. 16.

den die lohnpolitische Zurückhaltung im Zusammenwirken mit einer restriktiven Geldpolitik auslöst, wird nicht eine Reallohnsenkung erreicht, die den Anstieg der (realen) Zinskosten ausgleichen könnte, sondern – bei nur wenig sinkenden Reallöhnen – ein weiterer Anstieg des realen Zinsniveaus. Der entscheidende Punkt ist, daß die Inflationsrate nicht vorgegeben werden kann, sei es, weil sie marktendogen über den Lohn-Preis-Zusammenhang bestimmt wird, sei es, weil sie durch das konzertierte Zusammenwirken von Lohnpolitik und Geldpolitik sinkt.

21. Was die Wirkungen einer deflatorischen Lohnpolitik auf den Zinssatz betrifft, so kann sich unser Urteil auf eine lange Debatte stützen, die durch die Kontroverse zwischen *Keynes* und *Pigou* um den sogenannten Realkasseneffekt ausgelöst wurde. Eine zurückhaltende Lohnpolitik kann die reale Kaufkraft der vorhandenen Kassenbestände erhöhen und hat somit – im *Keynes*'schen System – über eine Veränderung der Geldnachfrage einen zinssenkenden und die gesamtwirtschaftliche Nachfrage stimulierenden Effekt. Für *Keynes* war klar, daß dieser Effekt nur wirksam werden kann, wenn das Geldangebot exogen vorgegeben, d.h. nicht selbst eine Funktion des Lohn- und Preisniveaus ist. Passen die Banken ihr Kreditvolumen zügig an den Geldwert der Produktion an, so können keine nennenswerten Zinseffekte auftreten. Akzeptiert man die Endogenität der Geldmenge im ganzen, so können die zinssenkenden Effekte nur über das Außengeld begründet werden, dessen realer Wert im Zuge eines Deflationsprozesses steigt. *Leijonhufvud* hat die Diskussion darüber so zusammengefaßt, daß das Außengeld wohl eine zu schmale Basis abgibt, um hier mehr als einen logischen Zusammenhang behaupten zu können.[32] *Keynes* war für den Fall einer exogen fixierten Geldmenge ohnehin zu dem Schluß gekommen, daß es dann besser wäre, eine flexible Geldpolitik einzusetzen, als das Management des monetären Systems den Gewerkschaften zu überlassen.[33]

Selbst unter der monetaristischen Annahme einer exogen fixierten Geldmenge hätte jedoch die Lohnpolitik in der zurückliegenden Stagnation keine zinssenkende Wirkung haben können. Denn die Geldpolitik hat den zusätzlichen monetären Spielraum für die Expansion der gesamtwirtschaftlichen Nachfrage, der durch eine zurückhaltende Lohnpolitik freigegeben wurde, im Interesse einer forcierten Inflationsbekämpfung Zug um Zug wieder gekappt.[34]

Von einem über die inländische Geldnachfrage ausgelösten Zinssenkungseffekt waren daher keine beschäftigungssteigernden Wirkungen einer lohn-

---

[32] *Leijonhufvud* (1966), S. 241 ff.
[33] *Keynes* (1936), S. 267 ff.
[34] Sachverständigenrat, Jahresgutachten 1984, Ziffer 326.

politischen Zurückhaltung zu erwarten, zumal da der Deflationskurs die Unsicherheit über die künftigen Erträge aus Investitionen erhöht und damit die Forderung der Geldvermögensbesitzer nach einer hohen Liquiditätsprämie weiter gestützt hat.

22. Die Lohnpolitik kann über ihren Einfluß auf Wechselkursänderungserwartungen eine zinssenkende Wirkung haben. Verhalten sich die Gewerkschaften kooperativ, so festigt dies auf lange Sicht das Ansehen der D-Mark als internationale Anlagewährung. Es bildet sich eine langfristige Aufwertungserwartung heraus. Das inländische Zinsniveau kann daher bei gegebener Geldpolitik niedriger sein als sonst. Vor allem ist dadurch gewährleistet, daß die Geldpolitik nicht zur Sicherung des Wechselkurses einen scharfen Restriktionskurs einschlagen muß.

Die Bundesrepublik hat im Verlauf der 70er Jahre eine lange Phase eines Aufwertungstrends ihrer Währung erfahren, als das internationale Kapital zwecks Vermögenssicherung in einer inflatorischen Welt auf der Suche nach Alternativen zum US-Dollar war. Der im internationalen Vergleich kooperative Kurs der deutschen Gewerkschaften, der die Geldpolitik unterstützte, hat sicherlicher die Attraktivität der D-Mark als Anlagewährung erhöht. Seit 1985 scheint sich eine ähnliche Entwicklung anzubahnen. Eine Beurteilung dieses Zusammenhangs muß aber auch folgende Aspekte beachten:

– Die Aufwertungserwartung und die dann folgende Aufwertungstendenz kann so stark werden, daß das Ausmaß an lohnpolitischer Zurückhaltung, das erforderlich ist, um die internationale Wettbewerbsfähigkeit zu erhalten, von außen diktiert wird. Jedenfalls schränkt dieser Wechselkurseffekt den Spielraum ein, die Lohnpolitik als Instrument zur Verbesserung der internationalen Wettbewerbsfähigkeit einzusetzen.
– Der Wechselkurseffekt läuft über den Einfluß auf die Erwartungen der internationalen Geldvermögensbesitzer. Das Vertrauen in die D-Mark als Anlagewährung verlangt dabei nicht mehr (und nicht weniger) als ein kooperatives Verhalten der Gewerkschaften, d.h. den Verzicht auf die inflatorisch wirkende Lohnpolitik. Eine lohnpolitische Zurückhaltung, die darüber hinaus geht und deflatorisch wirkt, kann dagegen sogar einen destabilisierenden Effekt auf die Erwartungen haben, weil sie immer auch die Unsicherheit der Ertragserwartungen erhöht.
– Der vertrauensbildende Einfluß eines kooperativen Verhaltens der Gewerkschaften kommt langfristig zum Tragen. Gleichwohl kann er durch externe Einwirkungen rasch zerstört werden. So wurde der Aufwendungstrend der D-Mark durch die Wende der amerikanischen Geldpolitik im Jahre 1979 nachhaltig gebrochen. Diese Erfahrung zeigt auch, daß die Geldpolitik in den Erwartungen der Geldvermögensbesitzer offenbar dominiert. Der erwartungsbildende Einfluß der Lohnpolitik kann daher nur eine unterstützende Funktion haben.

Schlußbemerkungen

23. Der scharfe Restriktionskurs der Wirtschaftspolitik zu Beginn der 80er Jahre oder – um einer neuen Sprachregelung zu folgen – die Disinflationspolitik war außergewöhnlich erfolgreich hinsichtlich der Stabilisierung des Preisniveaus, aber verbunden mit hohen sozialen Kosten der Anpassung. Der Grund dafür ist vor allem in einer Rigidität des Zinsniveaus zu sehen, die dazu führte, daß der Realzins trotz monetärer Lockerung bis in den konjunkturellen Aufschwung hinein anstieg. Die Rigidität des Kapitalmarktzinses bildete die Schranke, an der die lohnpolitische Zurückhaltung der Gewerkschaften scheitern mußte. Die Arbeitslosigkeit verharrte seit dem Beginn der Stagnation praktisch unverändert auf ihrem hohen Niveau. Dabei ist die Rigidität des Zinsniveaus nicht allein institutionell, d.h. durch die Laufzeiten der Kreditverträge bedingt, sondern selbst Ausfluß der Disinflationspolitik, die durch ihren restriktiven Druck auf die aggregierte Nachfrage immer auch Erwartungen destabilisiert, so daß die Liquiditätspräferenz der Investoren hoch bleibt.

24. Es ist vorgeschlagen worden, durch eine Indexierung von Kreditverträgen die Rigidität des Zinsniveaus zu lockern und damit in einer Disinflationsphase die Kosten der Disinflationspolitik zu senken.[35] Damit würde zwar die Anpassung bestehender Kreditverträge erleichtert und damit das Insolvenzrisiko entschärft werden. Sofern die Rigidität des Zinsniveaus in der Stagnation aber Ausdruck destabilisierter Erwartungen ist, wäre das Problem nicht gelöst. Im übrigen kann eine institutionelle Änderung von Rahmenbedingungen wie die Indexierung die Unsicherheit der Investoren nicht verringern, sondern sie ändert nur ihre Verteilung zwischen Schuldnern und Gläubigern. Bei Indexierung werden zwar die Kosten einer Disinflationspolitik für den Schuldner vermindert, dafür trägt er aber nunmehr das Risiko wieder zunehmender Inflationsraten. Damit zeigt sich, daß die Indexierung lediglich ex post als eine Maßnahme erscheint, die die Anpassungslasten der Disinflationspolitik verringert. Ex ante, d.h. vor der Investitionsentscheidung besteht die Unsicherheit über die künftigen Rahmenbedingungen – einschließlich des wirtschaftspolitischen Kurses – für den Investor unverändert.

25. Die Alternative zu einem Abbau von Rigiditäten durch institutionelle Änderungen ist mehr Gradualismus in der Wirtschaftspolitik. Gradualismus heißt, daß die Wirtschaftspolitik den wirtschaftlichen Akteuren Zeit läßt, sich in ihren Verträgen auf den neuen Kurs der Wirtschaftspolitik einzustellen. Ist der wirtschaftspolitische Kurs glaubwürdig, dann verursacht eine gradualistische Politik der Disinflation daher zweifellos die geringsten sozialen

---

[35] *Stanley Fischer* (1985): The Problem of Disinflation, Zeitschrift für Wirtschafts- und Sozialwissenschaften, Bd. 105, S. 123–131.

Kosten der Anpassung.[36] Das Problem scheint zu sein, ob eine gradualistische Politik Glaubwürdigkeit beanspruchen kann. Die wirtschaftspolitischen Instanzen in der Bundesrepublik scheinen eher der Auffassung zu sein, daß eine Disinflationspolitik nur dann einen glaubwürdigen Kurs signalisiert, wenn der Kurswechsel rasch und durchgreifend vollzogen wird. Dieses Grundverständnis über die Notwendigkeit einer „cold turkey policy" hat den stabilitätspolitischen Kurs der siebziger und achtziger Jahre geprägt. Dagegen gibt es kaum Erfahrungen mit einem gradualistischen Kurs der Stabilitätspolitik, wohl vor allem weil die wirtschaftspolitischen Akteure das dafür erforderliche Durchhaltevermögen nicht aufgebracht haben. Die Annahme, nur ein scharfer Kurs der Disinflationspolitik könne ihr die nötige Glaubwürdigkeit verschaffen, ist also keineswegs gesichert. Wenn es darum geht, eine mäßige Inflation zu bekämpfen, wie in den meisten Industrieländern seit Beginn der siebziger Jahre, so gibt es durchaus noch Spielraum für einen stabilitätspolitischen Kurs, der glaubwürdig ist, aber die hohen sozialen Kosten einer „cold turkey policy" vermeidet.

36 *Fischer* (1985), S. 128.

Neues Umfeld für die Lohnpolitik

Von *Ernst-Moritz Lipp*

1. In der Mitte der achtziger Jahre steht die Lohnpolitik vor einer neuen Situation: Das Niveau der Verbraucherpreise ist nahezu stabil. Eine lange Periode gesamtwirtschaftlicher Spannungen scheint beendet. Von der außenwirtschaftlichen Seite sind die Bedingungen für mehr Beschäftigung und höhere Realeinkommen besser geworden.

Die wichtigsten Kennzeichen der zehn Jahre davor waren:

- Die Inflationsbekämpfung: Die Geldpolitik versuchte in zwei Anläufen, die Expansion der Zentralbankgeldbestände zu beschneiden, aber die Nominallohnsteigerungen paßten nicht zu dem von der Bundesbank vorgelegten Stabilisierungstempo.
- Die außenwirtschaftlichen Störungen: Zwei Ölpreisschübe und eine beispiellose Abfolge von realer Aufwertung (bis 1979), realer Abwertung (bis 1985) belasteten die Stabilitätspolitik und verminderten den Einkommensspielraum.
- Die Belastungen von der Finanzpolitik: Die öffentlichen Haushalte haben in etwas über zehn Jahren zwei Expansionsphasen und zwei Konsolidierungsphasen durchlaufen. Die durchschnittliche Abgaben-Belastung eines verheirateten Arbeitnehmers mit mittlerem Einkommen erhöhte sich von 25 vH auf über 30 vH (Grenzbelastung etwa 40 vH).

2. Zu konstatieren, daß ein Teil der schweren Störungen des Wirtschaftsprozesses der Vergangenheit angehört, heißt noch nicht, daß das tarifpolitische Geschäft von Problemen nun frei ist. Es bleiben Fragen: Wie ist die in den letzten Jahren vollzogene Korrektur der Reallohn-Produktivitätsrelation im Hinblick auf die künftige Kapitalbildung und Beschäftigung zu sehen? Wie kann das künftige Verhältnis der Tarifparteien zur Geldpolitik aussehen? Was bedeuten die starken Veränderungen der Wechselkurse für die Tarifpolitik?

Die Diskussion von drei Aspekten lohnpolitischer Entscheidungen soll helfen, die künftige Rolle der Lohnpolitik zu skizzieren:

1. Lohnpolitik bei offenen Gütermärkten und Kapitalmärkten,
2. Lohnpolitik ohne monetären Stabilisierungsdruck,
3. Lohnpolitik bei stabilien Preisen.

Lohnpolitik in offener Wirtschaft

3. Die Erfahrungen mit zwei Ölpreisschüben und einem Ölpreiseinbruch, mit lang dauernder Überbewertung und Unterbewertung der Währung sowie mit starken Veränderungen der Kapitalmarktzinsen im Kapitalverkehr mit dem Ausland während einer Periode von nicht viel mehr als zehn Jahren laden dazu ein, einige ganz konkrete Fragen zu diskutieren:

1. Sollen die Nominallohnsteigerungen überhaupt auf außenwirtschaftliche Veränderungen wie Ölpreisschübe und anhaltende Verzerrungen der Wechselkurse reagieren?
2. Wie sind die Argumente zur lohnpolitischen Strategie zu ändern, wenn zu den Marktbedingungen nicht nur offene Gütermärkte, sondern auch offene Kapitalmärkte gehören?
3. Wie steht es mit den verteilungspolitischen Risiken einer beschäftigungsorientierten Lohnpolitik in der offenen Wirtschaft?

Aufgaben und Möglichkeiten der Lohnpolitik bei der Erreichung gesamtwirtschaftlicher Ziele waren wiederholt neu zu überdenken, weil der Zusammenhang zwischen lohnpolitisschen Entscheidungen, Preisniveau und Beschäftigung durch außenwirtschaftliche Störungen immer wieder und immer wieder auf andere Weise beeinflußt wurde. Deshalb wandelte sich die nationale beschäftigungspolitische Diskussion. Die Modelle, in deren Bahnen gedacht wurde, mußten umgeschrieben werden und wurden komplizierter.[1]

Es wird sich zeigen, daß es gleichwohl einige eindeutige Antworten zu den aufgeworfenen Fragen gibt, obwohl es in der offenen Wirtschaft schwieriger ist als in der geschlossenen Wirtschaft, einen Weg zur Lösung der Beschäftigungsprobleme zu formulieren.

Außenhandel und Verteilungsspielraum

4. Der *langfristige* Aspekt bezieht sich auf die Vorteile, die ein Land aus Arbeitsteilung und Spezialisierung zieht. Ein hohes Niveau von Exporten und Importen ermöglicht einen höheren Produktivitätsfortschritt als bei isolierter Entwicklung. Aus der verstärkten Integration in die Weltwirtschaft rührt ein großer Teil der Einkommenssteigerungen, die die Arbeitnehmer in den letzten 15 Jahren verbuchen konnten.

---

[1] *W. H. Branson, J. J. Rotenberg:* International Adjustment with Wage Rigidity. In: European Economic Review 13 (1980), pp. 309–332. – *L. Lipschitz, S. M. Schadler:* Relative Prices, Real Wages and Macroeconomic Policies: Some Evidence from Manufacturing in Japan and the United Kingdom. In: IMF-Staff Papers 31 (1984), pp. 303–338. – *E. Malinvaud:* Wages and Unemployment. In: Economic Journal 92 (1982), pp. 1–12. – *J. D. Sachs:* Wages, Profits and Macroeconomic Adjustment: A Comparative Study. In: Brookings Papers on Economic Activity (1979) No. 2, Washington 1979, pp. 269–319.

Der *kurzfristige* Aspekt bezieht sich demgegenüber auf die Veränderung der Exportpreise im Verhältnis zu den Importpreisen (Terms-of-Trade). Schwankungen der Terms-of-Trade können in Wechselkursänderungen oder in Weltmarktpreisänderungen ihre Wurzel haben. Eine langfristige Reihe der Veränderungen im Austauschverhältnis mit dem Ausland zeigt für die Bundesrepublik, wie stark Wechselkursschwankungen, Ölpreisschübe und Ölpreiseinbrüche den Verteilungsspielraum vergrößert (+) oder verkleinert (–) haben.

5. Erhöhen sich die Exportpreise im Verhältnis zu den Importpreisen, so können die Reallöhne dem Lehrbuch nach stärker steigen als der Produktivitätsfortschritt, im umgekehrten Falle müssen die Reallohnsteigerungen dahinter zurückbleiben, soll eine neutrale Linie in bezug auf das gesamtwirtschaftliche Erlös-Kosten-Verhältnis eingehalten werden. Ein Minderanstieg der *Real*-Löhne im Umfang der gesamtwirtschaftlichen Verluste bei den Terms-of-Trade würde das Verhältnis von Löhnen und Gewinneinkommen gerade unverändert lassen. Auch die Gewinne würden dann in einem Maße zunehmen, welches durch den Produktivitätsfortschritt abzüglich der Einkommensverluste im Handelsaustausch mit dem Ausland markiert wäre. Was bedeutet ein Terms-of-Trade-Verlust aber für die *Nominal*lohnsteigerungen, für deren Festsetzung die Tarifparteien vorantwortlich sind? Eine Grundregel könnte lauten: Ignoriert alle Preisniveaueffekte, die aus dem Außenhandel herrühren und vereinbart Lohnsteigerungen, als ob es solche außenwirtschaftlichen Einflüsse nicht gäbe! Wenn die Importpreise stärker steigen als die Exportpreise und dadurch das Preisniveau erhöht wird, ohne daß die Nominallohnsteigerungen nachgeführt werden, kommt es zu einer Verminderung der Reallohnsteigerung. Das Erlös-Kostenverhältnis der Unternehmen wird von der Lohnseite her nicht verändert, allerdings schlagen die höheren Preise für importierte Vorleistungen negativ zu Buche. Bei den Arbeitnehmern kommt es also zu einer Verminderung der sonst möglichen Reallohnsteigerung, weil der verstärkte Anstieg der Verbraucherpreise in den Lohnabschlüssen nicht berücksichtigt wird. Bei den Unternehmen werden die Stückgewinne wegen der verstärkten Importpreissteigerungen ebenfalls geschmälert. Dies ist der Weg, über den sich ein Terms-of-Trade-Verlust bei den Arbeitnehmereinkommen und bei den Gewinn-Einkommen niederschlägt, ohne daß daraus ein Verteilungskonflikt resultiert. Umgekehrt wäre im Falle einer Verbesserung der Terms-of-Trade zu argumentieren, wenn die Exportpreise also im Verhältnis zu den Importpreisen steigen, sei es weil die Unternehmen auf den internationalen Märkten höhere Exportpreise durchsetzen können, sei es weil die Importpreise wegen günstiger Weltmarktpreisentwicklungen oder wegen einer Aufwertung der Währung stärker sinken als die Exportpreise (wie 1986) oder weniger steigen als die Exportpreise (wie 1978). Auch hier gilt: Nominallohnerhöhungen wie im Falle ohne den Terms-of-Trade-Gewinn verändern die Verteilung nicht. Die Unternehmen profitieren von

Schaubild 1: **Terms of Trade Effekt**[1]

Veränderung gegenüber dem Vorjahr in vH[2]

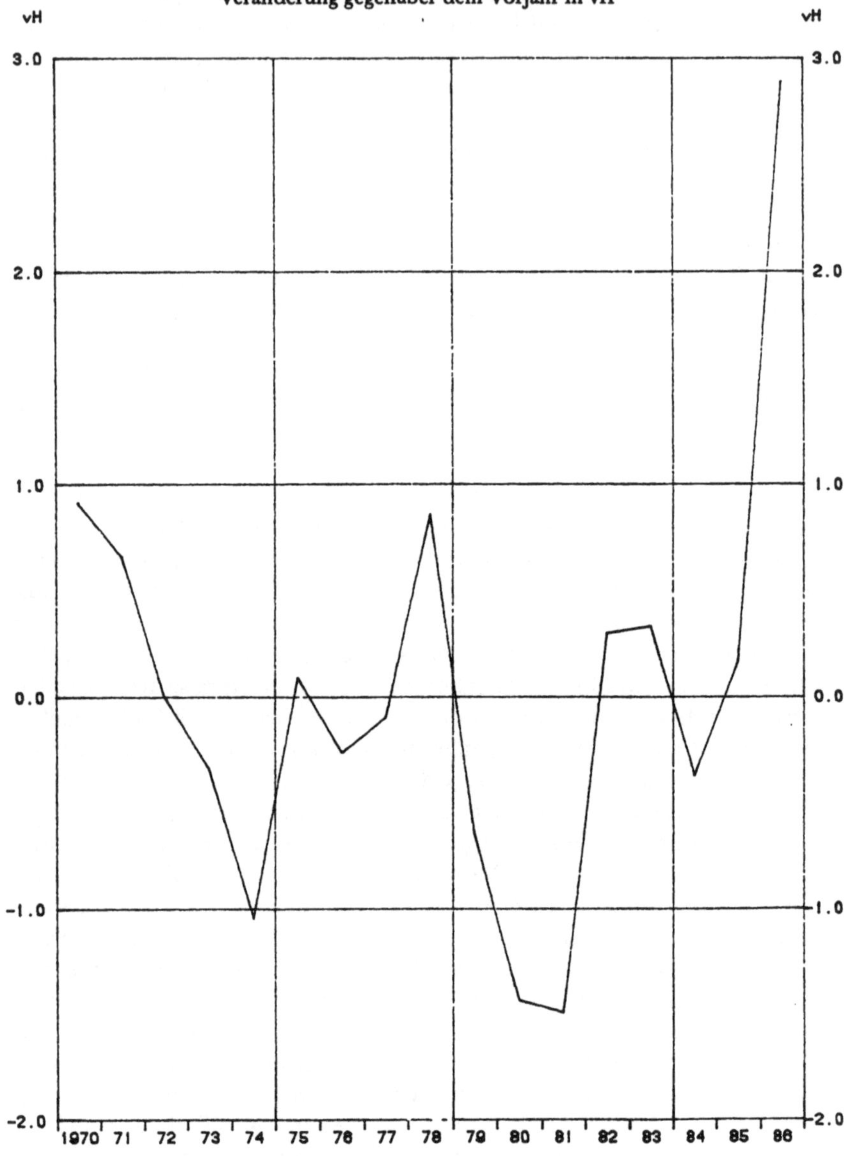

1 Aus der Reallohnposition.
2 1986: Eigene Schätzung.

Quelle für Grundzahlen: Sachverständigenrat, Jahresgutachten 1985. Stuttgart und Mainz 1985.

den niedrigeren Vorleistungspreisen; den Arbeitnehmern kommen Importpreissenkungen in Form niedrigerer Verbraucherpreise zugute.

6. Diese Überlegungen liegen auch einer Studie der OECD zugrunde.[2] Ausgangspunkt ist hier die Reaktion der Lohnpolitik in den OECD-Ländern auf den ersten und den zweiten Ölpreisschub und auf die damit verbundene Verschlechterung der Terms-of-Trade der Industrieländer. Als „flexibel" gilt eine Lohnpolitik dann, wenn die Steigerungen der Nominallöhne wenig oder gar nicht auf die ölpreisbedingte (oder abwertungsbedingte) Erhöhung des Preisniveaus reagieren. Im günstigen Fall nimmt die Lohnpolitik also eine außenwirtschaftlich bedingte Senkung des Realeinkommensniveaus ohne Gegenwehr hin. Es gibt keine Preis-Lohn-Spirale, keine Beschleunigung der Inflation und keinen Konflikt zwischen der Geldpolitik und der Lohnpolitik, der bei inflationsbekämpfender Geldpolitik und beschleunigtem Lohnanstieg in eine Stabilisierungskrise einmünden könnte. Das bedeutendste methodische Problem der Untersuchung liegt darin, daß empirisch nicht eindeutig zwischen außenwirtschaftlich bedingten Steigerungen des Binnenpreisniveaus und inflationsbedingten Steigerungen unterschieden werden kann. Das methodische Problem sei an einem Beispiel mit umgekehrtem Vorzeichen verdeutlicht: Flexibel wäre eine Lohnpolitik nach der Definition der OECD dann, wenn bei Ölpreissenkungen oder Aufwertungen und dementsprechend niedrigeren Preissteigerungen die geplanten Nominallohnsteigerungen durchgehalten würden. Der Realeinkommensgewinn für die Volkswirtschaft käme so auch den Arbeitnehmern zugute. Was aber, wenn die Minderpreissteigerungen teilweise auf eine gleichzeitig geführte inflationsbegrenzende, restriktive Geldpolitik zurückzuführen wären? Ein optimales Rollenverhalten im Stabilisierungsprozeß erforderte jedenfalls, daß die Tarifparteien bei einer abgeschwächten Expansion der Zentralbankgeldmenge auch die nominellen Lohnsteigerungen zurücknehmen, um die Friktionen möglichst klein zu halten. Die Erfahrungen zeigen, daß die Inflationsbekämpfung im Hinblick auf die Beschäftigung um so kostenreicher wird, je langsamer die Nominallohnsteigerungen nach unten angepaßt werden. Ein Maßstab, der ein Höchstmaß an Flexibilität ausweist, wenn die Nominallohnsteigerungen denen der Vorperiode entsprechen, enthielte insoweit eine Mißweisung.

7. Für den Fall der ausschließlichen Änderung der gesamtwirtschaftlichen Terms-of-Trade läßt sich also eine Verhaltensweise identifizieren, die sowohl in stabilitätspolitischer als auch in verteilungspolitischer Hinsicht neutral ist. Im Meßkonzept der Reallohnposition wird eine Verschlechterung der Terms-of-Trade als Verminderung des Verteilungsspielraums abgebildet (Tabelle 1). Ein gleich großer Minderanstieg der Reallöhne (im Verhältnis zum

[2] *D. T. Coe:* Nominal Wages, the NAIRU and Wage Flexibility. In: OECD-Economic Studies No. 5, Paris 1985, pp. 87–126.

Tabelle 1: Zur Entwicklung der Reallohnposition[1]. – Veränderung gegenüber dem Vorjahr in vH

Jahr	Brutto-lohn- u. -gehalts-summe je Ar-beit-neh-mer[2]	Lohn-kosten-effekt der Arbeit-geber-bei-träge[3]	Produk-tivitäts-effekt[4]	Terms-Terms-of-Trade-Effekt[5]	Realwert des Brut-tosozial produkts je Er-werbs-tätigen (3)+(4)	Kosten-effekt von in-direkten Steuern und Sub-ventio-nen	Preis-effekt (priva-ter Ver-brauch und staatli-che Käufe)	Ab-schrei-bungs-effekt[6]	Real-lohn-posi-tion ohne Zins-kosten (1)+(2) minus (5)+(8)
	(1)	(2)	(3)	(4)	(5)	(6)	(7)	(8)	(9)
1963	+ 6,0	–0,1	+2,7	–0,2	+2,5	+0,7	+3,1	–0,4	–0,2
1964	+ 9,6	–0,9	+7,5	+0,2	+7,6	–0,1	+2,0	–0,3	–0,7
1965	+ 8,9	+0,4	+5,3	–0,1	+5,1	+0,8	+3,2	–0,3	+0,2
1966	+ 7,0	+0,3	+3,4	+0,3	+3,6	+0,0	+3,5	–0,3	+0,3
1967	+ 3,1	–0,1	+3,6	+0,4	+4,0	–0,5	+1,4	–0,2	–1,7
1968	+ 6,5	+0,4	+5,9	–0,1	+5,8	+1,4	+1,9	–0,2	–2,0
1969	+ 9,0	+0,2	+6,4	+0,4	+6,8	–2,5	+2,5	–0,2	+2,6
1970	+15,7	+0,7	+4,1	+0,9	+5,0	+2,5	+4,9	–0,1	+3,3
1971	+10,5	+0,4	+2,6	+0,7	+3,2	+0,0	+6,4	–0,2	+1,1
1972	+ 9,5	+0,7	+5,1	–0,0	+5,1	+0,0	+5,7	–0,2	–0,4
1973	+11,0	+0,8	+4,3	–0,3	+4,0	+0,2	+6,5	–0,3	+1,1
1974	+10,4	+0,6	+1,8	–1,0	+0,7	+1,0	+7,8	–0,3	+1,6
1975	+ 6,3	+0,8	+1,5	+0,1	+1,6	+1,1	+6,2	–0,1	–1,6
1976	+ 7,9	+0,9	+7,3	–0,3	+7,1	–0,3	+4,1	–0,1	–1,9
1977	+ 7,1	–0,3	+3,5	–0,1	+3,4	+0,1	+3,6	–0,2	–0,2
1978	+ 5,6	+0,3	+2,5	+0,9	+3,4	–0,1	+3,0	–0,1	–0,4
1979	+ 5,9	+0,2	+3,1	–0,6	+2,4	–0,4	+4,4	–0,3	+0,1
1980	+ 6,8	+0,2	+0,2	–1,4	–1,2	+0,1	+6,1	–0,4	+2,5
1981	+ 5,0	+0,2	+1,0	–1,5	–0,5	+0,2	+6,0	–0,5	+0,0
1982	+ 4,5	+0,1	+1,3	+0,3	+1,6	+0,1	+4,6	–0,2	–1,6
1983[7]	+ 3,4	+0,7	+3,2	+0,3	+3,6	–0,4	+3,1	–0,1	–2,0
1984[7]	+ 3,4	+0,2	+2,7	–0,4	+2,4	–0,1	+2,5	–0,2	–0,9
1985[8]	+ 3,0	+0,1	+2,0	+0,1	+2,1	+0,4	+2,0	–0,2	–1,1
1986[8]	+ 3,7	+0,2	+2,0	+2,2	+4,3	+0,1	+0,8	–0,1	–1,2

1 Gesamtwirtschaft ohne Staat. Berechnung der Spalten (5) und (9) durch multiplikative Verknüpfung.
2 Inland.
3 Tatsächliche und unterstellte Sozialbeiträge der Arbeitgeber.
4 Bruttoinlandsprodukt in Preisen von 1980 je Erwerbstätigen.
5 Gesamtwirtschaft.
6 Erhöhung der Abschreibungskosten: –.
7 Vorläufige Ergebnisse.
8 Eigene Schätzung.

Produktivitätszuwachs) läßt die Erlös-Kosten-Relation und die funktionale Verteilung unverändert. Für eine Verbesserung der Terms-of-Trade gilt die Argumentation mit umgekehrtem Vorzeichen.

Lohnpolitik bei offenen Kapitalmärkten

8. Eine solche einfache Regel gibt es für außenwirtschaftlich bedingte Veränderungen des Kapitalmarktzinses nicht. Bei offenem Kapitalmarkt ist der für inländische Investoren – Unternehmen und private Bauherren – maßgebliche Kapitalmarktzins vom Kapitalverkehr mit dem Ausland bestimmt. Dafür geben die letzten fünfzehn Jahre, insbesondere die erste Hälfte der achtziger Jahre, eine gute Anschauung. Der starke Anstieg der Realzinsen zwischen 1981 und 1985 war außer durch heimische Einflüsse, wie die sehr langsame Rückbildung von Inflationserwartungen, zu einem großen Teil bestimmt durch den Kapitalsog in die Vereinigten Staaten. Das hohe Zinsangebot des amerikanischen Staates, der zur Finanzierung seiner Ausgaben einen großen Teil der Ersparnisse innerhalb und außerhalb der Vereinigten Staaten absorbierte, hat zu dem starken Swing bei den deutschen Netto-Kapitalexporten beigetragen. Der Zinsertrag und die Abwertung der D-Mark waren die Signale, über die der Anpassungsprozeß in Gang kam. Private Investitionen wurden verdrängt, die bei niedrigeren Zinsen hätten zum Zuge kommen können. Mit den vermehrten Exporten wurde der Realtransfer in Gang gesetzt: Auf die Überlassung des Kapitals folgte alsbald die Lieferung von Waren, die kreditfinanzierte Nachfrage im Ausland wurde rasch in der Bundesrepublik wirksam (Schaubild 2).

9. Wie oben gezeigt, wird im Terms-of-Trade-Effekt und in der Reallohnposition deutlich, in welchem Maße der Verteilungsspielraum durch die Abwertung der D-Mark verkleinert wird. Das ist ein Indikator dafür, daß die Bundesrepublik Einkommen an das Ausland abgetreten hat und die Steigerungsmöglichkeiten von Arbeitnehmereinkommen und Gewinnen im Inland beschnitten sind. Das ist aber nur die eine Konsequenz. Der entstandene Anstieg der Zinsen ändert die lohnpolitische Situation zusätzlich. Die Beeinträchtigung der Investitionstätigkeit und die damit verbundene Beeinträchtigung der Beschäftigungslage induziert Verhaltensänderungen am Arbeitsmarkt. Die Tarifparteien stehen unter dem Druck, die verschlechterte Beschäftigungssituation bei den Tarifabschlüssen zu berücksichtigen. Marktökonomisch gibt es nur einen Weg: Wenn die Zinsen an den Kapitalmärkten sich infolge der Verbundenheit mit Zinsauftriebstendenzen auf den internationalen Märkten länger als nur kurzfristig erhöhen, kann die Sachkapitalbildung nur aufrechterhalten werden, wenn sich die Sachkapitalrendite entsprechend erhöht. Die einzige Stellgröße zur Erhöhung der Erlös-Kosten-Relation im Inland sind die Löhne. Selbstverständlich gibt es im Marktzusammenhang viele Einflüsse, die auf die Erlös-Kosten-Relation einwirken, und es gibt keinen linearen Zusammenhang zwischen einem Minderanstieg der No-

Schaubild 2: **Exporte und Investitionen unter außenwirtschaftlichem Einfluß**

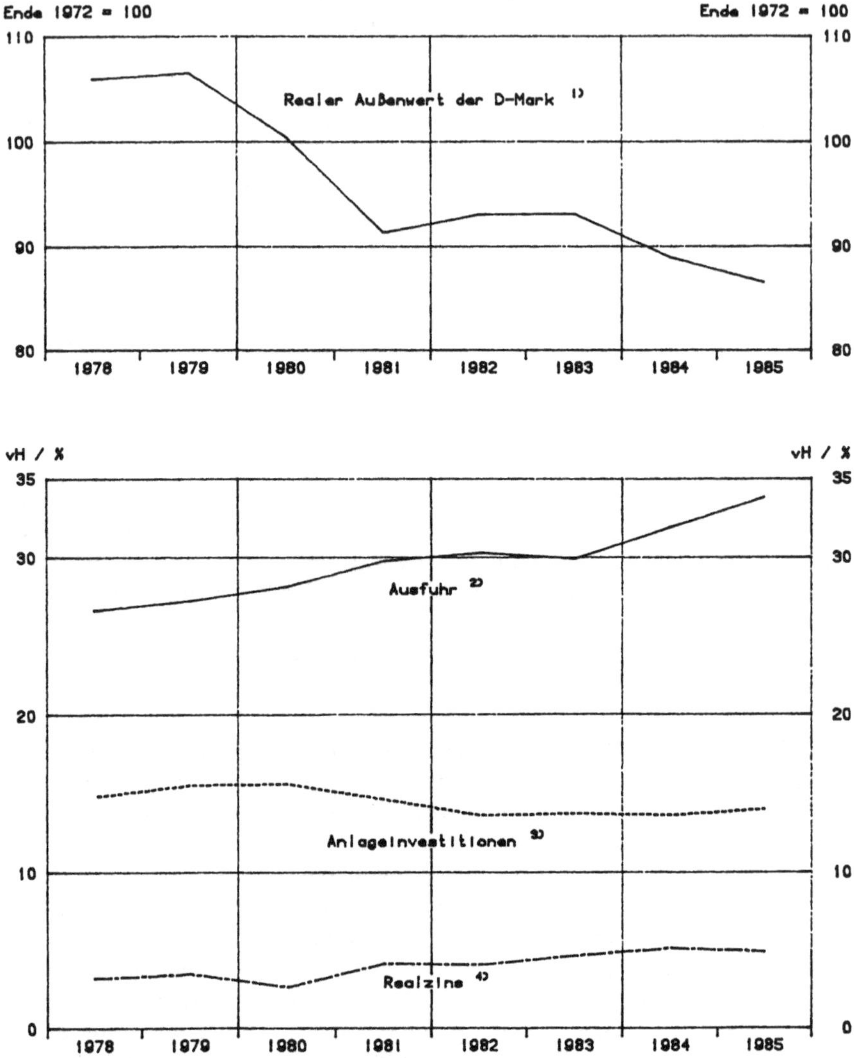

[1] Gewogener Außenwert gegenüber 14 Industrieländern nach Ausschaltung der unterschiedlichen Steigerungsraten der Verbraucherpreise.
[2] Waren- und Dienstleistungen in vH des Produktionspotentials.
[3] Ausrüstungen und Wirtschaftsbauten in vH des Produktionspotentials.
[4] Umlaufrendite festverzinslicher Wertpapiere abzüglich der Veränderungsrate des Deflators des privaten Verbrauchs (1980 = 100).

Quellen: Statistisches Bundesamt, Deutsche Bundesbank, Sachverständigenrat.

Schaubild 3: **Zur Gewinnentwicklung im verarbeitenden Gewerbe**

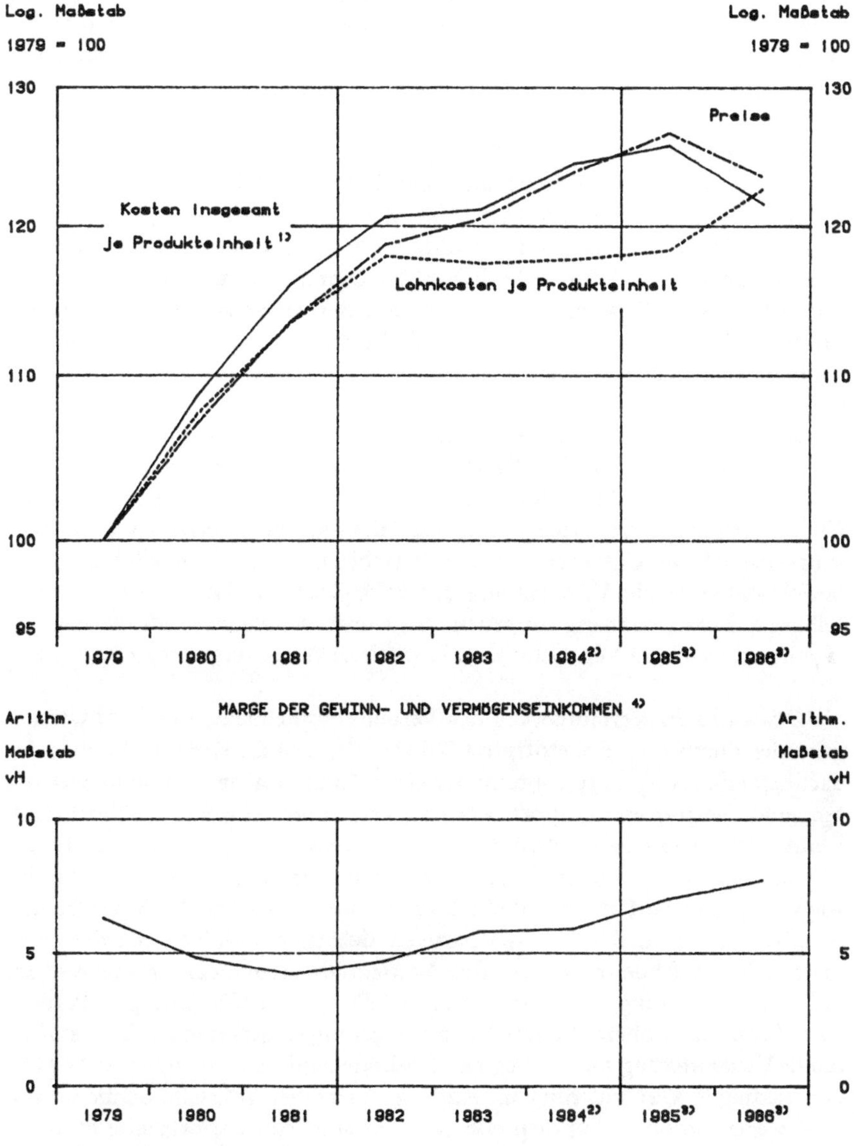

1 Ohne Zinsen.
2 Vorläufig.
3 Eigene Schätzung.
4 Bruttoeinkommen aus Unternehmertätigkeit und Vermögen in vH des Produktionswertes.

Quelle: Sachverständigenrat, Jahresgutachten 1985. Stuttgart und Mainz 1985.

minallöhne und einer Verbesserung der Erlös-Kosten-Relation. Im Wettbewerb kann der Minderanstieg der Löhne von einem Minderanstieg bei den Preisen begleitet sein. Wirklichkeitsfern ist aber die Vorstellung, Minderlohnsteigerungen gingen immer mit Minderpreissteigerungen einher, die Nominallohnpolitik habe auf die Erlös-Kosten-Relation keinen Einfluß.

10. Tatsächlich hat sich die Erlös-Kosten-Relation im Verarbeitenden Gewerbe und in der Gesamtwirtschaft der Bundesrepublik in der Periode der Lohnzurückhaltung von 1982 bis 1985 beträchtlich verbessert (Schaubild 3). Dasselbe gilt für die Sachkapitalrendite im Sinne der Gewinn-Einkommen je Kapitaleinheit.[3] Im Jahre 1986 haben der Ölpreissturz und die Aufwertung der D-Mark eine Senkung der Kosten und der Preise bewirkt, obwohl die Lohnstückkosten wieder gestiegen sind. In dieser Phase haben sich die Gewinn-Margen noch etwas verbessert.

Man kann den Rückgang der Reallohnposition dem Anstieg der Kapitalkosten gegenüberstellen. Die Kapitalkosten sind hier definiert als Alternativverzinsung des in den Unternehmen eingesetzten Anlagevermögens und Umlaufvermögens bei Anlage am Kapitalmarkt, nicht etwa als „Finanzierungskosten" der Unternehmen. Die Verschlechterung der Reallohnposition beziehungsweise die Verbesserung der Erlös-Kosten-Relation sind in unmittelbarem Zusammenhang zu sehen. So wurde vermieden, daß die Sachanlagenrendite sich im Verhältnis zum Kapitalmarktzins verschlechterte.

11. Sowohl die Verminderung des Verteilungsspielraums durch Abwertungen oder durch eine Rohstoffpreis-Hausse, als auch die Beeinträchtigung der Sachkapitalbildung durch international hochverzinsliche Anlagemöglichkeiten und Netto-Kapitalexport werfen verteilungspolitische Probleme auf, wenn auch in unterschiedlicher Weise. Die Verarbeitung veränderter Terms-of-Trade kann prinzipiell verteilungsneutral erfolgen, ohne daß negative Rückwirkungen auf die Kapitalbildung zu erwarten sind. Die Schwierigkeit besteht hier darin, daß die Tarifparteien sich durch Änderungen des Preisniveaus leicht fehlleiten lassen. Der Anstieg des Verbraucherpreisniveaus im Falle der Abwertung würde von einer verteilungsneutralen Lohnpolitik nicht zum Anlaß für höhere Nominal-Lohnsteigerungen genommen. Die resultierende Verminderung im Anstieg der Reallöhne spiegelt die außenwirtschaftlich bedingte Verminderung im Anstieg des realen Volkseinkommens, von dem wegen erhöhter Importpreise oder verminderter Exportpreise auch die Gewinne betroffen sind. Die Verarbeitung eines erhöhten (Real-)Zinsniveaus kann dagegen prinzipiell nicht zugleich verteilungsneutral und ohne negative

[3] Zu methodischen Fragen bei der Berechnung von Rentabilitätsindikatoren vgl. Sachverständigenrat, Jahresgutachten 1984, Stuttgart und Mainz 1984, S. 88–91.

Rückwirkungen auf die Kapitalbildung erfolgen. Einen teilweisen Ausgleich gibt es dadurch, daß den Arbeitnehmern erhöhte Zinseinkommen und Erträge aus Unternehmensbeteiligungen zufließen.

Lohnpolitik ohne monetären Stabilisierungsdruck

12. Am stärksten ist der Wandel des lohnpolitischen Umfelds infolge der Stabilisierung des Preisniveaus. Der Weg von hohen Inflationsraten zur Stabilität hat lange gedauert. Seit dem Übergang zu flexiblen Wechselkursen und zum Konzept der Geldmengensteuerung durch die Bundesbank sind über zehn Jahre vergangen. Grob skizziert hat es immer zwei Positionen betreffend stabilisierungspolitische Strategien gegeben:

1. Die Expansion der Zentralbankgeldmenge wird stetig vermindert, bis eine Rate erreicht ist, die ausreichend ist, das Wachstum des Produktionspotentials einschließlich einer geringen Preissteigerungsrate zu finanzieren. Eine solche Strategie impliziert für einen mehrjährigen Zeitraum eine mäßige Restriktion von der monetären Seite, die Tarifparteien passen sich mit ihren Lohnabschlüssen an.[4]
2. Die Stabilisierung des Preisniveaus hat in erster Linie eine Verminderung der Nominallohnsteigerungen zur Voraussetzung. Die Geldpolitik hat eher konstatierenden Charakter. Die „Konfliktstrategie“ mit der Geldpolitik in der stabilitätspolitischen Führungsrolle birgt zu hohe Rezessionsrisiken in sich.[5]

13. Es geht bei beiden Positionen um einen verhältnismäßig einfachen Basiszusammenhang.[6] Die Tarifparteien haben nicht die Reallöhne in der Hand, sondern allein die Nominallöhne, und zwar die mindestens zu zahlenden. Zu hohe Lohnsteigerungen bewirken entweder eine Steigerung des Preisniveaus, vorausgesetzt, die Geldpolitik verhält sich nachgiebig gegenüber einem solchen inflatorischen Impuls, oder, tut sie es nicht, eine Senkung des Beschäftigungsstandes. Die Lohnpolitik wäre von beschäftigungspolitischer Verantwortung also nur frei beziehungsweise brächte sich nicht in Konflikt mit der Geldpolitik, wenn davon auszugehen wäre, daß die Geldpolitik der Lohnpolitik zu folgen, das Ziel der Stabilität des Geldwertes also nur in Abhängigkeit von der Lohnpolitik anzustreben hätte (Zweite Strategie). Das war in der Bundesrepublik nicht so, und es spricht auch aus der Sicht der Theorie der Wirtschaftspolitik viel dagegen. Früher oder später muß einer Inflation ent-

---

[4] Sachverständigenrat, Jahresgutachten 1974, Stuttgart und Mainz 1974, S. 167 f.

[5] *H. Riese:* Theorie der Inflation. Tübingen 1986.

[6] *E. M. Lipp:* Beschäftigungstheoretische Vorstellungen des Sachverständigenrates. In: Theoretische Grundlagen der Beschäftigungspolitik. Hrsg.: B. Prior, H. Tomann, Berlin 1986, S. 1–12.

Schaubild 4: **Reallohnposition und Zinskosteneffekt**

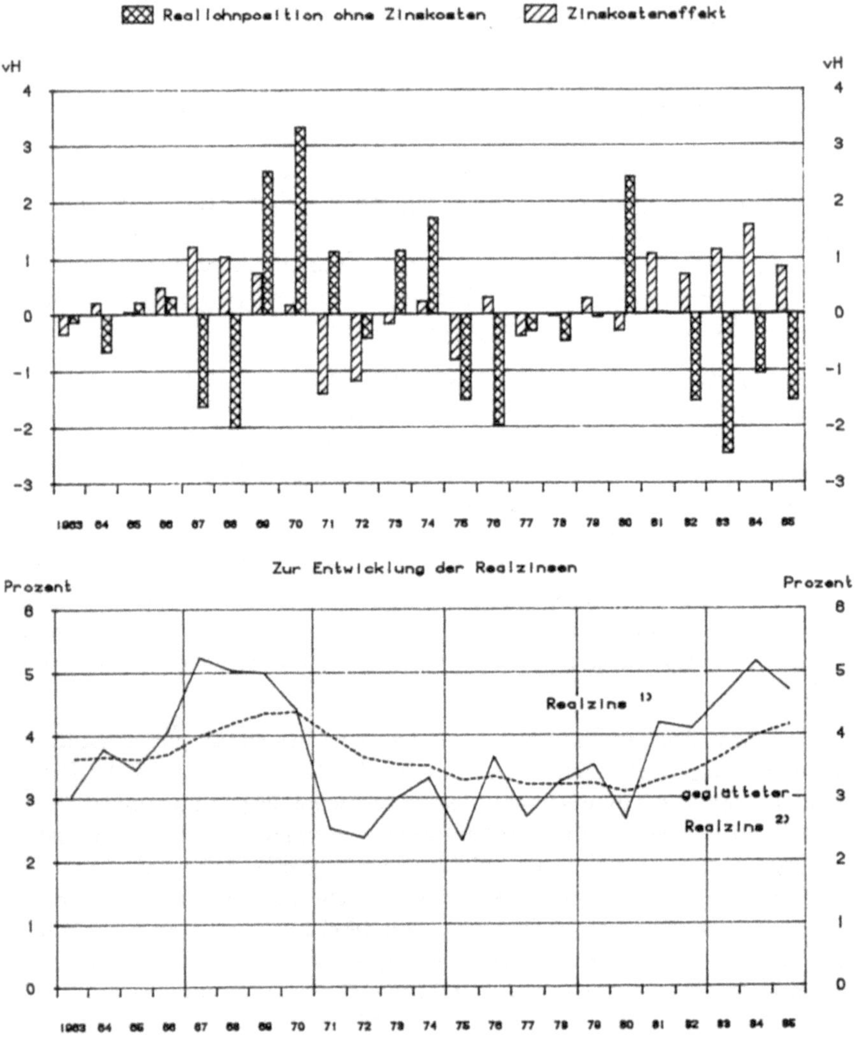

[1] Umlaufrendite festverzinslicher Wertpapiere, abzüglich Veränderungsrate des Deflators des privaten Verbrauchs.

[2] Gleitender 12-Jahres-Durchschnitt ($t = T$ bis $T\text{-}11$) mit geometrisch abnehmenden Gewichten (Gewicht des aktuellen Werts: 20 vH).

Quellen: Sachverständigenrat, Statistisches Bundesamt; Deutsche Bundesbank.

gegengetreten werden, und die Erfahrung lehrt, daß die negativen Beschäftigungsfolgen einer Inflationsbekämpfung um so größer sind, je länger man die Aufgabe vertagt.

14. Beschäftigungsneutral im Sinne der ersten Strategie verhielten sich die Tarifparteien also, wenn sie die Lohndaten im vorhinein so setzten, daß es nicht vermehrter Preissteigerungen oder aber – bei einer auf Geldwertstabilität bedachten Notenbank – einer Verminderung der Produktion und Beschäftigung bedarf, um die Reallöhne passend zu den Marktbedingungen zu machen. Tatsächlich hat es in der Bundesrepublik keine „weiche" Stabilisierung gegeben, die Dämpfung der monetären Expansion und die Beruhigung des Auftriebs bei den Lohnstückkosten haben sich unstetig und konfliktreich vollzogen.

Daß der Plan einer stetigen Stabilisierung nicht in die Tat umgesetzt werden konnte, lag zu einem Teil an den starken außenwirtschaftlichen Störungen; die Bundesbank sah sich zeitweilig zu einer wechselkursorientierten Geldpolitik in expansive (1977/78) und in kontraktive Richtung (1981/82) gedrängt, und die Tarifparteien nahmen importierte Preissteigerungen zum Anlaß, die Nominallohnsteigerungen wieder höher anzusetzen als zuvor. Über viele Jahre hinweg haben diese Störungen die Koordination der Tarifpolitik mit der geldpolitischen Linie erschwert. Im Ergebnis sind Nominallohnsteigerungen und Preissteigerungen erst in der letzten Rezession weitgehend gedämpft worden. Von 1983 bis 1985 blieben die Lohnstückkosten stabil. Waren den beiden Ölpreisschüben noch Phasen beschleunigter Nominallohnsteigerungen gefolgt, hat sich die reale Abwertung der D-Mark um rund 20 vH von 1981 bis 1985 ohne eine Beschleunigung der Preis-Lohn-Spirale vollzogen. Die Stabilisierung des Preisniveaus hat sich in diesen Jahren sogar weiter fortgesetzt. Umstritten wird bleiben, ob sich diese Stabilisierung ohne die restriktiven Einflüsse von der Geldpolitik so vollzogen hätte und ob es sonst einen inflatorischen Prozeß mit späterer Stabilisierungskrise gegeben hätte. Hilfen für die Vermessung des künftigen Aktionsraumes der Tarifparteien gewinnt man aus dieser Diskussion über die Entwicklung in der Vergangenheit allerdings nicht.

Lohnpolitik bei stabilen Preisen

15. Was macht nun den Wandel des lohnpolitischen Umfelds aus?

- Wegen des nahezu stabilen Preisniveaus und wegen des scharfen Wettbewerbs von außen (Aufwertung) ist die verteilungspolitische Unsicherheit über marktbedingte Preisauftriebstendenzen nicht mehr bedeutsam.
- Der Produktivitätszuwachs kann als Orientierungsmarke wieder eine grö-

ßere Rolle spielen, wenn es darum geht, die Stabilität der Lohnstückkosten zu wahren.

– Von der außenwirtschaftlichen Seite sind keine Beschränkungen des Verteilungsspielraums in Sicht, die künftige Lohnrunden belasten könnten.
– Die Notenbank hat die Rolle des „Zuchtmeisters" im Stabilisierungsprozeß aufgegeben. Wenn die Lohnstückkosten stabil bleiben und die Finanzpolitik keinen stabilitätswidrigen Kurs einschlägt, sind die wichtigsten Bedingungen für inflationsfreies und insoweit auch „restriktionsfreies" (Beschäftigungs-)Wachstum erfüllt.

Das letztgenannte Moment ist das wichtigste. Seit 1983 besteht die Chance, daß sich die wirtschaftliche Entwicklung in der Bundesrepublik erstmals seit Anfang der siebziger Jahre über einen längeren Zeitraum ohne stabilitätspolitische Konflikte vollzieht (Ziffern 12 und 14).

16. Wenn es nicht erneut zu inflatorischen Impulsen von seiten der Lohnpolitik oder der Finanzpolitik kommt, die bei unnachgiebiger Geldpolitik eine Verminderung von Produktion und Beschäftigung nach sich ziehen, wird sich auch zeigen, daß die sogenannte „Scherentheorie" tatsächlich eine Scheintheorie ist, die ein zeitweilig beobachtbares statistisches Phänomen ohne eine Analyse in der Logik des Marktzusammenhangs zu einem Paradigma erhebt.[7] In der Marktwirtschaft bleibt der Produktionszuwachs nicht aus Gründen, die im System liegen, tendenziell hinter dem Produktivitätszuwachs zurück. Ein solches Phänomen gibt es nur in Perioden, in denen die Volkswirtschaft durch exogene Einflüsse in ihrer Entwicklung behindert wird. Hier ist in erster Linie eine beschäftigungsschädliche Konstellation der dem Marktprozeß entzogenen Handlungsparameter „Nominallohn" und „Geldangebot" zu nennen. Dieser Zusammenhang wird von Kritikern einer geldpolitisch geführten Stabilisierungspolitik nicht anders gesehen.[8] Der Dissens liegt eher in der Frage, ob und auf welche Weise man ohne straffe Geldpolitik eine Zurückhaltung bei den nominalen Lohnsteigerungen und darüber das Ziel der Preisstabilisierung erreichen kann.

17. Aber dieser Dissens müßte heute nur noch die Deutung der wirtschaftlichen Entwicklung in der Vergangenheit bestimmen. Bei der Frage, wie Lohnpolitik und Geldpolitik ausgehend von einer Lage mit geringen Preissteigerungen künftig zu führen sind, könnten die gemeinsamen Auffassungen

---

[7] Das Zurückbleiben des gesamtwirtschaftlichen Produktionszuwachses hinter der je Erwerbstätigen erwirtschafteten Mehrproduktion als ein extrapolierbares, der wirtschaftlichen Entwicklung inhärentes Phänomen zu deuten, anstatt es mit den wirtschaftshistorischen Besonderheiten der Stabilisierungsphase von Mitte der siebziger bis Mitte der achtziger Jahre in Verbindung zu bringen, ist eine deutsche Sichtweise, die insbesondere von gewerkschaftsnahen Autoren vertreten wird. – In der theoretischen Literatur und in der angewandten Wirtschaftsforschung findet man diese Hypothese international sonst selten.

[8] *H. Riese:* Theorie der Inflation. Tübingen 1986, S. 209 ff. – *H. Flassbeck:* Zur Theorie des Kapitalmangels. In: Kredit und Kapital (1985) H. 9, Supplement, S. 159–176.

stärker ausgeprägt sein. Auch derjenige, der in der Phase der Inflationsbekämpfung keine erfolgversprechende Alternative zu einer von der Geldpolitik angeführten Stabilisierung sieht, wird den Akzent in der Rollenverteilung verschieben, sobald niedrige Preissteigerungsraten erreicht sind. In einer Situation, wie sie die Bundesrepublik Mitte der achtziger Jahre erreicht hat, kann die Notenbank jederzeit einem neuerlichen inflatorischen Prozeß entgegentreten, indem sie dessen Finanzierung verweigert. Sie hat es aber nicht in der Hand, ob sich der in Gang befindliche Wachstumszyklus mit einer durchschnittlichen Preissteigerungsrate von 2 vH oder 0 vH vollzieht. Das Verhalten der Tarifparteien und der Finanzpolitik spielen hier ebenso eine Rolle wie die Wettbewerbsverhältnisse, insbesondere der Wettbewerbsdruck aus dem Ausland.

18. Im Mittelpunkt stehen die Fragen, ob die Orientierung der Nominallohnsteigerung an der gesamtwirtschaftlichen Produktivitätssteigerung für die Zukunft eine Linie ist, die beschäftigungsfördernd ist, und wie diese Linie verteilungspolitisch zu sehen ist. Stabile Lohnstückkosten – das wäre das Resultat eines solchen Verhaltens – schließen einen Konflikt mit der Notenbank aus, soweit diese einen an den inländischen Wachstumsmöglichkeiten orientierten Kurs verfolgt und nicht einen am Wechselkurs orientierten. Damit ist eine wichtige Voraussetzung dafür gegeben, daß die Produktion, wie es in einer offenen Volkswirtschaft ohne Stabilisierungsprobleme zu erwarten ist, stärker expandiert, als es dem Einkommenszuwachs aus der Produktivitätssteigerung entspricht. Unter solchen Bedingungen käme es nämlich von der Lohnseite und von der monetären Politik her nicht zu Störungen bei der Transformation von Ersparnissen in Sachkapital, und die Wohlstandsgewinne aus dem Außenhandel kämen ungeschmälert zum Tragen.

19. Eine produktivitätsorientierte Nominallohnpolitik wäre insoweit eine beschäftigungsfördernde. Bei scharfem internationalem Wettbewerb, gesichert durch eine mäßige reale Aufwertung, wird das Marktergebnis stabile Preise und ein Reallohnanstieg sein, der eine volle Teilhabe der Arbeitnehmer am Produktivitätszuwachs bedeutet. Bei einem anhaltenden Netto-Kapitalimport in die Bundesrepublik wird sich eine im Vergleich zur ersten Hälfte der achtziger Jahre gewandelte Marktkonstellation einstellen: Die (Real-)-Zinsen sinken. Die D-Mark wertet weiter auf. Die Importpreise sinken und sichern die Stabilität des Verbraucherpreisniveaus ab. In einem solchen Prozeß nimmt der Beschäftigungsstand zu. Denn es wird mit dem billigen Kapitalangebot aus dem Ausland mehr investiert und über die Aufwertung der D-Mark werden zugleich ausländische Investitionsgüter und Konsumgüter billiger, so daß die Mehrnachfrage im Inland gütermäßig aus dem Ausland mit bedient werden kann. Dem billigen Kapitalstrom folgt der billige Warenstrom. So wird der Spielraum für ein stärkeres Wachstum der Produktionsmöglichkeiten im Inland größer.

20. Verteilungspolitisch schwierig wird die Situation dann, wenn der Wettbewerb zeitweilig zu schwach ist, die Preise so zu steuern, daß sie über den Zyklus stabil bleiben. In solchen Jahren wären die Tarifparteien gut beraten, bei den linearen Steigerungen der Tariflöhne nicht von der Grundlinie der Produktivitätsorientierung abzuweichen, sondern nachträgliche Pauschalzahlungen zu vereinbaren. Das müßte sowohl für die Gewerkschaften als auch für die Arbeitgeber ein gangbarer Weg sein. Es wäre ein verteilungsneutraler Weg, der für die Arbeitnehmer den Kaufkraftverlust pro Kopf mit gleichen absoluten Beträgen ausgleicht. Zugleich wird vermieden, daß höhere lineare Lohnsteigerungen zur Richtschnur für die Tariflohnsteigerungen des Folgejahres werden. Erfahrungsgemäß besteht dieses Risiko. Aus inflatorischen Zeiten ist bekannt, daß eine einmal beschleunigte Steigerung der Tariflöhne im Falle von gegenläufigen gesamtwirtschaftlichen Datenänderungen nur in mehrjährigen Prozessen wieder zu dämpfen ist. So viel für eine von kurzfristigen Schwankungen der Preisverhältnisse im Außenhandel unabhängige Lohnpolitik spricht, so sehr ist die Allmählichkeit der Verhaltensänderungen zu beklagen, wenn es darum geht, binnenwirtschaftlich bestimmten Änderungen der Stabilitätsbedingungen Rechnung zu tragen.

Pauschalzahlungen im oben genannten Sinne haben nicht die Absicht zu nivellieren. Wenn damit künftige stabilitätswidrige Erhöhungen des Kostenniveaus vermieden werden können, ist der gesamtwirtschaftliche Beschäftigungsgewinn dominant im Vergleich zu etwaigen Effekten auf die Beschäftigungsstruktur. Probleme unzureichender Lohndifferenzierung erfordern unabhängig davon tarifpolitische und betriebliche Schritte.

Fazit

21. Aus den vorgetragenen Überlegungen lassen sich Antworten auf die eingangs aufgeworfenen Fragen ableiten. Die in den letzten Jahren vollzogene Korrektur der Reallohn-Produktivitäts-Relation steht im Zusammenhang mit außenwirtschaftlichen Einflüssen. Die Abwertung der D-Mark gegenüber anderen Währungen von 1980 bis 1985 hat den Spielraum für Einkommenssteigerungen – Lohnsteigerungen *und* Gewinnsteigerungen – in der Bundesrepublik beschnitten. Die Übertragung von Ersparnissen ins Ausland und der Anstieg der Realzinsen im Vergleich zu den siebziger Jahren haben zur Stabilisierung der Investitionstätigkeit im Inland eine Verbesserung der Sachanlagen-Rentabilität erzwungen. Die Senkung der Reallöhne im Verhältnis zur Produktivität war und konnte kein verteilungsneutraler Vorgang sein. Insoweit sind die veränderten Rentabilitätsbedingungen und Verteilungspositionen anders zu sehen, als wenn sich das Ganze in einer geschlossenen Volkswirtschaft ohne außenwirtschaftliche Einflüsse vollzogen hätte.

Ein beträchtlicher Schub in der Sachkapitalbildung wäre zu erwarten, wenn sich die Realzinsen auf den Finanzmärkten weiter zurückbildeten, zugleich aber die verbesserten Rentabilitätsbedingungen erhalten blieben. Für die Lohnpolitik heißt das: Wegen der von 1982 bis 1985 vollzogenen Korrektur bei der Reallohn-Produktivitäts-Relation wäre ein Reallohnanstieg im vollen Umfang der künftigen Produktivitätszunahme durchaus eine gute Voraussetzung für mehr Investitionen und mehr Beschäftigung.

22. Was heißt das für die Tarifpolitik praktisch?

Im Ausgangszeitpunkt herrscht annähernd Preisstabilität. Es könnten heute Nominallohnsteigerungen in Höhe des Produktivitätsfortschritts vereinbart werden. Mit stabilen Lohnstückkosten und einem strammen Wettbewerb von außen (bei Aufwertung der D-Mark) werden sich auch bei im Inland erzeugten Produkten Preissteigerungen in sehr engen Grenzen halten. So könnte auf Dauer vermieden werden, daß die Geldpolitik aktiv, d.h. durch eine verminderte Expansion der Zentralbankgeldmenge, einem Anstieg des Preisniveaus entgegenwirkt und den Expansionsspielraum der Volkswirtschaft beschränkt. Die Sicherung stabiler Kostenverhältnisse stellt also die Voraussetzung dafür dar, daß die Notenbank sich eine stetige Ausweitung der Zentralbankgeldmenge vornehmen kann und nicht mehr einen aktiven Part bei der Stabilisierung des Preisniveaus übernehmen muß.

23. Die Ölpreissenkung 1985 und 1986 und die Aufwertung der D-Mark, von der noch nicht absehbar ist, wie weit sie gehen wird, werfen keine besonderen Probleme für die *Nominal*lohnpolitik auf. Die Beibehaltung der vor diesen Ereignissen für richtig gehaltenen Linie impliziert, daß die Preissenkungen den Arbeitnehmern anteilig zugute kommen. Höhere Reallohnsteigerungen sind das Ergebnis. Aus einer solchen Einstellung folgt für eine Abwertungsphase, daß der erhöhte Preisanstieg ohne Anpassung der Nominallöhne hinzunehmen ist. So war es nach 1981. Es kam zu einer entsprechenden Verminderung des Reallohnanstiegs. Zu überdenken wäre die Tarifpolitik und die Wirtschaftspolitik dann, wenn es bei der Anpassung der Wechselkurse nach dem Ende der Dollarstärke künftig zu einer überschießenden Aufwertung der D-Mark käme und der Strukturwandel von der exportorientierten Produktion zu einer mehr binnenmarktorientierten Produktion friktionsreich wird. In einer solchen Situation hatte sich die Bundesrepublik schon einmal in den Jahren 1977 und 1978 befunden.

Geldpolitik, Finanzpolitik und Tarifautonomie

Von *Gerhard Fels*

1. Im Konzept einer angebotsorientierten Wirtschaftspolitik, wie sie der Sachverständigenrat seit den siebziger Jahren vertreten hat, werden den einzelnen Politikbereichen eindeutige Aufgaben zugewiesen.[1] Aufgabe der Finanzpolitik ist es, eine ausreichende Versorgung mit öffentlichen Gütern spannungsfrei sicherzustellen. Strukturelle Haushaltsdefizite und Steuern, die sich investitionshemmend auswirken oder auf andere Weise die Leistung der Wirtschaftssubjekte beeinträchtigen, sind zu vermeiden. Um diesen Zielen näherzukommen, mußte in der Bundesrepublik in den letzten Jahren die Staatsquote, die auf fast 50 vH angestiegen war, zurückgeführt werden. Wichtigste Aufgabe der Geldpolitik ist es, die Stabilität der Währung zu erhalten, also Inflation zu verhüten. Aus angebotsorientierter Sicht ist das beste Mittel zu diesem Zweck eine an gesamtwirtschaftlichen Größen ausgerichtete voraussehbare Ausweitung der Geldmenge.

2. Finanz- und Geldpolitik haben auf die Steuerung der Gesamtnachfrage zu verzichten – abgesehen vom Fall einer tiefgreifenden nachfrageseitigen Störung, die in eine Abwärtsspirale zu münden droht. Diese Aufgabe, die ihnen im Rahmen der *keynes*ianischen Wirtschaftspolitik zugewiesen war, konnten die beiden Politikbereiche in den siebziger Jahren nicht erfüllen. Nicht nur die beim konjunkturpolitischen Einsatz von Geld- und Finanzpolitik auftretenden Lags haben zum Versagen der *keynes*ianischen Nachfragesteuerung beigetragen. Staatliches Demand-Management ist überhaupt fehlindiziert, wenn das gesamtwirtschaftliche Ungleichgewicht seine Ursache auf der Angebotsseite hat. Staatliche Nachfrageimpulse verpuffen in diesem Fall, führen allenfalls kurzfristig zu mehr Produktion, auf die Dauer aber zu höherer Inflation und Staatsverschuldung. Je mehr die Wirtschaftssubjekte diese Zusammenhänge durchschauen, also nicht unter Fiskal- und Geldillusionen leiden, um so weniger Wirkung hat die Nachfragepolitik. Angebotsorientierte Wirtschaftspolitik ist in erster Linie Ursachentherapie, eher Ordnungspolitik als Prozeßpolitik.

3. Lohnpolitik ist im Rahmen der Angebotspolitik keine staatliche Aufgabe. Über die Höhe der Löhne und damit auch über die Beschäftigung ent-

---

[1] Vgl. insbesondere: Sachverständigenrat zur Begutachtung der gesamtwirtschaftlichen Entwicklung, Jahresgutachten 1976/77, 1977/78 und 1981/82.

scheiden die Sozialpartner in den Tarifverhandlungen. Indem der Staat keinen Einfluß auf die Lohnhöhe nimmt, kann er Vollbeschäftigung nicht garantieren. Er ist damit aus der beschäftigungspolitischen Verantwortung nicht völlig entlassen. Er muß seine angebotspolitischen Aufgaben in der Finanz- und Geldpolitik erfüllen, also Störungen des Wirtschaftsablaufs durch Budgetdefizite, Inflation, leistungshemmende Steuern, Subventionen und Marktregulierungen vermeiden. Er erleichtert damit der Lohnpolitik ihre beschäftigungspolitische Aufgabe. Dies wird am Beispiel der Geldpolitik sehr deutlich. Zur Geldpolitik gehören heute die Ankündigung, die Geldmenge innerhalb eines Zielkorridors wachsen zu lassen und Maßnahmen, die die Verwirklichung der vorgegebenen Geldmengenexpansion sicherstellen. Die Geldmengensteuerung ist damit heute – anders als in den sechziger und frühen siebziger Jahren – stetiger und kalkulierbarer. Die Tarifparteien wissen, daß die Bundesbank keine inflationär wirkende Ausweitung der Geldmenge zulassen wird. In der Vergangenheit haben die Gewerkschaften bei Tarifverhandlungen aus Furcht vor plötzlichen und unerwarteten Preissteigerungen oft einen Risikozuschlag gefordert. Diese Politik setzte mit dem Verlust der Geldillusion ein; sie ist heute obsolet geworden. Die Gefahr, daß Nominallohnerhöhungen durch Inflation entwertet werden, ist zur Zeit geringer als lange zuvor.

4. Die Kalkulierbarkeit der Geldpolitik bedeutet aber auch, daß die Tarifparteien bei den Lohnabschlüssen das von der Bundesbank angekündigte Geldmengenwachstum berücksichtigen müssen. Lohnvereinbarungen, die das angestrebte Ziel der Geldmengenausweitung gefährden, würde die Zentralbank nicht finanzieren wollen, um eine Überwälzung höherer Lohnkosten auf die Preise zu verhindern. Im Zweifel ist in einer solchen Situation eine leicht restriktive Geldpolitik angezeigt. Umgekehrt kann die Bundesbank die Geldversorgung der Wirtschaft etwas großzügiger bemessen, wenn die Lohnabschlüsse niedrig sind und von dieser Seite nicht die Gefahr eines Preisniveauanstiegs droht. Die Tatsache, daß die Bundesbank seit 1978 keinen Punktwert, sondern einen Korridor für die Ausweitung der Geldmenge vorgibt, läßt ihr die Möglichkeit offen, bei der Geldmengensteuerung etwas Flexibilität zu zeigen ohne das Prinzip der Vorhersehbarkeit aufzugeben.

5. Auch eine erfolgreiche angebotsorientierte Finanzpolitik erleichtert den Tarifparteien ihre Aufgabe. Zwei Aspekte sind hier von Bedeutung. Zum einen bedeutet eine Rückführung der Staatsquote über Steuersenkungen und Ausgabeneinsparungen, daß die Steuerbelastung auch der Arbeitnehmer sinken kann. Das erhöht die Wahrscheinlichkeit, daß ein Tarifkompromiß gefunden werden kann, der die Kostenbelastung der Unternehmen in Grenzen hält. Obwohl die Gewerkschaften immer eingeräumt haben, daß ein steigender Staatsanteil auch zu Lasten der Arbeitnehmer gehen müsse, ist doch unverkennbar, daß steigende staatliche Abgabenquoten, die die Nettolöhne schmälern, eine beschäftigungsgerechte Lohnfindung erschweren. Zum anderen vermindert eine Politik der Haushaltskonsolidierung die Ungewißheit der Unternehmen über zukünftige Kostensteigerungen. Neben den Löhnen sind Zinsen und Abgaben für die Unternehmen ein bedeutsamer Bestandteil der Gesamtkosten. Eine Finanzpolitik, die Budgetdefizite verringert oder vermeidet, mindert das Risiko von Zinssteigerungen und Abgabenerhöhungen. Die Tarifverhandlungen werden auf diese Weise nicht durch die Erwartung steigender Kosten belastet.

6. Eine zurückhaltende Lohnpolitik bedeutet andererseits für die Finanzpolitik, daß sie auch einmal etwas höhere Haushaltsdefizite zulassen kann, selbst auf die Gefahr hin, daß die Zinsen steigen. Diese Möglichkeit ist beispielsweise im Falle einer größeren Steuerreform bedeutsam, wenn es zu Steuerausfällen kommt, die nicht durch eine gleichzeitige Ausgabenkürzung finanziert werden. Die strenge Konsolidierungspolitik in den vergangenen Jahren ist auch deshalb betrieben worden, weil die Bundesrepublik international eine solide Finanzpolitik vorweisen mußte. Die internationalen Anlagemärkte beobachten heute die Wirtschaftspolitik und die ökonomischen Ergebnisse eines Landes sehr genau. Die Entwicklung der modernen Informationstechnik, die eine schnelle Übertragung aktuellster Daten erlaubt, hat dies ermöglicht. Sind in einem Land beispielsweise in Zeiten hoher Arbeitslosigkeit die Arbeitsbeziehungen durch häufige Konflikte beeinträchtigt, kann es schnell zu einer Vertrauenskrise kommen, bei der rasch in großem Umfang Kapital abfließt, wenn das betreffende Land nicht andere Aktivposten vorweisen kann. Dies bedeutet umgekehrt, daß die Finanzpolitik auch einmal etwas großzügiger betrieben werden kann, wenn die Arbeitsmärkte besser funktionieren, das heißt, wenn in der heutigen Situation der Bundesrepublik Zurückhaltung bei den Lohnabschlüssen geübt wird und die Tarifverträge mehr Flexibilität bei der Entlohnung zulassen.

7. Die skizzierte Rollenverteilung zwischen Finanz-, Geld- und Lohnpolitik setzt eine weitgehende Autonomie dieser drei Politikbereiche voraus. Das bedeutet, daß eine angebotsorientierte Wirtschaftspolitik nicht auf die Tarifautonomie verzichten kann. Die Tarifautonomie bewahrt den demokratischen Staat davor, in harte Verteilungskämpfe hineingezogen zu werden. Die Möglichkeit der staatlichen Zwangsschlichtung, die es in der Weimarer Zeit gab und die gegen Ende der zwanziger Jahre immer mehr benutzt worden war, hatte den damaligen Staat tief erschüttert.[2] Auch löst der Staat heute

---

2 *Bernd Rüthers* hat kürzlich darauf hingewiesen, daß die Arbeitsmarktparteien in der Weimarer Republik mit den materiellen Existenzbedingungen unzufrieden waren und die staatlichen Lohnregelungen dafür verantwortlich machten. Dies habe zur Ablehnung des damaligen Staates und sogar zu Aggressionen gegenüber der Weimarer Republik geführt. Vgl. *Bernd Rüthers:* Arbeitskampf oder Zwangsschlichtung, Frankfurter Allgemeine Zeitung Nr. 79, 5. April 1986, S. 15.

in den Bereichen, in denen er einen entscheidenden Einfluß auf die Einkommensverteilung hat – bei der Landwirtschaft oder der Rentenversicherung – seine Aufgaben nicht so gut, daß man sich ihn als Schiedsrichter in Tarifauseinandersetzungen wünschen möchte. Eine demokratische Regierung ist immer auf der Suche nach Mehrheiten. Der Umstand, daß sie dem Gemeinwohl verpflichtet ist, stellt noch lange nicht sicher, daß im Endergebnis das Gemeinwohl auch siegt.

8. Die verteilungspolitische Abstinenz des Staates darf aber nicht so weit gehen, daß er auch davor zurückschreckt, Regeln für die Tarifauseinandersetzung festzulegen. Der Staat muß zumindest Regeln festlegen, die das Kräftegleichgewicht im ganzen wahren. Solche Regeln sind ein öffentliches Gut – ähnlich den Regeln für den internationalen Handel oder den Geschäftsverkehr im allgemeinen. Die Tarifparteien sind in vielen Fällen überfordert, sich über Regeln zu verständigen, die die jeweilige Machtposition verändern würden. Die Fortschreibung des Arbeitskampfrechts durch die Arbeitsrechtsprechung oder die Auslegung des Paragraphen 116 Arbeitsförderungsgesetz durch Sozialgerichte haben das Kräftegleichgewicht verschoben, zumal eine moderne arbeitsteilige Volkswirtschaft durch punktuelle Streiks leicht gestört werden kann. Abgesehen von der Neufassung des Paragraphen 116 Arbeitsförderungsgesetz hat sich der Gesetzgeber an eine staatliche Regelung des Arbeitskampfrechts bisher nicht herangewagt.

9. Für die Bundesrepublik Deutschland wird zunehmend gefordert, die Tarifverhandlungen stärker zu dezentralisieren. Lohnvereinbarungen auf Unternehmensebene hätten gegenüber Tarifverhandlungen auf Branchenebene sicher den Vorteil, daß die individuelle wirtschaftliche Situation eines Unternehmens stärker berücksichtigt werden könnte. Forderungen nach einer Dezentralisierung von Entgeltvereinbarungen müssen auch vor dem Hintergrund der amerikanischen Beschäftigungsentwicklung gesehen werden. In den Vereinigten Staaten sind seit 1970 bei einem sehr geringen Anstieg der Reallöhne etwa 28 Millionen neue Arbeitsplätze geschaffen worden, während in diesem Zeitraum in der Bundesrepublik, die in den siebziger Jahren kräftige Schübe bei den Reallöhnen erlebte, über eine Million Arbeitsplätze abgebaut wurden. Da die Löhne in einer Volkswirtschaft einen entscheidenden Einfluß auf die Beschäftigung haben, liegt es nahe, einen Zusammenhang zwischen dem Beschäftigungsaufbau in den Vereinigten Staaten und der amerikanischen Lohnpolitik herzustellen. In der Tat finden in den Vereinigten Staaten Tarifverhandlungen dezentral und betriebsnah statt.[3] Dies ergibt sich schon daraus, daß die Basiseinheiten amerikanischer Gewerkschaften, die Betriebs-

---

[3] Vgl. *Peter Lösche:* Vereinigte Staaten von Amerika (USA), in: Siegfried Mielke (Hrsg.), Internationales Gewerkschaftshandbuch, Opladen 1983, S. 1.180. 1978 waren rund 195.000 Tarifverträge in Kraft. Vgl. ebenda, S. 1.179.

gewerkschaften (locals), über größere Kompetenzen verfügen und autonomer sind als in anderen Industrieländern. Typisch für die amerikanische Gewerkschaftsgeschichte ist, daß Gewerkschaften die Angehörigen eines Unternehmens organisierten, und für sie Tarifverhandlungen führten.[4]

10. Auch die Zahl der Gewerkschaften ist erheblich größer als in der Bundesrepublik. So gehören dem amerikanischen Gewerkschaftsdachverband AFL–CIO derzeit 96 Einzelgewerkschaften an.[5] In der Bundesrepublik hat der DGB 17 Mitgliedsverbände. Berücksichtigt werden muß ferner der in beiden Ländern unterschiedliche gewerkschaftliche Organisationsgrad. Der Anteil amerikanischer Arbeiter und Angestellten, die einer Gewerkschaft angehören, liegt bei etwa 19 vH, in der Bundesrepublik sind etwa 40 vH der abhängig Beschäftigten Gewerkschaftsmitglieder. Es gibt in den Vereinigten Staaten also mehr gewerkschaftsfreie Räume als bei uns. Das gilt auch in regionaler Hinsicht. Die Hälfte aller Gewerkschaftsmitglieder konzentriert sich auf sechs Staaten: New York, Kalifornien, Pennsylvania, Illinois, Ohio und Michigan.[6] Dieser geographischen Konzentration entspricht auch eine sektorale Ausrichtung. Pennsylvania, Illinois, Ohio und Michigan zählen zum Herzland der amerikanischen Industrie. Wenig Einfluß haben die amerikanischen Gewerkschaften dagegen in den prosperierenden Südstaaten. Ohne eine Kausalität herstellen zu wollen zwischen der geringeren Bedeutung der Gewerkschaften in diesen Staaten und dem Beschäftigungsanstieg, ist es zulässig zu folgern, daß Unternehmen flexibler reagieren können, wenn unternehmerische Entscheidungen nicht von Gewerkschaften behindert werden, die eine Politik der Besitzstandsicherung verfolgen.

11. Amerikanische Gewerkschaften sind überdies stärker in das kapitalistische Wirtschaftssystem integriert als die bundesdeutschen Gewerkschaften. Den Gewerkschaften in den Vereinigten Staaten ist eine gesellschaftspolitische Betätigung eher fremd, sie konzentrieren sich stärker auf die Lohnpolitik. Dabei zeigten manche Gewerkschaften in den letzten Jahren ein für deutsche Verhältnisse erstaunliches Entgegenkommen, wenn ein Unternehmen in wirtschaftliche Schwierigkeiten geraten war und nahmen mitunter sogar Lohnkürzungen hin. Die institutionellen Bedingungen des amerikanischen Arbeitsmarktes und die Politik der Gewerkschaften sind also von den deutschen Verhältnissen sehr verschieden. Sie müssen als das Ergebnis einer historischen Entwicklung gesehen werden; sie können nicht auf die Bundesrepublik übertragen werden.

---

[4] Vgl. ebenda, S. 1.164.

[5] Die Zahl der „independent locals" wird für 1977 mit 900 angegeben. Vgl. *Peter Lösche,* a.a.O., S. 1.164.

[6] Vgl. *Peter Lösche,* a.a.O., S. 1.170.

12. Auch das englische System von Lohnvereinbarungen spricht nicht dafür, Tarifverhandlungen in der Bundesrepublik Deutschland auf Unternehmensebene zu verlagern. Zwar gibt es in Großbritannien auch Tarifverträge auf Industrieebene. Tatsächlich werden jedoch daneben in der Privatwirtschaft auch Tarifverhandlungen für einzelne Unternehmen, Betriebe und sogar für einzelne Werkstätten geführt, die oft mit wilden Streiks verbunden sind.[7] Zudem weichen die dezentral vereinbarten Löhne stark nach oben von den kollektiven Lohnvereinbarungen ab, weil in den Unternehmen vielfältige Sonderzulagen ausgehandelt werden.[8]

13. Die Erkenntnisse, die man aus der Analyse der Arbeitsbeziehungen in den Vereinigten Staaten und Großbritannien gewinnt, legen es nahe, die Unternehmen aus den Verteilungskämpfen soweit wie möglich herauszuhalten. Kollektive Tarifverhandlungen schützen nicht nur den Staat vor Verteilungskämpfen, sie verhindern auch, daß Verteilungsauseinandersetzungen in die Betriebe verlagert werden. Nur im Falle von Streiks werden die Unternehmen vom Verteilungskampf betroffen. Zu welchen unangenehmen und häßlichen Erscheinungen es dann kommen kann, hat beispielsweise die Auseinandersetzung im Jahre 1984 um die Wochenarbeitszeitverkürzung in der Druckindustrie gezeigt. Beschimpfungen, Belästigungen, Drohungen, Tätlichkeiten, Sachbeschädigungen spielten sich vor den Werkstoren ab. Würde man die Lohnfindung in die Betriebe verlagern, wäre damit zu rechnen, daß solche Auseinandersetzungen zunähmen.

14. Zudem müßte man mit einer Ideologisierung der Betriebsräte und Belegschaften rechnen, die eine pragmatische Zusammenarbeit auf vielen anderen Gebieten erschwerte. Es spricht wenig dafür, daß im Verein mit Betriebsräten eine größere Lohnflexibilität erreicht werden könnte. Schon heute zeigt sich, daß die Betriebsräte beim Abbau von übertariflichen Zulagen äußerst unbeweglich sind. Sie stimmen eher Entlassungen zu, als daß sie die Privilegien der etablierten Belegschaft angetastet sehen wollen.

15. Das amerikanische System der betriebsnahen oder individuellen Arbeitskonditionen funktioniert nur in den Branchen und Regionen, in denen Gewerkschaften von keiner oder nur geringer Bedeutung sind. Überall sonst sind harte Streiks und permanente Spannungen an der Tagesordnung. Auch das englische System der Arbeitsbeziehungen kann für uns kein Vorbild sein. Ein internationaler Vergleich zeigt, daß in den Vereinigten Staaten und in Großbritannien durch Arbeitskämpfe mehr Arbeitstage verloren gehen als in der Bundesrepublik. 1983 fielen durch Streiks in den Vereinigten Staaten

---

[7] Vgl. *Hildegard Waschke:* Großbritanniens Arbeitsbeziehungen im Wandel, Köln 1983, S. 22.

[8] Vgl. *Günther R. Degen:* Großbritannien (GB), in: Internationales Gewerkschaftshandbuch, hrsg. von Siegfried Mielke, Opladen 1983, S. 517.

277 Arbeitstage je 1000 Arbeitnehmer aus, in Großbritannien 170 Arbeitstage und in der Bundesrepublik nur 2 Arbeitstage.

16. Gleichwohl steht es auch in der Bundesrepublik mit dem Verhältnis der Tarifparteien nicht zum besten. Eine funktionierende Sozialpartnerschaft ist aber eine entscheidende Voraussetzung, um die Freiheitsgrade von Geld- und Finanzpolitik im Rahmen einer angebotsorientierten Wirtschaftspolitik zu erhöhen. Sozialpartnerschaft ist fast ein Fremdwort geworden. Die wirtschaftlichen Erschütterungen der siebziger und frühen achtziger Jahre haben das Klima zwischen Gewerkschaften und Arbeitgebern abgekühlt. War früher von den Sozialpartnern die Rede, so wird heute meist – korrekter, aber distanzierter – von den Tarifvertragsparteien gesprochen. Gleichwohl bekennt sich der Deutsche Gewerkschaftsbund – anders als Einzelgewerkschaften wie die IG Metall, die IG Druck und Papier oder die Gewerkschaft Handel, Banken und Versicherungen – immer noch (oder auch wieder) zur Sozialpartnerschaft.

17. Daß die Gewerkschaften sich mit der Sozialpartnerschaft so schwer tun, hängt mit der Identitätskrise zusammen, in der sie sich befinden. Was sie für ihre Mitglieder erstreiten, wird vielen von diesen häufig zum Danaergeschenk: wenn die Verteilungsspielräume so niedrig sind, wie es gegenwärtig der Fall ist, kann jede Lohnerhöhung, jede Verbesserung der Arbeitsbedingungen die Arbeitsplätze gefährden. Gelingt es den Gewerkschaften nicht, neue Tätigkeitsfelder zu erschließen, droht ihnen ein Abgleiten in die Fundamentalopposition gegen unser Wirtschaftssystem.

18. Es sind aber nicht nur die ökonomischen Sachzwänge, die die Gewerkschaften an ihrer Rolle zweifeln lassen. Geändert haben sich auch die wirtschafts- und sozialpolitische Großwetterlage und die beschäftigungspolitische Rolle des Staates. Die Gewerkschaften selbst haben große Schwierigkeiten, mit ihrer sektoralen und berufsmäßigen Organisationsstruktur dem ökonomischen und technischen Wandel zu folgen.

19. Nicht nur in der Bundesrepublik, auch in den meisten anderen Ländern der westlichen Welt ist der Staat nicht mehr in der Hauptverantwortung bei der Bekämpfung der Arbeitslosigkeit. Die Verklärung des Wohlfahrtsstaates hat aufgehört. Indizien dafür sind die Empfehlungen, die internationale Organisationen in den letzten Jahren zu Fragen der Wirtschafts- und Sozialpolitik abgegeben haben oder auch das Abschlußdokument des Bonner Weltwirtschaftsgipfels im Jahre 1985. In diesem Dokument ist in erster Linie von Maßnahmen die Rede wie Inflationsbekämpfung, Begrenzung der Staatsausgaben, Abbau von Wachstumshemmnissen, bessere Bedingungen für Investitionen und Unternehmensgründungen, Förderung der Initiative und des Unternehmergeistes. *Schumpeter* hat *Keynes* offenbar abgelöst. Es sind nicht nur konservative Länder, die diese Konzeption vertreten. Mit Einschränkung gilt dies auch für sozialdemokratisch und sozialistisch regierte Länder – wie Spanien oder Österreich. Auch sie setzen inzwischen auf mehr Markt und weniger Staat. Selbst die frühere sozialistische Regierung in Frankreich verfolgte seit 1983 eine eher marktwirtschaftliche Politik.

20. Klar ausgesprochen hat die Bundesregierung – wie vorher auch schon die Regierung Schmidt – einen Sachverhalt: In einer marktwirtschaftlichen Ordnung mit autonomen Tarifpartnern kann der Staat die Vollbeschäftigung nicht garantieren. Die in den frühen siebziger Jahren abgegebene Vollbeschäftigungsgarantie konnte nicht eingehalten werden. Sie war nicht nur sinnlos, sondern sogar schädlich. Sie hat die Verantwortlichkeiten von Staat und Tarifpartnern verwischt. Aus der Verantwortung für Wachstum und Beschäftigung ist der Staat freilich nicht entlassen. Es ist seine Aufgabe, in seinen eigenen Bereichen, in der Haushaltspolitik, der Steuerpolitik, der Sozialpolitik, bei den Marktregulierungen für Bedingungen zu sorgen, die die marktwirtschaftliche Dynamik nicht stören. Das ist die beschäftigungspolitische Verantwortung des Staates aus angebotspolitischer Sicht, wie sie der Sachverständigenrat formuliert hat. Außerdem muß der Staat einen gesetzlichen Rahmen für die Tarifautonomie schaffen, der das Kräftegleichgewicht zwischen den Tarifparteien wahrt.

21. Die Gewerkschaften haben sich mit dieser Rollenverteilung nie abfinden mögen. Sie sträuben sich dagegen, für die Beschäftigung in die Pflicht genommen zu werden. Andererseits versuchten sie, die Arbeitslosigkeit publikumswirksam als Argument für Arbeitszeitverkürzungen einzusetzen. Die Gewerkschaften leben in der Spannung, von seiten der Regierung und der Arbeitgeber an ihre beschäftigungspolitische Verantwortung gemahnt zu werden und gleichzeitig die Interessen ihrer Mitglieder vertreten zu müssen, die ja in ihrer überwiegenden Mehrheit nicht arbeitslos sind. Sie wehren sich auch gegen angebotspolitische Maßnahmen des Staates, wenn diese den Arbeitnehmern keine unmittelbaren Verteilungsvorteile einbringen. Das Verhältnis zwischen den Tarifpartnern ist bei einer solchen Rollenverteilung weit größeren Belastungen ausgesetzt als bei einer *keynes*ianischen Rollenverteilung, die die Hauptverantwortung für die Vollbeschäftigung dem Staat zuweist. Sozialpartnerschaft läßt sich leicht praktizieren, wenn die Meinung vorherrscht, ein Dritter könne dafür sorgen, daß es keine Beschäftigungsprobleme gibt. Nicht zufällig zogen die Gewerkschaften zu dem Zeitpunkt aus der „Konzertierten Aktion" aus, als die Ära der *keynes*ianischen Globalsteuerung zu Ende ging.

22. Das Selbstverständnis der Gewerkschaften ist auch dadurch angenagt, daß der Strukturwandel in der Wirtschaft ihren Mitgliederbestand vermindert hat. Der Wandel von den Arbeitern zu den Angestellten, von der Handarbeit zur Kopfarbeit, von Ungelernten zu Qualifizierten, von der Warenproduktion zu den Dienstleistungen, von großen zu kleineren betrieblichen Einheiten, von Vollzeitarbeit zur Teilzeitarbeit, stellt die Gewerkschaften vor Organisationsprobleme, für die sie noch keine Lösungen gefunden haben. *Siegfried Bleicher,* Mitglied des geschäftsführenden DGB-Bundesvorstandes, hat festgestellt, daß die Mitgliederstruktur in den DGB-Gewerkschaften der Sozialstruktur des Jahres 1955 entspreche.[9] Organisationsdefizite werden bei Angestellten, Frauen und Jugendlichen gesehen, von denen in DGB-Gewerkschaften nur 21 vH, 20 vH beziehungsweise 15 vH Mitglieder sind.[10] Auf diese Zielgruppen konzentrieren sich die gewerkschaftlichen Bemühungen, um neue Mitglieder zu gewinnen.

23. Die Gewerkschaften werben um die Angestellten und die technische Intelligenz dadurch, daß sie über ihr bisheriges Tätigkeitsfeld hinausgehen. Auf den ersten Blick mag es widersinnig erscheinen, daß auf dem letzten Gewerkschaftstag der HBV ein Antrag keine Mehrheit fand[11], der sich unter anderem dafür aussprach, „die Wünsche und die Einstellungen der bisher nicht gewerkschaftlich organisierten Arbeitnehmer im privaten Dienstleistungsbereich stärker als bisher"[12] zu berücksichtigen. Stattdessen engagierte sich der Gewerkschaftstag für Nicaragua und die englischen Bergarbeiter, beschloß eine Öffnung zur Friedensbewegung und faßte einen Beschluß zum Paragraphen 218 Strafgesetzbuch. Diese Handlungsweise ist jedoch keine blinde Politisierung oder Ideologisierung. Sie hat Methode. Das DGB-Vorstandsmitglied *Siegfried Bleicher* äußerte vor kurzem beim Landes-Angestelltenausschuß des DGB-Landesbezirks Hessen, eine ausschließliche Reduzierung der Gewerkschaftspolitik auf die betriebliche Ebene sei überholt, zumal das Bewußtsein vieler Angestellter von ihrer Arbeit weit über die bisherigen Kategorien protestantischer Arbeitsethik hinausgehe. Weiter wörtlich: „Im Umweltschutz, in der Gestaltung der Wohngebiete, aber auch in der Friedens- und Dritte-Welt-Politik gilt es Sensibilität insbesondere unter jungen Angestellten aufzugreifen, um über diesen Weg eine Politisierung einzuleiten, die sich auch organisationspolitisch für die Gewerkschaften auszahlt."[13]

24. Der DGB will bis zum Ende des Jahrzehnts 300.000 Angestellte hinzugewinnen. In der Jagd um die Angestellten, in der er mit den berufsständigen

---

[9] Vgl. *Siegfried Bleicher:* Einführendes Statement vor der Pressekonferenz anläßlich des 11. DGB-Bundes-Angestelltentages am 17.10.1985 in Osnabrück.

[10] Vgl. *Horst-Udo Niedenhoff:* Gewerkschaften zwischen Loyalität und Resignation, in: gewerkschaftsreport Nr. 4, Mai 1985, S. 40.

[11] Vgl. Gewerkschaft Handel, Banken und Versicherungen, 11. Ordentlicher Gewerkschaftstag Mannheim, 4.–9. November 1984, Protokoll vom 7. November 1984, S. 361.

[12] Vgl. *dies.:* Anträge und Entschließungen an den 11. Ordentlichen HBV-Gewerkschaftstag in Mannheim mit den Empfehlungen der Antragskommission, Antrag 37, S. 28.

[13] *Siegfried Bleicher:* Thesenpapier für die Diskussion in der Sitzung des Landes-Angestelltenausschusses des DGB-Landesbezirks Hessen am 10. Mai 1985, S. 7.

Gewerkschaften, der Angestellten-Gewerkschaft, dem Beamtenbund und den christlichen Gewerkschaften konkurriert, scheint sich der DGB auf jenes Segment verlegt zu haben, das von einer Gewerkschaft mehr verlangt, als nur Interessenvertretung im Arbeitsleben. Wie groß dieses Segment auf Dauer sein wird, ist jedoch fraglich. Schrumpft es in dem Maße, wie ein optimistischer, marktwirtschaftlicher Zeitgeist einkehrt, muß auch die Gewerkschaft zu einer anderen Konzeption zurückfinden.

25. Wie soll Sozialpartnerschaft unter solchen Bedingungen gedeihen? Man darf die Frage sicher so nicht stellen. Je mehr neue Formen der Sozialpartnerschaft sich herausbilden, um so geringer sind die Chancen für eine Ideologisierung. Konfrontation ist deshalb keine vernünftige Strategie. Angemessen ist vielmehr eine Kooperationsstrategie immer mit dem Ziel, die pragmatischen Einzelgewerkschaften und die Pragmatiker in den mehr ideologisch ausgerichteten Gewerkschaften zu stärken. Ein fruchtbarer Dialog außerhalb des normalen Tarifgeschäfts läßt sich am ehesten voranbringen, wenn Arbeitgeber und Staat den Gewerkschaften helfen, neue Aufgaben zu finden. Beispiele wären eine Einbeziehung der Gewerkschaften in die berufliche Weiterbildung, ein Dialog über die Auswirkungen neuer Technologien, über Beschäftigungschancen in kleinen und mittleren Unternehmen und die Bedingungen für Unternehmensgründungen und Innovationen.

26. Es liegt nichts Zwangsläufiges in der Ideologisierung von Gewerkschaften, deren Basis starken strukturellen Veränderungen ausgesetzt ist. Das zeigt das eher pragmatische Verhalten der IG Bergbau und Energie, der IG Bau, Steine und Erden, der IG Chemie, Papier, Keramik, der Gewerkschaften Nahrung und Genuß sowie Textil- und Bekleidung. Obwohl in den meisten dieser Bereiche der Strukturwandel die Mitgliederbasis erheblich schmälerte, kam es nicht zu einer Radikalisierung. Berufsständische Traditionen mögen dabei eine große Rolle gespielt haben. Das Modell der Sozialpartnerschaft hat sich auch in der Krise bewährt. Trotz der gegenwärtig überaus schwierigen Situation in der Bauwirtschaft ist diese nicht auf Konfrontationskurs gegangen. Auch die IG Bergbau und Energie und die Gewerkschaft Textil und Bekleidung haben aufgrund der Arbeitsplatzverluste viele Mitglieder verloren, aber dennoch ihre pragmatische Haltung nicht aufgegeben.

27. In Anbetracht der Aufgabe, neue Formen der Sozialpartnerschaft zu finden, sollte das System der Tarifautonomie erhalten werden, auch wenn es sich in den letzten Jahren nicht als beweglich genug erwiesen hat. Denn die Gewerkschaften sind in unserer Wirtschaftsordnung durch Mitbestimmung und andere Institutionen so stark verankert, daß eine Lösung der großen Probleme gegen ihren Widerstand kaum noch denkbar ist. Insofern unterscheidet sich die Bundesrepublik grundlegend von den Vereinigten Staaten, in denen es viele gewerkschaftsfreie Räume gibt. Eine Aufsplitterung des

Arbeitsmarktes würde nur der Radikalisierung und weiteren Ideologisierung Vorschub leisten. Dabei ist völlig unbestritten, daß ein nachhaltiger Abbau der Arbeitslosigkeit eine weitere Entzerrung der Verteilungsrelationen und eine größere Differenzierung der Arbeitsentgelte verlangt.

28. Ein Ordnungssystem wie die Tarifautonomie ist auf Dauer nur dann funktionsfähig, wenn es auch die Korrektur von Fehlern ermöglicht. In den siebziger Jahren sind die Arbeitskosten zu stark hinaufgetrieben worden, in erster Linie durch staatlich verordnete Personalzusatzkosten, aber auch durch die Tarifabschlüsse. Die Identitätskrise der Gewerkschaften und die Veränderung im Arbeitskampfrecht machen es nicht leicht, dies wieder rasch zu korrigieren. Eine Teilkorrektur war seit 1981 dennoch möglich.

29. Vorgeworfen wird den Tarifparteien eine zu geringe Differenzierung nach Branchen und Regionen. Obwohl selbst die Tariflöhne eine stärkere Differenzierung aufweisen als allgemein bekannt ist, lassen starke branchenmäßige Unterschiede in der Beschäftigungssituation und erhebliche regionale Unterschiede in der Arbeitslosigkeit darauf schließen, daß ein weitergehender Differenzierungsbedarf vorhanden ist. Aus organisationspolitischen Gründen ist eine solche Differenzierung am Verhandlungstisch aber erfahrungsgemäß nur schwer zu erreichen. Als die Tariflöhne noch echte Mindestlöhne waren, konnte die notwendige Differenzierung über die Lohndrift erreicht werden. Was möglicherweise eher zu erreichen wäre, ist eine Staffelung der Löhne und Zusatzleistungen nach der Dauer der Betriebszugehörigkeit. Unterschiede, die sich aus der Anciennität ergeben, werden ja auch im gesellschaftlichen Leben noch toleriert. Es geht um einen Abbau von Einstellungsbarrieren, konkret um Einstiegstarife, die für einen begrenzten Zeitraum niedrigere Tariflöhne oder niedrigere Zusatzleistungen (Urlaub, Sonderzahlungen) für Berufsanfänger und längerfristig Arbeitslose vorsehen. Wenn sich die Tarifpartner auf so etwas einigen könnten, könnte auch der Staat nicht abseits stehen bleiben.

30. Die im vergangenen Jahr in der Metallindustrie und in anderen Bereichen vereinbarte Flexibilisierung der Arbeitszeit bringt eine neue Dimension in die Tarifpolitik. Die Arbeitszeit wird nicht mehr allein durch Tarifverträge festgelegt, sondern ergänzend durch Betriebsvereinbarungen. Die Flexibilisierung ist in größerem Umfang umgesetzt worden – mit positiven Resultaten bei Kapazitätsauslastung und Beschäftigung. Flexibilisierung ist sicher ein Schlüssel für die künftigen Arbeitsbeziehungen, wobei abzuwarten bleibt, ob sie sich auf andere Arbeitsinhalte oder gar die Arbeitsentgelte ausdehnen läßt. Die Betriebsräte werden dabei eine immer bedeutendere Rolle spielen. In den Unternehmen wird der Umgang mit dem Betriebsrat zu einem noch wichtigeren Produktionsfaktor als bisher. Unter diesen Umständen kann man die Prognose wagen, daß die Sozialpartnerschaft der Zukunft vor allem in den Betrieben stattfindet.

31. Die Vermögens- und Gewinnbeteiligung der Arbeitnehmer ist ebenfalls ein Feld, auf dem Sozialpartnerschaft praktiziert werden kann. Allerdings sind einheitliche tarifvertragliche Lösungen, wie sie von vielen Seiten vorgeschlagen werden, nicht in Sicht, weil generell die Spielräume dafür zu gering sind, die Verhältnisse in den Betrieben zu unterschiedlich und die Gefahr der Politisierung des Themas vor dem Hintergrund der Forderung nach weiterer Mitbestimmung sehr groß ist. Ob die Idee der Flexibilisierung hierauf übertragen werden kann, wäre der Prüfung wert. Auf betrieblicher Basis gibt es aber ein weites Betätigungsfeld. Wie eine gemeinsame Untersuchung des Instituts der deutschen Wirtschaft und der Gesellschaft für innerbetriebliche Zusammenarbeit zeigt[14], gab es bereits 1983 rund 1000 Beteiligungsunternehmen in der Bundesrepublik. Sie beschäftigten etwa 1 Million Mitarbeiter. Die beteiligten Arbeitnehmer hielten 5,5 Mrd. DM Beteiligungskapital. Heute dürfte die Zahl der Beteiligungsunternehmen nach einer Schätzung bei ca. 1200 liegen, die Höhe des Beteiligungskapitals bei ca. 7 Mrd. DM. Ein Teil der Entlohnung ist in vielen Firmen an den Erfolg des Unternehmens geknüpft. In großem Stil wird ein System der erfolgsabhängigen Entlohnung in Japan praktiziert. Auch dort gibt es kein einheitliches System, sondern von Unternehmen zu Unternehmen unterschiedliche Lösungen.

32. Die Sozialpartnerschaft ist unter heutigen Bedingungen sehr viel schwieriger, als dies früher der Fall war. Chancen dafür gibt es aber immer noch im Dialog zwischen Gewerkschaften und Arbeitgebern und vor allem innerhalb der Betriebe. Eine Bewährungsprobe für die Sozialpartnerschaft wäre sicherlich der Versuch, die Einstellungsbarrieren am Arbeitsmarkt im Rahmen der Tarifautonomie zu senken. Die Hoffnung ist, daß sich der Zeitgeist wendet und dies auch den Gewerkschaften eine pragmatischere Haltung angezeigt erscheinen läßt.

[14] Vgl. *Hans-Günter Guski/Hans J. Schneider:* Betriebliche Vermögensbeteiligung in der Bundesrepublik Deutschland, Köln 1983.

III.
Zur Rolle der Geld- und Finanzpolitik

Geldpolitik zur Sicherung eines inflationsfreien Wachstums[1]

Von *Norbert Bub*

I. Die Wirtschaft der Bundesrepublik wieder im Aufschwung

Nach einer jahrelangen Schwächeperiode befindet sich die westdeutsche Wirtschaft seit Ende 1982 wieder in einem *Wachstumsprozeß,* der im Verlauf von 1985 eher noch an Dynamik gewonnen hat (Tabelle 1). Gleichzeitig hat der Preisauftrieb ständig nachgelassen. Seit einiger Zeit kann das Ziel der Geldwertstabilität praktisch als erreicht gelten. Auch außenwirtschaftlich ist die Lage der Bundesrepublik weit besser als noch zu Beginn der achtziger Jahre. Nach den damaligen Rekorddefiziten im Leistungsverkehr mit dem Ausland hat sich hier erneut eine ausgeprägte Überschußposition herausgebildet, in der sich nicht zuletzt die wiedergewonnene Wettbewerbskraft der deutschen Industrie auf den internationalen Märkten augenfällig spiegelt. Nachdem sich die Exportkonjunktur in jüngerer Zeit spürbar beruhigt hat und die Binnennachfrage lebhafter wird, dürfte die Tendenz zur Überschußbildung allerdings ihrem Höhepunkt entgegengehen.

Unbefriedigend für die Wirtschaftspolitik ist derzeit vor allem noch die Lage am Arbeitsmarkt. Doch ist auch hier inzwischen eine Wende zum Besseren zu beobachten. Viele Wirtschaftsbereiche stellen wieder Personal ein, und die Kurzarbeit wurde auf einen sehr niedrigen Stand zurückgeführt. Daß sich dies noch nicht in einem deutlicheren Rückgang der Arbeitslosenzahlen niedergeschlagen hat, geht vor allem darauf zurück, daß infolge der gebesserten Wirtschaftsaussichten eine verhältnismäßig große Zahl neuer Erwerbspersonen auf Arbeitssuche geht. Insgesamt betrachtet bieten die Wirtschaftsdaten derzeit das Bild eines spannungsfreien und verhältnismäßig kräftigen Aufschwungs. Zu Beginn seines vierten Jahres stehen die Chancen für seinen Fortgang durchaus gut; die positive Beschäftigungsentwicklung dürfte sich noch verstärken.

---

[1] Das Manuskript wurde im Februar 1986 abgeschlossen. Für seine Unterstützung bei der Fertigstellung dieser Arbeit bin ich Herrn Dr. *Willy Friedmann,* Mitarbeiter der Hauptabteilung Volkswirtschaft im Direktorium der Deutschen Bundesbank, zu Dank verpflichtet.

Tabelle 1: Indikatoren zur Wirtschaftslage

Zeit	Sozialprodukt[1] Veränderung gegen Vorjahr in %	Beschäftigung[2] Veränderung gegen Vorjahr in 1000	Preise[3] Veränderung gegen Vorjahr in %	Leistungsbilanz[4] Mrd. DM
1981	±0,0	–140	+6,3	–12,4
1982	–1,0	–430	+5,3	+ 8,2
1983	+1,5	–380	+3,3	+10,5
1984	+3,0	+ 10	+2,4	+17,8
1985[5]	+2,5	+170	+2,2	+38,6

1 In Preisen von 1980.
2 Abhängig Beschäftigte im Jahresdurchschnitt.
3 Preisindex für die Lebenshaltung, 1980 = 100.
4 Saldo der Leistungsbilanz.
5 Vorläufige Ergebnisse.

Eine maßgebliche Voraussetzung für die Entwicklung der letzten Jahre war die schrittweise *Beseitigung der strukturellen Wachstumshemmnisse,* die im Verlaufe der siebziger Jahre entstanden und sich zum Teil wechselseitig verstärkt hatten. So konnte mittlerweile die Anpassung der Wirtschaft an die Energiepreisschübe des vergangenen Jahrzehnts erfolgreich abgeschlossen werden. Durch den neuerdings zu beobachtenden Verfall des Ölpreiskartells ist die Energiebasis der deutschen Wirtschaft generell sicherer geworden, von den beträchtlichen Kosteneinsparungen einmal abgesehen. Der Staat hat in überzeugender und vertrauensstärkender Weise die Konsolidierung seiner Finanzen vorangetrieben und kann hierbei inzwischen auf erhebliche Erfolge verweisen. Nicht zuletzt hat auch die Lohnpolitik viel zu einer Verbesserung der Rahmenbedingungen auf der Angebotsseite beigetragen. Durch die im Vergleich zu früher wesentlich maßvolleren Lohnsteigerungen blieb den Unternehmen wieder mehr Spielraum für Eigenfinanzierung, was zweifellos die Investitionsbereitschaft förderte.

II. Der Beitrag der Geldpolitik

1. *Potentialorientierte Geldpolitik; das Konzept der Bundesbank*

Die Geldpolitik hat in den vergangenen Jahren den strukturellen Anpassungsprozeß in mehrfacher Hinsicht unterstützt. In erster Linie war ihr Bemühen auf die *Wiederherstellung und Sicherung der Stabilität des Geldwertes* gerichtet, wie ihr dies von Gesetzes wegen aufgetragen ist. Damit hat sie jedoch zugleich das Wiedererstarken der Wachstumskräfte auf zweierlei Weise gefördert: Zum einen hat die strikte Stabilitätsorientierung der Geldpolitik den Anpassungsprozeß schon zu einer Zeit vorbereitet, als andere Industrieländer noch den scheinbar bequemeren „Ausweg“ der Inflation suchten und erst nach leidvollen Erfahrungen und Mißerfolgen die notwendigen Korrekturen einleiteten. Zum anderen hat die auf Geldwertstabilität gerichtete Politik der Bundesbank dem Markt erst die solide Basis geboten, auf der sich die notwendigen Anpassungen vollziehen konnten. Insbesondere die Korrektur der Einkommensverteilung, die für die Einleitung eines neuen Wachstumsprozesses in der Bundesrepublik von zentraler Bedeutung war, wäre ohne das nötige Vertrauen in die Stabilität des Geldwertes kaum zu erwarten gewesen.

Als *zentrale Orientierung* ihrer Politik diente der Bundesbank in den vergangenen Jahren das Wachstum der Geldmenge. Es wurde so bemessen, daß für den noch bestehenden Preisauftrieb ein immer engerer Spielraum blieb, die Wirtschaft jedoch gleichzeitig kräftig wachsen konnte. Die Zentralbankgeldmenge, die die Bundesbank als Indikator ihrer Politik verwendet, stieg im Verlauf des Jahres 1985 um $4\frac{1}{2}$ %. Damit bewegte sich das monetäre Wachstum auf einem Expansionspfad, den die Geldpolitik bereits im Herbst 1983 einschlug und den sie im Rahmen ihres angekündigten Geldmengenziels praktisch auch für das laufende Jahr anvisiert.

Über die offenkundigen Erfolge der Stabilitätspolitik der Bundesbank ist mitunter etwas in Vergessenheit geraten, wie schwierig es Mitte der siebziger Jahre gewesen ist, eine den Umständen angemessene geldpolitische Strategie zu entwickeln. Nachdem zuvor das Festkurssystem den Handlungsspielraum der Bundesbank wesentlich eingeengt hatte und Zweifel am Durchhaltevermögen der Geldpolitik aufgekommen waren, mußte es nun vor allem darum gehen, die Marktteilnehmer wieder von der Ernsthaftigkeit der monetären Stabilisierungsbemühungen zu überzeugen, damit die Restriktionsmaßnahmen auf ein Mindestmaß beschränkt und die damit verknüpften Anpassungsfriktionen in engen Grenzen gehalten werden konnten.

Die Bundesbank kam damals gemeinsam mit der Bundesregierung und dem Sachverständigenrat zu der Überzeugung, daß dies am besten im Wege der *Bekanntgabe von jährlichen Geldmengenzielen* geschehen könnte, die den Stabilisierungswillen deutlich erkennen und doch genügend Raum für reale Ausgabensteigerungen ließen. Im Kern gründete sich dieses Konzept auf den quantitätstheoretischen Grundzusammenhang zwischen der Geldmenge und den gesamtwirtschaftlichen Ausgaben, der als wirtschaftswissenschaftlicher Erfahrungstatbestand allgemein anerkannt wird und die Inflation letztlich als ein monetäres Phänomen begreift.[2] Darüber hinaus

---

[2] Vgl. z.B. Sachverständigenrat zur Begutachtung der gesamtwirtschaftlichen Entwicklung, Jahresgutachten 1974/75, Ziffer 375 ff., sowie *F. Modigliani:* The Monetarist Controversy or, Should we Forsake Stabilisation Policies, American Aconomic Review, March 1977, S. 1 ff. Zur empirischen Fundierung dieses Zusammenhangs für die Bundesrepublik vgl. „Zur längerfristigen Entwicklung und Kontrolle des Geldvolumens", Monatsberichte der Deutschen Bundesbank, Januar 1985, S. 14 ff.

machte sich dieses Konzept neuere erwartungstheoretische Erklärungsansätze zunutze, wie sie seit der Mitte der siebziger Jahre unter der Bezeichnung „Rationale Erwartungen“ im akademischen Bereich diskutiert wurden.[3] Sie stellten letztlich die wissenschaftliche Basis für den Versuch dar, mit im voraus bekanntgegebenen Geldmengenzielen die Erwartungen der Marktteilnehmer günstig zu beeinflussen, so daß die realwirtschaftlichen „Kosten“ des Stabilisierungsprozesses auf ein Minimum begrenzt werden konnten. Ein aus diesen beiden Grundelementen abgeleitetes theoretisches *Konzept einer am Wachstum des Produktionspotentials orientierten Geldmengenpolitik* ist freilich in seiner idealtypischen Form streng genommen nur für eine Geldpolitik unter „Schönwetterbedingungen“ geeignet. Denn letzten Endes sind es Leitlinien zur Fortschreibung einer Gleichgewichtssituation der Wirtschaft.

Die schwierigen Ausgangsbedingungen bei der Einführung des neuen geldpolitischen Konzepts erforderten deshalb gewisse Modifikationen. So war bei der Einführung im voraus angekündigter Geldmengenziele Ende 1974 in Rechnung zu stellen, daß die Inflation so weit fortgeschritten war, daß der theoretisch denkbare Versuch einer „Preisstabilisierung auf einen Schlag“ völlig unvertretbare Beschäftigungsrisiken mit sich gebracht hätte. Die Bundesbank sah sich infolge der ungünstigen Umfeldbedingungen daher gezwungen, einen „unvermeidlichen“ Preisanstieg in ihrer Zielableitung mit zu berücksichtigen und auf diese Weise deutlich zu machen, welcher Teil der Stabilisierungsaufgabe mit dem jeweils angekündigten Geldmengenziel in Angriff genommen und welcher Teil mit Rücksicht auf die übrigen gesamtwirtschaftlichen Ziele auf die folgenden Jahre vertagt werden mußte. Auf diese Weise bestand die Chance, den längerfristigen Preiserwartungen eine stabilitätsgerechte Führung zu geben, ohne dabei unvertretbare Anpassungsfolgen zu riskieren.

Im Laufe der Jahre kam es zu weiteren Störungen, die das Einschwenken der Geldmengenentwicklung auf den mittelfristigen Gleichgewichtswachstumspfad immer wieder erschwerten oder behinderten. So mußten nach den in erster Linie außenwirtschaftlich motivierten Zielüberschreitungen der Jahre 1977/78 die dadurch entstandenen „Geldüberhänge“ in der Folgezeit schrittweise wieder abgebaut werden. Die Preisschübe im Zusammenhang mit der zweiten Ölkrise machten es erforderlich, neue Stabilisierungsaufgaben anzugehen, noch bevor die alten als gelöst gelten konnten. So bedurfte es im Ergebnis einer zehnjährigen „Vorlaufzeit“, bis schließlich mit dem Geldmengenziel für 1985 ein geldpolitischer Kurs angekündigt werden konn-

[3] Vgl. *Th. J. Sargent* und *N. Wallace:* Rational Expectations and the Theory of Economic Policy, Journal of Monetary Economics, Vol. 2, 1976, S. 169–183, und die sich daran anschließende Literatur. Einen Überblick gibt *R. J. Shiller,* Rational Expectations and the Dynamic Structure of Macroeconomic Models. A Critical Review, Journal of Monetary Economics, Vol. 4, 1978, S. 1–44.

te, der der reinen „Potentialregel“ recht nahe kam.[4] Vom Idealbild einer „reinen“ *Verstetigungsstrategie,* wie es manchen Kritikern der deutschen Geldpolitik vorschwebt[5], war die neue geldpolitische Linie der Bundesbank bis dahin mitunter weit entfernt. Es gab dafür freilich gute Gründe. Denn die Bundesbank sah in der Verstetigung der monetären Expansion auf kurze Sicht nie ein Allheilmittel. Ihre Rechtfertigung erhalten monetäre Verstetigungsbemühungen letztlich allein aus der vermuteten Verstetigungswirkung, die hiervon auf die eigentlichen wirtschaftspolitischen Zielgrößen ausgeht. Monatlichen Schwankungen der Geldmengen hat die Bundesbank deshalb nie besondere Bedeutung beigemessen. Sie spiegeln erfahrungsgemäß eine ganze Reihe von temporären Einflüssen wider, die sich zum Teil rasch wieder selbst korrigieren, wie Unregelmäßigkeiten im Bargeldumlauf, wechselnde kalenderbedingte Einflüsse und ähnliche Faktoren, die ihrer Natur nach mit Saisoneinflüssen vergleichbar sind, aufgrund der auftretenden Unregelmäßigkeiten aber durch die herkömmlichen Saisonbereinigungsverfahren nicht erfaßt werden können. Solchen Unregelmäßigkeiten in der Entwicklung der Geldmengenaggregate geldpolitisch permanent entgegenzuwirken[6] hieße letztlich, diese in entsprechende Zinsbewegungen zu transformieren. Die störenden Rückwirkungen auf den realen Bereich der Wirtschaft, die eine solche Politik zu vermeiden versucht, löst sie auf diese Weise vermutlich erst aus. Die Erfahrungen der amerikanischen Notenbank bei ihrem Versuch, die kurzfristigen Geldmengenbewegungen zu verstetigen, stützen diese Vermutung nachdrücklich, und sie zeigen zudem, wie sehr ein solches Vorgehen wiederum die Märkte einlädt, im Wege der Antizipation solcher Notenbankreaktionen die dazu notwendigen kurzfristigen Zinsschwankungen noch zu verstärken.[7]

Die Bundesbank stand aus diesen Gründen solchen kurzfristigen Verstetigungsstrategien stets skeptisch gegenüber. Sie versteht ihre Geldmengenziele nicht als einen Entwicklungspfad, der von ihr Monat für Monat streng einzuhalten wäre, sondern geht vom Jahr als der letztlich *relevanten Zielperiode*

---

[4] Zu einer ausführlichen Darstellung und Bewertung der vielfältigen Erfahrungen der Bundesbank in den ersten zehn Jahren der Geldmengensteuerung auf der Basis vorangekündigter Geldmengenziele vgl. *Helmut Schlesinger:* Zehn Jahre Geldpolitik mit einem Geldmengenziel, in: Öffentliche Finanzen und Monetäre Ökonomie, Festschrift für Karl Häuser, hrsg. von W. Gebauer, Frankfurt 1985, S. 123 ff.

[5] Vgl. z. B. *M. J. M. Neumann:* Auf dem Weg zu einer Realtrendorientierung der Geldpolitik, in: Die Sparkasse, März 1985, S. 88 ff., und *P. Trapp:* Die Geldpolitik der Bundesbank auf einem umstrittenen Kurs, in: Handelsblatt Nr. 175, vom 11.9.1979, S. 8.

[6] Es ist hervorzuheben, daß dies kein rein hypothetisches Postulat darstellt; vgl. z. B. *M. J. M. Neumann,* a.a.O.

[7] Zur internationalen Diskussion über die Probleme einer kurzfristigen Geldmengensteuerung vgl. z. B. *M. A. Akhtar:* Financial Innovations and their Implications for Monetary Policy: An International Perspective, BIS Economic Papers No. 9, December 1983, S. 33 ff. und insbesondere S. 44 ff.; vgl. dazu auch *T. R. G. Bingham:* Banking and Monetary Policy, OECD 1985, S. 67 ff.

aus.[8] Selbst aufs Jahr bezogen, geht eine punktgenaue Treffsicherheit sicher über das Maß an Präzision hinaus, das man realistischerweise von einer an mittelfristigen Orientierungsgrößen ausgerichteten Geldpolitik erwarten darf. Mehr noch: Die Bundesbank hat von Anfang an auch keine Zweifel daran gelassen, daß sie sich angesichts der gegebenen Prognoseunsicherheiten für den Bedarfsfall einen gewissen diskretionären Spielraum vorbehalten muß. Denn zumindest in Fällen, in denen unerwartete, nichtmonetäre Schocks die wirtschaftliche Entwicklung stören, kann man nicht darauf vertrauen, daß ein bedingungsloses Festhalten an starren Geldmengenzielen die effizienteste unter den geldpolitischen Handlungsalternativen ist.[9]

In den Jahren 1979 bis 1983, als die Unsicherheiten über die möglichen Veränderungen im gesamtwirtschaftlichen Umfeld besonders schwer überschaubar waren, hat die Bundesbank diesen diskretionären Vorbehalt durch den Übergang von einem Punktziel auf eine relativ weite *Zielspanne* von drei Prozentpunkten deutlich gemacht. Allerdings hat sie dabei auch jeweils die Bedingungen konkretisiert, unter denen sie die eine oder die andere Hälfte des Zielkorridors ansteuern würde, und darüber hinaus immer frühzeitig im Jahr erkennen lassen, welche Position sie innerhalb der Zielspanne im weiteren Jahresverlauf anstreben wollte.[10] Für willkürliche Interpretationen der verkündeten breiten Zielmarge von drei Prozentpunkten war deshalb nie Platz. Auf diese Weise hat die Bundesbank die Vorhersehbarkeit und Kalkulierbarkeit ihrer Politik trotz der erheblichen Unsicherheiten über die weitere Entwicklung der makroökonomischen Rahmenbedingungen erhöht. Sie konnte sich hiervon zu Recht günstigere Einflußmöglichkeiten auf die eigentlichen Ziele ihrer Politik erhoffen als von einem mechanistischen Festhalten an einer starren, durch die aktuelle Wirtschaftsentwicklung längst überholten Geldmengennorm. Im Ergebnis ist es ihr mit dieser Technik in den genannten Jahren mit einer bemerkenswerten Treffsicherheit gelungen, ihre anvisierten Geldmengenziele einzuhalten (vgl. Tabelle 2).

Mit den abnehmenden Unsicherheiten über die wirtschaftliche Entwicklung sank naturgemäß auch der Bedarf an diskretionärem Handlungsspiel-

---

[8] Diese Auffassung stützt grundsätzlich auch der Sachverständigenrat. Vgl. Sachverständigenrat zur Begutachtung der gesamtwirtschaftlichen Entwicklung, Jahresgutachten 1983/84, Ziffer 197.

[9] Vgl. dazu auch *H. J. Dudler:* Geldpolitik und ihre theoretischen Grundlagen, Frankfurt 1984, S. 62 ff.

[10] In diesem Zusammenhang ist an die Adresse der Bundesbank der Vorwurf erhoben worden, sie trage mit ihrer neuen Bandbreiten-Technik zur Verunsicherung der Wirtschaft bei und denaturiere damit das Instrument vorangekündigter Geldmengenziele (vgl. dazu die Diskussion von *D. Duwendag* und H. J. Dudler in der Frankfurter Allgemeinen Zeitung, abgedruckt in: Deutsche Bundesbank, Auszüge aus Presseartikeln, Nr. 105/1980, S. 6 und Nr. 107/1980, S. 5 f.; vgl. dazu auch *M. J. M. Neumann:* Quo vadis, Geldmengenpolitik, in: Sparkasse, Heft 3, 1982, S. 73 ff.).

Tabelle 2: Geldmengenziele und ihre Realisierung in %

Jahr	*Ziel:* Wachstum der Zentralbankgeldmenge			*Tatsächliche Entwicklung* (gerundete Zahlen)		Ziel erreicht
	im Verlauf d. Jahres[1]	im Jahresdurchschnitt	Konkretisierung im Verlauf d. Jahres	im Verlauf d. Jahres[1]	im Jahresdurchschnitt	
1975	8	–	–	10	–	nein
1976	–	8	–	–	9	nein
1977	–	8	–	–	9	nein
1978	–	8	–	–	11½	nein
1979	6–9	–	Untergrenze	6½	–	ja
1980	5–8	–	Untergrenze	5	–	ja
1981	4–7	–	untere Hälfte	3½	–	ja[2]
1982	4–7	–	obere Hälfte	6	–	ja
1983	4–7	–	obere Hälfte	7	–	ja
1984	4–6	–	–	4½	–	ja
1985	3–5	–	–	4½	–	ja
1986	3½–5½	–	–	..	–	..

[1] Jeweils vom vierten Quartal des Vorjahres bis zum vierten Quartal des laufenden Jahres; 1975: Dezember 1974 bis Dezember 1975.
[2] Unterschreitung im wesentlichen durch statistische Sondereinflüsse bedingt (vgl. Geschäftsbericht der Deutschen Bundesbank für das Jahr 1981, S. 10 f.).

raum für die Geldpolitik wieder auf ein Normalmaß. Dementsprechend wurde die Bandbreite erstmals mit dem Geldmengenziel für 1984 von drei auf zwei Prozentpunkte reduziert. Im Unterschied zu der anfänglichen Praxis der Ankündigung von Punktzielen wird so der Öffentlichkeit weiterhin deutlich gemacht, daß die verkündeten Geldmengenziele von vornherein mit einem gewissen Unschärfebereich versehen sind.

Hierin spiegeln sich nicht nur die schon oben erläuterten Bedenken gegen übertriebenen geldpolitischen Aktivismus zur Kompensation kurzfristiger Schwankungen der Geldnachfrage. In gewisser Weise liegen diese Unschärfen in dem *monetären Steuerungskonzept* selbst begründet, das die Bundesbank anwendet, um das Wachstum der Zentralbankgeldmenge auf dem anvisierten Zielpfad zu halten. Denn im Unterschied zu der häufig anzutreffenden monetaristisch geprägten „Lehrbuchvorstellung" einer direkten, angebotsseitigen

Geldbasissteuerung[11] kontrolliert die Bundesbank das Wachstum der Zentralbankgeldmenge nur indirekt, indem sie die erforderlichen Knappheitsverhältnisse am Bankengeldmarkt erzeugt und auf diesem Wege die Konditionengestaltung der Banken und damit letztlich auch das Portfolio- und Finanzierungsverhalten der Nichtbanken beeinflußt. Es liegt in der Natur dieser indirekten Geldmengensteuerung, daß die quantitativen Auswirkungen von Maßnahmen, die zunächst nur unmittelbar den Geldmarkt beeinflussen, im voraus nicht exakt bestimmbar sind. So gesehen gleicht das monetäre Steuerungskonzept der Bundesbank eher einem „Versuchs- und Irrtums-Verfahren", mit dessen Hilfe sie sich gleichsam in vielen Teilschritten an das gewünschte Wachstum der Geldmenge herantastet. So unbefriedigend dies zunächst klingen mag, im Ergebnis ist es der Bundesbank jedenfalls mit diesem pragmatischen Kontrollverfahren gelungen:

- durch den Ausgleich kurzfristiger Liquiditätsanspannungen im Bankensystem und großzügige Tolerierung temporärer Schwankungen der Geldnachfrage für eine im internationalen Vergleich stetige Zinsentwicklung am Geldmarkt und den nachgelagerten Kredit- und Kapitalmärkten zu sorgen, unnötige Marktirritationen also zu vermeiden,
- und dennoch zugleich die Entwicklung der Zentralbankgeldmenge an den mittelfristigen Erfordernissen auszurichten und damit den Preisauftrieb allmählich zu dämpfen, ohne den Spielraum für ein kräftiges reales Wachstum auf der monetären Seite zu vernachlässigen (Schaubild 1).

2. *Zeit zur Neuorientierung?*

Mit der erfolgreichen Bewältigung der stabilitätspolitischen Aufgabe ist in jüngerer Zeit gelegentlich die Sorge geäußert worden, die Geldpolitik könne der Wachstumsdynamik der deutschen Wirtschaft nicht genügend Impulse geben und dadurch einer rascheren Lösung der beschäftigungspolitischen Probleme in gewisser Hinsicht im Wege stehen. Dabei dreht sich die aktuelle geldpolitische Debatte im wesentlichen um die drei folgenden, zum Teil miteinander verknüpften Fragen:

- Könnte der Übergang von jährlichen zu *mehrjährigen Geldmengenzielen* in noch stärkerem Maße als früher zu einer Verstetigung des realen wirtschaftlichen Wachstums beitragen?
- Sollten die Geldmengenziele am Wachstum des für die Teilperiode vorausgeschätzten Produktionspotentials oder an einem höheren, *mittelfristig möglichen Potentialwachstum* ausgerichtet werden?
- Ist bei der Ableitung der Geldmengenziele ein Zuschlag für einen trendmäßigen *Rückgang der Umlaufsgeschwindigkeit* des Geldes anzusetzen?

---

[11] Vgl. *A. E. Burger:* The Money Supply Process, Belmont (Cal.) 1971, insbesondere S. 187 ff.; vgl. auch *J. M. Johannes* und *R. H. Rasche:* Predicting the Money Multiplier, Journal of Monetary Economics, Vol. 5, July 1979, S. 301 ff.

Schaubild 1: **Zur Geldpolitik der Bundesbank seit 1977**

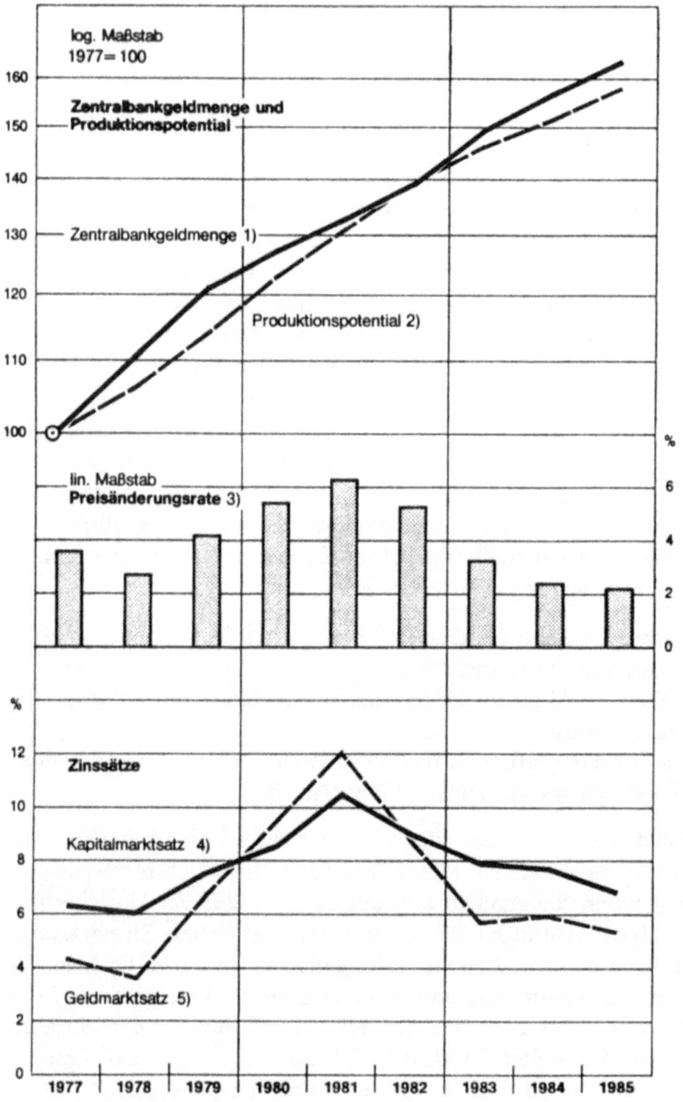

[1] Zentralbankgeldmenge mit konstanten Reservesätzen berechnet (Basis Jan. 1974).
[2] Produktionspotential in jeweiligen Preisen.
[3] Änderungsrate des Preisindex für die Lebenshaltung im jeweiligen Jahr gegenüber dem Vorjahr.
[4] Umlaufsrendite festverzinslicher Wertpapiere im Jahresdurchschnitt.
[5] Satz für Dreimonatsgeld unter Banken (Jahresdurchschnitt).

Die folgenden Überlegungen beschäftigen sich mit diesen drei Fragenkomplexen.

a) Mehrjährige Geldmengenziele? In gewisser Weise sind die Ausgangsbedingungen für einen Übergang von ein- auf mehrjährige Geldmengenziele heute sicher günstiger, als sie je waren. Das Wachstum der Zentralbankgeldmenge bewegt sich schon seit mehr als zwei Jahren um 4½ % und auch das für 1986 von der Bundesbank verkündete Geldmengenziel sieht praktisch ein entsprechendes monetäres Wachstum vor.[12] Damit entwickelt sich die Zentralbankgeldmenge auf einem Expansionspfad, der in etwa dem Wachstum des zu laufenden Preisen bewerteten Produktionspotentials der letzten beiden Jahre und des Jahres 1986 entspricht. Alle Indizien – wie insbesondere der kontinuierliche Rückgang der Zinsen, die spannungsfreie Entwicklung der Kreditnachfrage und die hohen liquiden Reserven der Wirtschaft – sprechen dafür, daß die vorhandenen Geldbestände, anders als am Ende früherer Stabilisierungsphasen, von der monetären Seite genügend ungenutzte Ausgabenspielräume bieten, um die vorhandenen Produktionsmöglichkeiten auszuschöpfen. Kurz: Ideale Ausgangsbedingungen für eine konsequente, im voraus angekündigte Verstetigungspolitik auf mittlere Sicht. Nach den Vorstellungen ihrer Befürworter wäre der Lohn einer solchen Politik angeblich ein dreifacher[13]:

- Der erreichte hohe Grad an Preisstabilität ließe sich auf diese Weise am besten dauerhaft bewahren,
- die Wachstumskräfte würden durch die klare mittelfristige Zielvorgabe wirksam gestärkt,
- und selbst die erratischen Wechselkursschwankungen würden durch die stabileren Erwartungen tendenziell gedämpft.

Wie realistisch es ist, dies alles zu erwarten, sei hier zunächst dahingestellt. Unabhängig davon stehen diesen Vorzügen aber auch *schwerwiegende Nachteile* gegenüber. Sie ergeben sich ausnahmslos aus der Unsicherheit über unvorhersehbare Störungen der gesamtwirtschaftlichen Entwicklung. Daß die hiermit verbundenen Risiken nicht gering zu schätzen sind, hat die jüngere Wirtschaftsgeschichte auf unübersehbare Weise demonstriert. Es überrascht deshalb nicht, daß auch auf der Seite der Befürworter mehrjähriger Geldmengenziele konzediert wird, daß sich die Geldpolitik auf diese Weise nicht jedes diskretionären Handlungsspielraums begeben darf.[14] Im Gegenteil, der Revisionsvorbehalt aufgrund unvorhergesehener Änderungen in den

---

[12] Vgl. Geldmengenziel 1986 und Neuregelung der Mindestreservebestimmungen, Monatsberichte der Deutschen Bundesbank, Januar 1986, S. 14 ff.

[13] Vgl. z.B. Sachverständigenrat zur Begutachtung der gesamtwirtschaftlichen Entwicklung, Jahresgutachten 1985/86, Ziffer 236.

[14] Vgl. Sachverständigenrat zur Begutachtung der gesamtwirtschaftlichen Entwicklung, Jahresgutachten 1985/86, Ziffer 239.

wirtschaftlichen Rahmenbedingungen wird gleichsam als ein Bestandteil dieses mittelfristigen Konzepts angesehen. Selbst bewußt in Kauf genommene Zielabweichungen werden für Ausnahmefälle nicht ausgeschlossen. Das zeugt von Realitätssinn. Denn bei den gegebenen und wachsenden Prognoseunsicherheiten bei Prognosezeiträumen von drei bis fünf Jahren kann heute schon mit recht großer Wahrscheinlichkeit davon ausgegangen werden, daß Revisionen und Ausnahmesituationen nicht zu vermeiden sein werden. (Die Erfahrungen der mittelfristigen Finanzplanung der öffentlichen Haushalte in der Bundesrepublik sind ein beredtes Beispiel dafür.) So gesehen ist kaum verständlich, wie man sich von der Ankündigung mehrjähriger Ziele eine Verstetigung der Erwartungen versprechen kann, wenn heute schon als sicher gilt, daß solche Zielsetzungen im Laufe der Zeit mit hoher Wahrscheinlichkeit revisionsbedürftig werden. Insbesondere unter der Voraussetzung der rationalen Erwartungshypothese, auf der letztlich die theoretische Rationalität dieser Strategie basiert, sollten solche Überlegungen zur Skepsis mahnen. Geldmengenziele, die wahrscheinlich nicht eingehalten werden, sind nicht nur wertlos; sie sind darüber hinaus geeignet, das Vertrauen in die Geldpolitik auf Dauer zu untergraben, noch bevor sie es wirksam stärken konnten.

b) Tatsächliches oder mittelfristig mögliches Potentialwachstum? Seit einiger Zeit wird in der wirtschaftspolitischen Diskussion das für die Zielperiode absehbare Wachstum des Produktionspotentials als Orientierungsmaßstab der Geldpolitik in Frage gestellt. Die Kritiker lassen sich dabei vor allem von der Sorge leiten, eine monetäre Expansion, die sich am jeweiligen Potentialwachstum ausrichte, behindere im Ergebnis eine Beschleunigung des Wachstums, anstatt es zu fördern. So jedenfalls argumentieren die führenden Wirtschaftsforschungsinstitute, die sich aus solchen Gründen für eine Ausrichtung der Geldpolitik am Wachstum eines „mittelfristigen" Potentials, das bei „normaler Investitionstätigkeit" erreichbar gewesen wäre, aussprechen.[15] Ähnliche Vorstellungen scheinen neuerdings auch den Sachverständigenrat bewogen zu haben, anstelle des tatsächlichen Potentialwachstums, „den mittelfristig zu erwartenden Zuwachs des Produktionspotentials" zugrundezulegen.[16] Im Kern rechtfertigen die Befürworter die expansivere Ausrichtung der Geldpolitik mit der positiven Wirkung auf die Investitionstätigkeit, die sie sich davon erhoffen. Denn nur unter dieser Voraussetzung kann der gesamtwirtschaftliche Finanzierungsspielraum ohne Gefahr für das Stabilitätsziel höher bemessen werden, als den derzeit vorhandenen Produktionsmöglichkeiten entspricht. Wie problematisch diese Annahme ist, wird

---

[15] Vgl. Herbstgutachten der Wirtschaftsforschungsinstitute 1982 sowie die folgenden Gemeinschaftsgutachten der Institute.

[16] Vgl. Sachverständigenrat zur Begutachtung der gesamtwirtschaftlichen Entwicklung, Jahresgutachten 1985/86, Ziffer 106.

deutlich, wenn man bedenkt, daß es dazu nicht genügen würde, daß sich die Nachfrage nach Investitionsgütern verstärkt, sondern gleichzeitig müßte es sich dabei um kapazitätswirksame Investitionen handeln. Oft bleibt dabei auch unbedacht, daß die Wirtschaft nach solchen monetären „Wachstumsimpulsen" auf Kapazitätsengpässe stoßen kann, lange bevor die gewünschten Kapazitätseffekte erreicht sind. Wie schnell können auch Investitionspläne hinfällig werden, wenn von anderer Seite unerwartet Druck auf die Erträge der Unternehmen ausgeübt wird. Die Gefahr, daß eine leichte Geldpolitik letztlich für neuen Preisauftrieb sorgt und damit zugleich dem Fortgang des wirtschaftlichen Wachstums die Basis entzieht, anstatt es zu stärken, ist nach aller wirtschaftspolitischer Erfahrung mehr als nur eine unter verschiedenen Möglichkeiten.

Zu dem gleichen Ergebnis kam der Sachverständigenrat im übrigen noch 1982 in einer Analyse dieser Zusammenhänge und sprach sich dabei unmißverständlich gegen dieses, damals allein von den Wirtschaftsforschungsinstituten vertretene Konzept aus. Seinerzeit hob er ausdrücklich hervor, daß die Stärke des künftigen Wachstums des Produktionspotentials letztlich von der Verwendungsstruktur des heute verfügbaren Produktionspotentials bestimmt wird. Erst die Nutzung der vorhandenen Produktionskapazitäten für produktive Investitionen anstelle von konsumtiven Ausgaben bringe das künftige Potentialwachstum hervor. Doch hierauf Einfluß zu nehmen, sei nicht die Aufgabe der Geldpolitik. „Eine Geldversorgung, die eine volle Nutzung des vorhandenen Produktionspotentials gewährleistet, ermöglicht zugleich auch dessen Wachstum. Der Versuch, ein zusätzliches Wachstum des Produktionspotentials durch die Geldpolitik hervorzulocken, könnte nur zu leicht in abermals beschleunigter Inflation enden."[17] Diese Gefahr wiegt sicher um so schwerer, je näher sich die Wirtschaft bereits am Zustand normaler Kapazitätsauslastung befindet. Nach den Schätzungen des Rates betrug dieser Abstand 1985 nur noch rd. $^1/_2$ Prozentpunkt. Es fällt deshalb schwer, die Gelassenheit des Rates hinsichtlich der stabilitätspolitischen Gefahren einer Ausrichtung der Geldpolitik am mittelfristig möglichen Potentialwachstum zu teilen, die er im Zusammenhang mit seiner diesbezüglichen Empfehlung vertritt.[18] Im übrigen äußert auch der Rat selbst an anderer Stelle des gleichen Gutachtens mehr Skepsis in dieser Hinsicht.[19]

Die *stabilitätspolitischen Bedenken* gegen eine monetäre Expansionspolitik, die der Wirtschaft heute im Vorgriff auf ein künftiges stärkeres Potential-

[17] Sachverständigenrat zur Begutachtung der gesamtwirtschaftlichen Entwicklung, Jahresgutachten 1982/83, Ziffer 152.

[18] Vgl. Sachverständigenrat zur Begutachtung der gesamtwirtschaftlichen Entwicklung, Jahresgutachten 1985/86, Ziffer 238.

[19] Vgl. Sachverständigenrat zur Begutachtung der gesamtwirtschaftlichen Entwicklung, Jahresgutachten 1985/86, Ziffer 151.

wachstum mehr Geld bereitstellen soll, als selbst bei normaler Auslastung der vorhandenen Produktionskapazitäten gebraucht würde, sind nicht nur aus der wirtschaftspolitischen Erfahrung der sechziger und siebziger Jahre gut zu begründen. Auch theoretische Überlegungen sprechen dafür, daß das Risiko, mit einer solchen Politik neue Inflationserwartungen zu wecken, den Außenwert der D-Mark zu schwächen und dann schließlich einen Inflationsprozeß im Innern tatsächlich in Gang zu setzen, nicht gering zu veranschlagen ist. Dies gilt insbesondere unter der Annahme *rationaler Erwartungen*, wenn auch dies keine notwendige Voraussetzung für diesen Einwand ist. Entscheidend ist aber, daß die Geldnachfrage der Wirtschaft im Kern eine *Bestands*nachfrage darstellt, wie dies praktisch in allen geldtheoretischen Modellen angenommen wird. Unter der zusätzlichen, vereinfachenden Bedingung, daß die vorhandenen Geldbestände im Ausgangszeitpunkt zur Geldnachfrage bei normaler Auslastung des vorhandenen Produktionspotentials passen, schafft eine Geldpolitik, die sich heute schon an einem höheren, künftig möglichen Potentialwachstum orientiert, auf längere Sicht Geldangebotsüberhänge, die u.U. nie durch entsprechend höhere Ausgaben absorbiert werden. Dies gilt jedenfalls unter der Voraussetzung, daß an der expansiveren Ausrichtung auf Dauer festgehalten werden soll, wie die Befürworter der Politik es in der Tat empfehlen. Die nach dem üblichen Wirkungsverständnis inflatorischen Geldangebotsüberhänge sind um so größer, je länger das erhoffte höhere Potentialwachstum auf sich warten läßt. Und sie werden um so rascher eintreten, je schneller die Marktteilnehmer merken, daß hier unter dem Etikett der mittelfristigen Potentialorientierung ein neues Spiel mit der „Geldillusion" der Beteiligten versucht wird. Unter der Voraussetzung rationaler Erwartungen wird man deshalb davon auszugehen haben, daß die expansiven Impulse einer solchen Politik von Anfang an in entsprechend höheren Inflationserwartungen verpuffen.

Glaubwürdig würde eine expansive Geldpolitik, die dem Wachstum „auf die Sprünge helfen" will, ohne damit neuen Inflationsbefürchtungen Vorschub zu leisten, erst, wenn sie zugleich erklärte, wann und unter welchen Bedingungen sie das im Vorgriff auf künftige Produktionsmöglichkeiten zuviel geschaffene Geld wieder „abschöpft", indem sie die Expansionsrate der Zentralbankgeldmenge *unter* das künftige Potentialwachstum drosselt. Auch hier gilt: Je länger die erhofften expansiven Wirkungen auf das Produktionspotential auf sich warten lassen, desto schärfer wird die anschließende Dämpfung der monetären Expansion ausfallen müssen und desto länger wird es dauern, bis die Geldpolitik wieder auf den langfristigen Wachstumspfad des Potentials einschwenken kann. Von einer „Verstetigungsstrategie" kann in diesem Fall also sicher nicht gesprochen werden. Die Befürchtung, daß die heute wohlgemeinte Expansionspolitik den Anfang eines neuen „Stop-and-Go"-Zyklus bedeutete, ist daher naheliegend. Das darf nicht als starre und dogmatische Verfolgung von Geldmengenzielen, die am jeweiligen

Potentialwachstum ausgerichtet sind, mißverstanden werden. Im Interesse der Glaubwürdigkeit der Geldpolitik ist es jedoch vorzuziehen, Abweichungen von diesem Grundsatz in jedem Einzelfall als solche zu begründen, anstatt das bisherige Grundkonzept der Geldmengenpolitik in der vorgeschlagenen Weise aufzuweichen.

c) Ein Trend in der Umlaufsgeschwindigkeit? Verschiedentlich ist bezweifelt worden, ob eine am Wachstum des nominalen Produktionspotentials ausgerichtete Geldpolitik tatsächlich genügend Ausgabenspielraum läßt.[20] Die Sorge stützt sich im wesentlichen auf die Beobachtung einer im Trend abnehmenden Umlaufsgeschwindigkeit des Geldes *gemessen am Sozialprodukt;* hieraus wird die Schlußfolgerung gezogen, daß die Geldnachfrage auf längere Sicht stärker wächst als das Gesamtprodukt. Eine mittelfristig orientierte Geldpolitik, die dem nicht Rechnung trägt, bringt nach dieser Auffassung einen deflatorischen Grundzug in die Geldpolitik und ist damit geeignet, auf Dauer das wirtschaftliche Wachstum zu behindern.

Allerdings läßt sich der Rückgang der so errechneten Umlaufsgeschwindigkeit auch als der statistische Niederschlag einer im Verhältnis zur momentanen gesamtwirtschaftlichen Ausgabetätigkeit reichlichen Geldversorgung erklären. Denn letztlich besagt ein Rückgang der Relation zwischen dem nominalen Sozialprodukt und der Geldmenge, wie die Umlaufsgeschwindigkeit im allgemeinen definiert ist, ja nur, daß die gesamtwirtschaftlichen Ausgaben schwächer als die Geldbestände der Wirtschaft gewachsen sind. Eine langjährige Unterauslastung des Produktionspotentials *muß* sich so gesehen in einer entsprechend *niedrigen* Umlaufsgeschwindigkeit niederschlagen, wenn die Ursachen für die schwache Sozialproduktentwicklung *nicht* monetärer Art sind.

Solche auslastungsbedingten Verzerrungen der Umlaufsgeschwindigkeit lassen sich hilfsweise dadurch ausschalten, daß man anstelle der effektiven Umlaufsgeschwindigkeit auf die Relation zwischen (nominalem) Produktionspotential und Geldmenge abstellt. Diese Relation zeigt aber im längerfristigen Vergleich keinen abnehmenden Trend.[21] Kurz: Im statistisch zu

---

20 Vgl. „Geldmengenziel richtig bemessen?“, RWI-Konjunkturbrief vom Februar/März 1985; ähnlich argumentieren auch die wirtschaftswissenschaftlichen Forschungsinstitute in ihren Gemeinschaftsgutachten.

21 Dagegen ist angeführt worden, daß dies zum Teil durch die Definition der Zentralbankgeldmenge bedingt ist, in der die verschiedenen Einlagearten mit unterschiedlichen Gewichten berücksichtigt werden (vgl. RWI-Konjunkturbrief „Geldmengenziel richtig bemessen?“). In der Tat hat sich auf diese Weise das überproportionale Wachstum der Termineinlagen in der Vergangenheit kaum erkennbar auf die Entwicklung der Zentralbankgeldmenge ausgewirkt. Doch ist dies ein keineswegs unerwünschtes Ergebnis und keine „Verzerrung“, die es durch ein „Bereinigungsverfahren“ zu korrigieren gälte. Denn es ist ja geradezu der Zweck der niedrigen Gewichtung des Termineinlagenwachstums, solche Vorgänge nicht voll auf das Geldmengenaggregat durchschlagen zu lassen, da wohl kaum

beobachtenden Rückgang der Umlaufsgeschwindigkeit (gemessen am nominalen Bruttosozialprodukt) spiegelt sich vor allem der Tatbestand, daß der Auslastungsgrad der Produktionskapazitäten im letzten Jahrzehnt wegen der außergewöhnlichen Umstände nicht mehr so hoch war wie in früheren Jahren (vgl. Schaubild 2). So gibt auch eine um solche Auslastungsveränderungen bereinigte Umlaufsgeschwindigkeit (gemessen am Bruttosozialprodukt) wenig Anhaltspunkte für die Hypothese eines rückläufigen Trends. Angesichts solcher Resultate hat die Bundesbank stets davon abgesehen, einen trendbedingten Rückgang der Umlaufsgeschwindigkeit bei der Ableitung ihres Geldmengenziels explizit in Rechnung zu stellen.[22]

Für diese Haltung sprechen schließlich auch neuere Entwicklungen, die für sich genommen eine Korrektur in die umgekehrte Richtung nahelegen könnten und heute vielfach unter dem Stichwort *„Finanzinnovationen"* diskutiert werden. Solche Einflüsse haben beispielsweise mit dem Euromarkt-Geschäft der deutschen Banken gewisse Bedeutung erlangt. Denn in dem Maße, wie Inländer ihre kurzfristigen Einlagen an die Euromärkte verlagerten, unterzeichnete die inländische Geldmengenentwicklung die wirklich von Inländern unterhaltenen kurzfristigen Einlagenbestände. In der Vergangenheit haben diese am Euromarkt gehaltenen Geldbestände inländischer Nichtbanken zwar lange Zeit keine große Rolle gespielt; mit der wachsenden Internationalisierung des Bankgeschäfts und der zunehmenden Integration der Finanzmärkte haben diese Einflüsse jedoch in jüngerer Zeit merklich an Gewicht gewonnen. Ähnliche Auswirkungen auf die Geldmengenentwicklung waren zeitweilig mit der verstärkten Emission von kurzfristigen Bankschuldverschreibungen verbunden, soweit diese von inländischen Nichtbanken als Ersatz für entsprechende Termineinlagen erworben wurden.

Schwer zu übersehen sind derzeit die Auswirkungen, die von einem möglichen Vordringen von „Plastik-Geld" und dem Einsatz neuer elektronischer Zahlungsverkehrstechniken auf die Geldnachfrage im traditionellen Sinne ausgehen werden. Überraschende unerwünschte „Innovationsschübe", wie sie etwa in anderen Ländern in den letzten Jahren zu beobachten waren, zeichnen sich derzeit in diesem Bereich zwar ebensowenig ab wie auf anderen Ge-

---

weiter Fn. 21:
davon ausgegangen werden kann, daß das Termineinlagenwachstum einen entsprechenden Aufbau von Transaktionskassenbeständen widerspiegelt. So gesehen ist die vermeintliche „Schwäche" des Indikators der Bundesbank geradezu ein Beispiel seiner Überlegenheit gegenüber anderen Geldmengenbegriffen, wie insbesondere M3, dessen längerfristige Entwicklungstendenz das Wachstum der Transaktionskassenbestände aufgrund des starken Termineinlagenwachstums nach oben verzerrt wiedergibt.

[22] In diesem Zusammenhang ist erwähnenswert, daß sich der Sachverständigenrat des Arguments einer trendmäßigen Abnahme der Umlaufgeschwindigkeit in den letzten Jahren nur noch mit sehr großer Zurückhaltung bedient; vgl. Sachverständigenrat zur Begutachtung der gesamtwirtschaftlichen Entwicklung, Jahresgutachten 1983/84 (Ziffer 422), 1984/85 (Ziffer 361), 1985/86 (Ziffer 235).

Schaubild 2: **Zur längerfristigen Entwicklung der Umlaufsgeschwindigkeit**

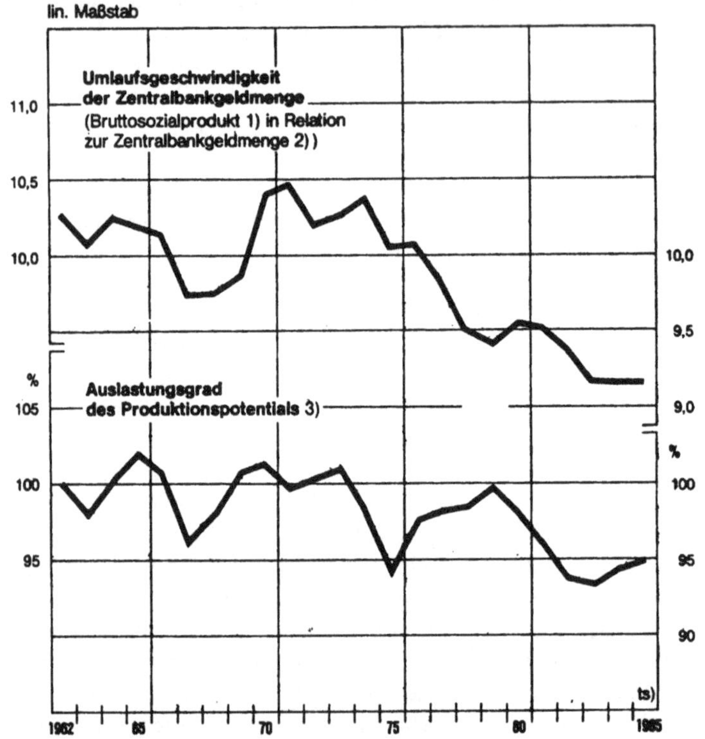

[1] In laufenden Preisen.
[2] Zentralbankgeldmenge mit konstanten Reservesätzen berechnet (Basis Jan. 1974).
[3] Reales Bruttoinlandsprodukt in % des realen Produktionspotentials.

ts) Teilweise geschätzt.

bieten der deutschen Finanzmärkte. Doch sprechen diese Entwicklungen dafür, daß hiermit eher bargeldsparende Effekte verbunden sein werden, die sich statistisch in einer tendenziellen *Erhöhung* der Umlaufsgeschwindigkeit der herkömmlichen Geldaggregate niederschlagen. Skepsis gegenüber einer „mechanistischen“ Übertragung von langfristigen Trendraten aus der Vergangenheit ist also auch aus solchen Überlegungen angezeigt.

III. Grenzen einer monetären Wachstumspolitik

Die Sorge, eine potentialorientierte Geldpolitik könne einer Beschleunigung des wirtschaftlichen Wachstums im Wege stehen, ist also unbegründet. Eine Garantie dafür, daß die wirtschaftliche Entwicklung in der Bundesrepublik in den nächsten Jahren mit Hilfe der Geldpolitik den „Königsweg" erreicht, auf den sie sich hinbewegt, gibt es jedoch nicht. Den möglichen Störungen und Fehlentwicklungen in anderen Bereichen kann die Bundesbank zwar in gewissen Grenzen entgegenwirken, aber nur unter sehr speziellen Bedingungen diese auch ausgleichen. So hat die Geldpolitik es letztlich nicht in der Hand, ob der auf ein kräftiges Ausgabenwachstum zugeschnittene Finanzierungsrahmen tatsächlich zu einer kontinuierlichen Verbesserung der Auslastung der Produktionsressourcen oder durch das Fehlverhalten anderer letztlich zu neuen Kosten- und Preiserhöhungen führt. Ebenfalls ist es dem Einfluß der Bundesbank entzogen, ob die verfügbaren Mittel in ausreichendem Maße für solche Ausgaben eingesetzt werden, die die Wachstumschancen für die Zukunft verbessern, oder stattdessen wieder vermehrt privaten und öffentlichen Konsumzwecken dienen oder in verstärktem Umfang zur Finanzierung von Leistungsbilanzdefiziten im Ausland herangezogen werden.

Eine Geldpolitik, die die makroökonomischen Folgen von Fehlentwicklungen in anderen Bereichen durch einen entsprechend expansiveren Kurs auszugleichen versuchte, stieße recht bald an ihre Grenzen. Wie die Erfahrung anderer Industrieländer im vergangenen Jahrzehnt lehrt, verzögerte sie damit auf die Dauer allenfalls den wirtschaftspolitischen Heilungsprozeß, um den Preis viel schmerzhafterer Anpassungen in der Zukunft. Bei allen stabilitätspolitischen Erfolgen der letzten Jahre trägt die Geldpolitik auch heute wie früher die Verantwortung für die Geldwertstabilität in der Zukunft. Je weniger sie diese Aufgabe aus dem Auge verliert und je mehr sie bei ihrer Erfüllung durch die anderen wirtschaftspolitisch Verantwortlichen unterstützt wird, desto größer ist der Beitrag, den sie dauerhaft zur Sicherung eines spannungsfreien Wachstums zu leisten vermag.

Zentralbankgewinn und Geldmengensteuerung – Bemerkungen zur deutschen Diskussion um den Bundesbankgewinn

Von *Manfred Feldsieper*

1. Als im Verlauf des Jahres 1981 bekannt wurde, daß die Deutsche Bundesbank im Geschäftsjahr 1981 voraussichtlich einen Gewinn von über 10 Mrd. DM erwirtschaften würde, den sie dann im folgenden Jahr an den Bund würde ausschütten müssen, setzte in der Öffentlichkeit eine lebhafte Diskussion ein, die vornehmlich von Bedenken gegen so hohe Gewinne der Bundesbank und deren Abführung an den Bund, als den Eigentümer, getragen war. Die Bedenken, die von Politikern, Bankiers und Wissenschaftlern vorgebracht wurden, gründeten sich vornehmlich auf die Behauptung, daß mit so hohen Gewinnausschüttungen der Bundesbank an den Bund inflationäre Tendenzen verbunden seien, daß die finanzwirtschaftliche Disziplin und die Konsolidierung der öffentlichen Finanzen dadurch untergraben werde und daß der Staat prinzipiell so hohe Gewinne der Zentralbank nicht für sich beanspruchen dürfe.

2. Diese Diskussion blieb im Grundsatz auf Deutschland beschränkt. In anderen Ländern, deren Zentralbanken – aufgrund des weltweit hohen Zinsniveaus zu Beginn der 80er Jahre – ein starkes Anschwellen ihrer Gewinne verzeichneten, kam es zu keinen ähnlichen Kontroversen.

Der Gewinn des Federal Reserve Systems in den Vereinigten Staaten stieg beispielsweise von rund 7 Mrd. US-$ im Jahre 1978 auf über 11 Mrd. US-$ 1980 und über 14 Mrd. US-$ 1981, bevor er mit über 15 Mrd. US-$ 1982 seinen vorläufigen Höhepunkt erreichte. Völlig selbstverständlich und ohne jegliche geld- und finanzpolitische Diskussion wurde und wird diese Einnahme unter der Rubrik „Miscellaneous Receipts“ aus Verwaltungseinnahmen im amerikanischen Bundeshaushalt verbucht und zur Finanzierung der Bundesausgaben herangezogen. Ähnliches gilt für andere wichtige Industrieländer wie Frankreich, England und Italien.

3. Die hohen Gewinne der Bundesbank veranlaßten deutsche Wissenschaftler hingegen zur intensiven Suche nach Begründungen und Wegen zur Vermeidung der Gewinnausschüttung an den Bund. Diese Überlegungen gipfelten etwa in dem (unsinnigen) Vorschlag, Teile des Gewinns der Bundesbank zur Erhöhung des Grundkapitals der Notenbank zu verwenden, weil dadurch das

„Ansehen der Notenbank" gestärkt werden könne[1], oder in Vorstellungen, die vom „Widersinn des Bundesbankgewinns" sprachen.[2]

Nun, die tatsächliche Entwicklung in den vergangenen Jahren hat eindeutig belegt, daß die Befürchtungen der Kritiker der Gewinnausschüttungspraxis der Bundesbank, die nunmehr über fünf Jahre hinweg Gewinne von weit über 10 Mrd. DM an den Bund ausgeschüttet hat, völlig unbegründet waren. Weder ist es dadurch zu einem Anstieg der Inflationsrate gekommen – infolge der stabilitätsorientierten Zentralbankgeldmengensteuerung durch die Bundesbank ist bei hohen Gewinnausschüttungen vielmehr ein stetiger Rückgang der Inflationsraten eingetreten, der nahezu beispiellos in der Welt ist –, noch ist die finanzpolitische Disziplin und Konsolidierung der öffentlichen Haushalte in der Bundesrepublik durch die hohen Gewinnausschüttungen der Bundesbank gefährdet und beeinträchtigt worden.

4. Wenn auch post hoc nicht propter hoc bedeutet, so gilt doch für die Gewinnausschüttungen der Bundesbank, daß sie stabilitätspolitisch unbedenklich sind, daß sie die Geldmengensteuerung nicht erschweren und daß diese Gewinnausschüttungen aus grundsätzlichen finanzpolitischen und volkswirtschaftlichen Überlegungen wünschenswert erscheinen. Die folgenden Ausführungen haben zum Inhalt, diese Behauptungen, deren empirische Richtigkeit sich ja bereits bestätigt hat, theoretisch zu fundieren, falsche Anschauungen und Argumente, die in der vergangenen Diskussion um den Zentralbankgewinn vorgebracht wurden, unter die Lupe zu nehmen und abschließend festzustellen, daß alle Vorschläge – einschließlich der des Sachverständigenrats[3] –, die auf eine Änderung der bisherigen Gewinnausschüttungspraxis der Deutschen Bundesbank hinauslaufen, nicht überzeugen können und deshalb abzulehnen sind.

5. In der Literatur ist bisher nirgendwo eine überzeugende und stichhaltige Begründung dafür vorgebracht worden, daß die Gewinne des Bundes aus seinem Unternehmen „Bundesbank" anders zu behandeln seien als die Gewinne aus anderen Erwerbsunternehmen, die dem Bund oder anderen Gebietskörperschaften gehören. Solche Gewinne von Unternehmen im Besitz der öffentlichen Hand werden von der Finanzwissenschaft selbstverständlich als normale Finanzierungsquelle der öffentlichen Ausgaben angesehen.

---

[1] *Norbert Kleinheyer:* „Zur Frage der Ausschüttung von Bundesbankgewinnen", in: Sparkasse, 98. Jg., Heft 8, August 1981, S. 293.

[2] Vgl. *Karl Häuser:* „Widersinn des Bundesbankgewinns", in: Staat, Steuern und Finanzausgleich, Festschrift für Heinz Kolms, Berlin 1984, S. 415 ff.

[3] Vgl. Sachverständigenrat zur Begutachtung der gesamtwirtschaftlichen Entwicklung, Sondergutachten 1981, Tz. 33.

Was, so ist zu fragen, unterscheidet die Bundesbank und etwa die Bundespost so fundamental voneinander, daß große Gewinne der Bundespost selbstverständlich – auch in schwankender Höhe – als reguläre Einnahme in die Finanzierungsrechnung des Bundeshaushalts eingehen dürfen, während Bundesbankgewinne – nach der Diskussion der letzten Jahre zu urteilen – eher als anstößig und problematisch gelten?

6. Als erstes ließe sich einwenden, daß die Bundesbank ihre Gewinne teilweise aufgrund der ihr vom Staat verliehenen Monopolstellung als einzig berechtigter Anbieter von Zentralbankgeld (Banknoten) erzielt. Diese Tatsache spricht aber allenfalls für eine öffentliche Kontrolle dieser Institution, nicht aber dafür, daß die auf diese Weise erzielten Gewinne nicht an ihren rechtmäßigen Eigentümer, den Bund, abgeführt werden. Auch die Bundespost und die Bundesbahn – und auch andere im Eigentum der öffentlichen Hand befindliche Unternehmen – erzielen einen Teil ihrer Gewinne aus der ihnen vom Staat gegebenenfalls verliehenen Monopolposition, ohne daß aus diesem Grund jemals die Gewinnausschüttung an den Staat in Frage gestellt worden wäre.

Als zweites ließe sich vorbringen, daß es sich bei den Aufgaben der Bundesbank um spezielle, hoheitliche Aufgaben handele – wie Währungssicherung und Regelung des Geldumlaufs sowie Abwicklung des Zahlungsverkehrs im Inland und mit dem Ausland (Art. 3 Bundesbankgesetz) –, die eine Sonderrolle der Bundesbankgewinne und daher eine andersartige Verwendung ihrer Gewinne bedingen könnte. Dem ist zu erwidern, daß etwa auch die Post solche hoheitlichen Aufgaben durchführt. Zweifellos ist die Verbesserung der Kommunikation, wie sie teilweise der Post obliegt, in einer arbeitsteiligen Wirtschaft eine Aufgabe von nicht minderem Range als die Regelung des Geldumlaufs.

7. Die in der Diskussion zum Ausdruck gekommene Aversion vieler Autoren gegen die Ausschüttung von (hohen) Zentralbankgewinnen hängt wohl letztlich damit zusammen, daß es irgendwie als anstößig zu gelten hat, wenn die „Hüterin der Währung“, die zentrale geldschaffende Instanz, dabei (hohe) Gewinne erzielt und diese dann gar noch an den – vielleicht unsolide wirtschaftenden – Staat ausschüttet.

Daß Zentralbanken Gewinn machen sollten, daß sie teilweise aus diesem Grunde vom Staat gegründet wurden und daß dieser Gewinn an den Staat und sonstige Anteilseigner ausgeschüttet werden sollte, war im Grundsatz nie umstritten und für ältere Notenbankgesetzgebungen selbstverständlich.[4]

---

[4] Vgl. *Hans-Dieter Wettlaufer:* Der Gewinn der Notenbank in volkswirtschaftlicher Sicht, Köln 1986, S. 45 ff.

Diese Tatsache scheint im Laufe der Zeit mehr und mehr in Vergessenheit geraten zu sein. Erst in jüngster Zeit sind vereinzelt Stimmen laut geworden, die einem gewinnorientierteren Verhalten von Zentralbanken wieder das Wort reden und die in einer solchen Gewinnorientierung von Zentralbanken – unter bestimmten Nebenbedingungen – die Möglichkeit einer Leitlinie für eine richtig betriebene, insbesondere auch stabilitätspolitisch richtig betriebene Zentralbankpolitik sehen.

8. Zu nennen sind die Ansätze von *Engels*[5] und *Sievert*[6]. Die Überlegungen dieser Autoren deuten darauf hin, daß eine Gewinnorientierung von Zentralbanken, ganz entfernt davon irgendwie anstößig zu sein, eine gute Leitlinie für eine Politik der Zentralbankgeldmengensteuerung darstellen kann, wenn es darauf ankommt, die Pflichtmenge an Zentralbankgeld, die eine Notenbank im Rahmen ihrer Geldbasissteuerung abgeben muß, „so ertragreich wie möglich unter die Leute"[7] zu bringen. Auch bei strikter Einhaltung eines (verkündeten) Ziels der Zentralbankgeldmengenexpansion, das sich an der Erhaltung oder der Wiedergewinnung von Geldwertstabilität auf Dauer orientiert, kann eine Notenbank bei einer solchen gewinnorientierten Geldpolitik mit dazu beitragen, konjunkturell verursachte Schwankungen im Zinsniveau und vornehmlich in der Zinsstruktur zu glätten und die durch solche Schwankungen hervorgerufenen, destabilisierenden Erwartungshaltungen frühzeitig zu korrigieren.

9. Der Verfasser hat selbst an anderer Stelle dargelegt[8], daß im Konzept einer potentialorientierten Finanzpolitik und einer potentialorientierten Geldpolitik der Zentralbankgewinn und die potentialorientierte, als konjunkturneutral und daher als finanzwirtschaftlich und volkswirtschaftlich unbedenklich einzustufende Verschuldung des Staates zusammen gesehen werden müssen.

Der Zentralbankgewinn und die Zinsbelastung einer in ihrem Umfang durch die Zentralbankgeldbereitstellung bestimmten potentialorientierten Verschuldung sind gleich groß, sofern die Formen der Zentralbankgeldentstehung und die Struktur der Staatsverschuldung einander entsprechen. Die Ausschüttung des Zentralbankgewinns dient dann dazu, daß diese so bemessene, potentialorientierte Verschuldung des Staates in dem Sinne praktisch kostenlos ist, da sie durch den Geldschöpfungsgewinn finanziert werden

[5] Vgl. *Wolfram Engels:* Notenbanktechnik – Instrumente und Verfahren der monetären Stabilitätspolitik, Frankfurt, New York 1979.

[6] Vgl. *Olaf Sievert:* „Debt Management ohne Zielkonflikt", in: Geldpolitik, Zins und Staatsverschuldung, Schriften des Vereins für Socialpolitik, Berlin 1981.

[7] *Olaf Sievert,* a.a.O., S. 194.

[8] Vgl. *Manfred Feldsieper:* „Gibt es eine normale Staatsverschuldung?", in: Staatsfinanzierung im Wandel, Schriften des Vereins für Socialpolitik, Berlin 1983, S. 311 ff.

kann, auf den der Staat zumindest so lange zählen kann und Anspruch hat, wie er von seinem Regal, dem wirtschaftlich nutzbaren Hoheitsrecht der Geldschöpfung, das er sich im Laufe der Geschichte angeeignet hat bzw. das ihm zugefallen ist, Gebrauch macht.

10. Ein einfaches Gedankenexperiment möge demonstrieren, daß die Ausschüttung von solchen Zentralbankgewinnen – sie bilden das moderne Pendant zum historischen Geldschöpfungsgewinn aus dem Münzregal – im Gegensatz zu einzelnen in der Literatur geäußerten Auffassungen – nicht nur nicht gefährlich ist, sondern volkswirtschaftlich sogar geboten erscheint, daß m.a.W. eine Thesaurierung der Gewinne bei der Zentralbank volkswirtschaftlicher Unsinn wäre, vergleichbar einer grundsätzlichen Nichtausschüttung von erzielten Gewinnen erwerbswirtschaftlich orientierter privater oder öffentlicher Unternehmen.

In einem modernen Geldsystem verfügt eine Zentralbank grundsätzlich über mehrere Wege, auf denen sie das Zentralbankgeld, das sie im Rahmen ihrer Zentralbankgeldmengensteuerung zur Verfügung stellen will, bereitstellen kann:

- durch Kreditgewährung an das Ausland in Form des Ankaufs von Devisen,
- durch Kreditgewährung an den Privatsektor durch den Ankauf von Wertpapieren (einschließlich Wechseln) von Banken und Nichtbanken,
- durch Kreditgewährung an den Staat durch den Ankauf seiner Schuldverschreibungen oder durch Gewährung von Buchkrediten.

11. Wir wollen unterstellen, daß die Zentralbank auf diese Wege gänzlich verzichtet und nurmehr den Ankauf von *Gold* zur Bereitstellung von Zentralbankgeld wählt. Von einer Goldwährung soll sich die Situation dadurch unterscheiden, daß nicht notwendigerweise ein fester Geldankaufs- oder Goldabgabepreis bestehen soll und daß *keinerlei* Einlösungspflicht des so entstandenen Zentralbankgeldes in Gold gegeben ist. (Selbst während der Goldwährungszeit war das Verhalten der Zentralbanken nicht ganz so einseitig, da zumindest der Ankauf von guten Handelswechseln immer zu den üblichen Zentralbankgeschäften gehörte.)

Sehen wir einmal von den Kosten der Goldhaltung (und Goldpreisschwankungen) ab, so wird die (jährliche) Gewinn- und Verlustrechnung einer solchen Zentralbank im Prinzip ohne Gewinne (und Verluste) abschließen. Es gibt also nichts auszuschütten. Dennoch ist es zu einer Vermögenserhöhung bei dem Geldanbieter (und damit einem Gewinn) gekommen, nämlich im Ausmaß der Erhöhung des Goldbestandes bei der Zentralbank, der durch die Ausgabe (fast) produktionskostenlosen, völlig uneinlöslichen Zentralbankgeldes finanziert wurde. Daß es zu keiner weiteren Ausschüttung kommen darf und kann, ist volkswirtschaftlich völlig sinnvoll, da die Gewinnverwendung, die der Erhöhung dess Goldbestandes bei der Zentralbank entspricht, durch die volkswirtschaftliche Inanspruchnahme von Ressourcen für den Goldankauf – entweder über den Faktoreinsatz bei der Goldproduktion im Inland (einschließlich dabei entstehender Gewinne) oder durch die Exporte zur Finanzierung der notwendigen Goldimporte – bereits stattgefunden hat.

Die Vermögenszunahme (sprich Gewinn) des Geldanbieters und die Gewinnverwendung in Form einer Inanspruchnahme der Volkswirtschaftlichen Ressourcen gehen in diesem Fall also Hand in Hand.

12. Wir verlassen diesen unrealistischen, nicht mehr gegebenen Fall der Zentralbankgeldentstehung und nehmen die heute üblichen, vorstehend aufgeführten Formen der Zentralbankgeldentstehung durch den Ankauf verzinslicher Aktiva (Kreditgewährung) an. Die Geldhalter erwirtschaften mit diesem Geld ein Produktionsergebnis, das die Zinszahlungen an die Zentralbank – gegebenenfalls über den Umweg der Zinszahlungen an Banken – als Teile der im Produktionsprozeß gezahlten Faktorentgelte enthält. Die damit für den Empfänger dieser Entgelte volkswirtschaftlich zur Verfügung stehenden Güter und Dienstleistungen sind aber durch die Zahlung noch nicht automatisch in Anspruch genommen, sondern führen erst bei Verausgabung, sprich Ausschüttung des Zentralbankgewinns an den Staat zur Finanzierung öffentlicher Ausgaben, zu einer entsprechenden Inanspruchnahme volkswirtschaftlicher Ressourcen.

Eine dauerhafte Thesaurierung echter, nach den Vorschriften kaufmännischer Buchführung ermittelter Gewinne der Zentralbank ist unter volkswirtschaftlichen und finanzwirtschaftlichen Gesichtspunkten daher auf keinen Fall begrüßenswert und zu vertreten. Hinzukommt, daß ganz im Gegensatz zu anderen erwerbswirtschaftlichen – privaten und öffentlichen – Unternehmen, bei denen eine Gewinnthesaurierung eine mögliche Finanzierungsquelle zur Finanzierung von Investitionen und damit für die Ausweitung der Geschäftstätigkeit und für Wachstum sein kann, eine solche Überlegung bei einer Zentralbank, die die Ausweitung ihrer „Bilanz“ mit eigenem, selbstgeschaffenem Zentralbankgeld finanziert, überhaupt keine Rolle spielt.

Die Väter des Bundesbankgesetzes, die in § 27, Ziffer 4 festlegten, „der Restbetrag ist an den Bund abzuführen“, der Restbetrag nämlich, der sich nach Abzug eng begrenzter Rückstellungen vom ausgewiesenen Bilanzgewinn ergibt, haben die volkswirtschaftlich völlig richtige Position im Gesetzestext eingefangen, gleichgültig ob sie unter dem Restbetrag einen kleinen Rest oder mehr verstanden haben sollten.

13. Die größte Sorge, die die zahlreichen Kritiker einer (hohen) Gewinnausschüttung der Zentralbank umtreibt, ist allerdings ihre Furcht, daß eine solche Gewinnausschüttung, da sie mit einer Zurverfügungstellung von Zentralbankgeld einhergeht, inflatorisch wirken könnte. Es wurde bereits eingangs festgestellt, daß es in den letzten Jahren trotz der hohen Gewinnausschüttungen gerade zu einem gegenteiligen Ergebnis gekommen ist. Aber die Überlegung, daß die Ausschüttung – auch hoher – Bundesbankgewinne im Hinblick auf die davon ausgehenden inflatorischen Gefahren völlig unbedenklich erfolgen kann, läßt sich nicht nur mit dem Verweis auf die Empirie der vergangenen Jahre widerlegen. Es gibt auch grundsätzliche Überlegungen, die die Ausschüttung von Zentralbankgewinnen als mögliche Inflationsquelle in einem unbedenklichen Licht erscheinen lassen, so unbedenklich wie Ausschüttung und Verwendung anderer durch erwerbswirtschaftliches Verhalten erzielter Einkünfte des Staates.

14. Kritiker einer Gewinnausschüttung der Zentralbank sehen praktisch immer nur den damit verbundenen Aspekt der Zentralbankgeldmengenvermehrung. Daß es auf dem Wege der Entstehung von Zentralbankgewinnen zuerst zu einer Verminderung von Zentralbankgeld kommt – und wie im folgenden zu zeigen sein wird zu einer Verminderung, die in ihrer Größenordnung genau der Zuführung an Zentralbankgeld durch die Ausschüttung des Gewinnes entspricht –, wird von diesen Kritikern zumeist und gerne übersehen.

Die Zentralbank erzielt ihren Gewinn überwiegend, wenn nicht in den meisten Fällen fast ausschließlich, durch Zinseinnahmen auf die in ihrem Portefeuille befindlichen Aktiva.[9] Diese Zinszahlungen an die Zentralbank, als Beitrag zum Gewinn der Zentralbank, führen zunächst zu einer Zentral-

---

[9] Der dauerhafte Gewinn der Bundesbank – und prinzipiell aller übrigen Zentralbanken – wird in allen Fällen praktisch ausschließlich von den Zinseinnahmen bestimmt. Diese Zinseinnahmen unterliegen Schwankungen im Zeitablauf. Ursache dafür sind die aufgrund geldpolitischer Maßnahmen und konjunktureller Veränderung schwankenden Zinssätze für die verzinslichen Inlands- und Auslandsanlagen im Portefeuille der Bundesbank. Die auf Dauer und im Durchschnitt bei stabilitätsorientierter Zentralbankgeldmengenexpansion zu erwartende Verzinsung der Zentralbankaktiva ist daher ein guter Maßstab zur Ermittlung des von konjunkturellen und sonstigen Schwankungen bereinigten, dauerhaften Zentralbankgewinns.

Gewinne aus der Veräußerung von Devisenreserven sind keine Komponente des dauerhaften Gewinns einer Zentralbank. Nach der Bewertungspraxis der Deutschen Bundesbank (strenges Niederstwertprinzip) können solche realisierten Währungsgewinne nur auftreten, wenn zuvor eine an Marktpreisen orientierte, niedrigere Bewertung der Devisenbestände erfolgt ist, die zu entsprechenden Abschreibungen und damit zu Gewinnkürzungen in der Vergangenheit geführt hat. Gewinnbeiträge aus Währungsgewinnen stellen somit nur eine Korrektur für aus Vorsichtsüberlegungen zu gering ausgewiesene Gewinne in der Vergangenheit dar.

Würden internationale Zinsdifferenzen über die Zeit – vornehmlich zwischen DM und US-$ – das tatsächliche Wechselkursrisiko auf Dauer angemessen widerspiegeln, so wäre die durchschnittliche inländische Ertragsrate für den dauerhaften Gewinn der Zentralbank ausschlaggebend. Ist das Wechselkursrisiko allerdings auf Dauer größer, als es sich in den im Durchschnitt dauerhaft ergebenden Zinsdifferenzen niederschlägt, kommt es von daher zu Verlustbeiträgen aus den Abschreibungen auf Währungsreserven, die den Ansatz für den auf Dauer im Durchschnitt zu erwartenden Zentralbankgewinn mindern würden.

bankgeldvernichtung, bevor diese durch die Ausschüttung des Gewinns wieder rückgängig gemacht wird. Von daher gibt es zunächst einmal gar keinen Anlaß, Skepsis hinsichtlich etwaiger inflatorischer Auswirkungen einer Ausschüttung des Zentralbankgewinns zu hegen.

15. Angebliche Kenner der Materie würden an dieser Stelle einzuwenden versuchen, daß aber nicht alle Zinszahlungen an die Zentralbank mit einer entsprechenden Verringerung der inländischen Zentralbankgeldmenge verbunden sein müssen, sofern diese Zinszahlungen auf Auslandsanlagen der Zentralbank (Devisenreserven) erfolgen und somit keine Zahlungsvorgänge mit inländischem Zentralbankgeld zu beobachten seien. Solche Gewinnbeiträge müßten daher im Hinblick auf die Zentralbankgeldentstehung und -verringerung als neutral eingestuft werden.[10] Dies ist aber eine nur vordergründige und oberflächliche Betrachtung, die der geldtheoretischen und geldpolitischen Problematik, die damit verbunden ist, nicht gerecht wird.

16. Zwar stimmt es, daß durch die Zinszahlungen in Fremdwährung auf die Auslandsanlagen einer Zentralbank zunächst die inländische Zentralbankgeldmenge für sich genommen nicht verringert wird. Hier kann die Betrachtung aber nicht aufhören. Die Bestandsgröße – in diesem Fall die Auslandsanlagen der Zentralbank insgesamt – muß immer mit im Bild bleiben.

Ist nämlich zu konstatieren, daß sich die Auslandsanlagen der Zentralbank trotz Zinszahlungen auf die Devisenreserven nicht erhöhen (nicht erhöht haben), müssen Devisen verkauft worden sein. Dies ist aber ein Vorgang, der für sich genommen zu einer Zentralbankgeldvernichtung geführt hat. Die Ausschüttung der Zinserträge auf die Auslandsanlagen führt dann in diesem Fall – wie die Ausschüttung der auf Inlandsanlagen erzielten Zinserträge – zur Kompensation der zuvor eingetretenen Zentralbankgeldvernichtung.

Ist hingegen festzustellen, daß sich die Auslandsanlagen der Zentralbank im Ausmaß der Zinszahlungen erhöhen (erhöht haben), so führt die Ausschüttung der auf Auslandsanlagen erzielten Erträge zu einer Vermehrung von Zentralbankgeld, wie sie üblicherweise mit dem Ankauf von Devisen verbunden ist.

Wir stehen damit unter Einbeziehung der Gewinnausschüttung der Zentralbank vor dem völlig logischen Endergebnis: unveränderte Auslandsanla-

---

[10] Vgl. *Dietrich Dickertmann:* „Gewinn- und Verlustrechnung der Deutschen Bundesbank – Eine liquiditätstheoretische Bewertung", in: Wirtschaftsdienst 1981; und *derselbe:* „Können Bundesbankgewinne problemlos zur Deckung von Haushaltsdefiziten verwendet werden?", in: W. Ehrlicher und D. B. Simmert (Hrsg.), Geld- und Währungspolitik in der Bundesrepublik Deutschland, Berlin 1982, S. 259 ff.

gen der Zentralbank bedeuten, daß es zu keiner Zentralbankgeldvermehrung aus dieser Quelle gekommen ist. Bei erhöhten (verminderten) Auslandsanlagen ist es zu einer Entstehung (Vernichtung) von Zentralbankgeld auf diesem Wege gekommen.

Inwieweit die Bundesbank eine Entstehung von Zentralbankgeld aus dieser Quelle zulassen will, ist aber von ihrem pflichtgemäßen Ermessen im Rahmen der von ihr betriebenen Geldpolitik abhängig. Der Ankauf von Devisen oder der Zufluß von Devisen über ausländische Zinserträge (und sonstiges) sind dabei unter Einbeziehung der Gewinnausschüttung in ihrer Auswirkung auf die Zentralbankgeldmenge gleich.

17. Analoges läßt sich beispielsweise auch hinsichtlich der Abschreibungen darlegen, die eine Notenbank auf ihr abnutzbares Anlagevermögen vornimmt. Für sich genommen scheinen sie hinsichtlich der Entstehung von Zentralbankgeld (oder seiner Verringerung) ebenfalls neutral zu sein. Eine solche Betrachtung übersieht wiederum vollständig, daß auch hier ein Zusammenhang mit der Zentralbankgeldentstehung beim Ankauf der entsprechenden abnutzbaren Anlagengegenstände besteht. Diese Zentralbankgeldvermehrung wird durch die entsprechenden Abschreibungen, denen ja zentralbankgeldvernichtende Zinsertragszahlungen in der Gewinn- und Verlustrechnung der Zentralbankbilanz gegenüberstehen, entsprechend wieder reduziert, so daß die effektive Zentralbankgeldvermehrung jeweils dem Wert des Anlagegegenstandes entspricht, wie es logisch und bilanzmäßig sinnvoll erscheint, wenn die Menge an entstandenem Zentralbankgeld, das zum Ankauf von Vermögensanlagen Verwendung fand, diesem Vermögensbestand entsprechen soll.

18. Es läßt sich also festhalten, daß die Ausschüttung eines Zentralbankgewinns keine Sorgen aufkommen lassen muß und davon schon deswegen keine dauerhaft inflatorischen Impulse ausgehen können, weil der nach soliden und üblichen Bilanzierungsvorschriften ermittelte Gewinn der Zentralbank und dessen Ausschüttung nur die Kompensation einer Zentralbankgeldverringerung darstellt, die sich im Zuge der Gewinnentstehung bereits ergeben hat. Es kommt also im Gegensatz zur landläufig vereinfachenden Auffassung durch die Gewinnausschüttung nicht zu einer *dauerhaften* Erhöhung des Zentralbankgeldbestandes. Die Quellen der *dauerhaften* Erhöhung der Zentralbankgeldmenge liegen bei den diversen Aktivgeschäften einer Zentralbank:

1. bei der Kreditgewährung an das Ausland (Devisenanlagen);
2. bei der Kreditgewährung an inländische Banken und Nichtbanken (Diskont-, Lombard- und Offenmarktpolitik);
3. bei der in verschiedenen Ländern in unterschiedlichem Maße möglichen Kreditgewährung an den Staat.

19. Soll die Zentralbankgeldmenge begrenzt bleiben, was zur Vermeidung inflatorischer Entwicklungen nach inzwischen gesicherter Erkenntnis und fast allgemein akzeptierter Auffassung unbedingt der Fall zu sein hat, so ist die Entstehung von Zentralbankgeld aus den drei genannten Quellen zu begrenzen, insbesondere bei Quelle 1 durch ein entsprechendes Währungssystem, das die Ankaufsverpflichtung der Zentralbank für Devisen in engen Grenzen hält, und durch ganz enge Grenzen der Kreditgewährungsmöglichkeiten an den Staat, der historisch bedeutsamsten und gefährlichsten Inflationsquelle. Eine Politik der Inflationsbekämpfung, die die Zentralbankgeldentstehung aus diesen Quellen begrenzt auf Werte, die nach überwiegender Auffassung in der geldtheoretischen und geldpolitischen Literatur auf Dauer mit Preisniveaustabilität im Durchschnitt vereinbar zu sein scheinen, braucht sich hinsichtlich etwaiger inflatorischer Wirkungen von Gewinnausschüttungen der Zentralbank gar keine Gedanken zu machen.

20. Im Zuge der Kreditgewährung durch die Zentralbank und der Kreditrückzahlung an die Zentralbank im Rahmen der drei vorstehend genannten (wichtigsten) Quellen der Zentralbankgeldentstehung wird mehr oder minder stetig Zentralbankgeld geschaffen und auch wieder vernichtet. Die Aufgabe der Zentralbank im Rahmen einer auf Geldwertstabilität ausgerichteten Politik besteht darin, möglichst darauf zu achten, daß die Nettozunahme von Zentralbankgeld auch in der *kurzen* Frist möglichst wenig von dem abweicht, was auf *längere* Sicht mit der Erreichung dieses Ziels vereinbar ist. Eine Wiedereinsammlung von Zentralbankgeld, das einmal bereits netto zur Verfügung gestellt wurde, in einer unter geldtheoretischen Gesichtspunkten akzeptablen und unschädlichen Frist, d.h. bevor inflatorische Folgewirkungen spürbar werden, erweist sich in der Praxis als normalerweise ungemein schwierig. Insofern sind alle nennenswerten Abweichungen von einem mit Geldwertstabilität vereinbarten Pfad der Expansion der Zentralbankgeldmenge bedenklich. Und nur in diesem Zusammenhang kann die Ausschüttung von Zentralbankgewinnen bei Zusammentreffen mehrerer ungünstiger Umstände gegebenenfalls Probleme aufwerfen.

21. Die mit dem Gewinn zusammenhängende Vernichtung von Zentralbankgeld erfolgt im Rahmen der Geschäftstätigkeit einer Zentralbank im Laufe eines Jahres – durch die Zinszahlungen – normalerweise relativ stetig; die mit der Gewinnausschüttung verbundene Zentralbankgeldmengenvermehrung erfolgt gegebenenfalls zu einem Zeitpunkt auf einen Schlag.[11]

---

[11] Die Ausschüttung des Zentralbankgewinns in Form einer Gutschrift auf dem Konto des Bundes bei der Bundesbank führt prinzipiell noch nicht zu einer Erhöhung der Zentralbankgeldmenge. Erst mit der Verausgabung der Mittel durch die öffentliche Hand kommt es sukzessiv zu einer Erhöhung der Zentralbankgeldmenge für die anderen Sektoren der Wirtschaft, primär für die Banken. Wenn auch nicht gerade angenommen werden kann, daß die öffentliche Hand den ihr auf dem Zentralbankkonto gutgeschriebenen Ge-

Kommt es zu diesem Zeitpunkt aus Gründen, die eine Zentralbank möglicherweise kurzfristig nicht beeinflussen oder mit entsprechenden Gegenmaßnahmen konterkarieren kann, ebenfalls zu einer (quasi zwangsläufig) erhöhten Bereitstellung von Zentralbankgeld aus anderen Quellen, so kann das dazu führen, daß die insgesamt, einschließlich der Gewinnausschüttung der Zentralbank, letztlich den Banken und Nichtbanken zur Verfügung stehende Zentralbankgeldmenge sich als zu groß erweist und die Überschreitung eines (angekündigten) Zielpfades die zwangsläufige Folge ist. Sofern sich das anschließende „Einsammeln" des zuviel gelieferten Zentralbankgeldes als schwierig erweist, hat dann die Gewinnausschüttung als eine von mehreren Komponenten vielleicht mit dazu beigetragen, daß ein dauerhaft inflatorischer Impuls entstehen kann.

22. Man sollte dieses Problem im Rahmen einer Politik der stabilitätsorientierten Zentralbankgeldmengenausweitung aber nicht überbewerten. Lösungsmöglichkeiten sind vorhanden und bewegen sich im Rahmen der gesetzlichen Regelungen, wie sie beispielsweise in der Bundesrepublik Deutschland gegeben sind. Nirgendwo ist im Bundesbankgesetz etwa vorgeschrieben, daß die festgelegte Ausschüttung des verbleibenden „Restbetrages" an einem bestimmten Stichtag zwangsläufig erfolgen müsse. Ähnlich wie der Gewinn im Verlaufe eines Geschäftsjahres relativ stetig entsteht, könnte er im Laufe des darauffolgenden Geschäftsjahres – einer Quartals- und Monatsdividende vergleichbar – nach Feststellung des Jahresabschlusses durch den Zentralbankrat der Bundesbank ausgeschüttet werden. In einem solchen Falle würden die Bedenken völlig verschwinden, daß von den dann – monatlich oder vierteljährlich – ausgeschütteten Gewinnteilen von ihrer Größenordnung her Wirkungen ausgehen könnten, die die Generallinie einer stabilitätsorientierten Zentralbankgeldmengenausweitung noch stören würden. Die Bundesbank hat in den vergangenen Jahren im Einvernehmen mit der Bundesregierung den Weg gewählt, die Ausschüttung des Bundesbankgewinns über das Jahr hin zu strecken. Diese Vorgehensweise ist zu begrüßen; sie kann auch ohne Änderung des Bundesbankgesetzes durch andauernde Praxis zu einer gewohnheitsrechtlichen Form der vollständigen Gewinnausschüttung werden, durch die sonst mögliche, geringfügige Steuerungsprobleme bei der Zentralbankgeldmengenausweitung durch die Ausschüttung des Bundesbankgewinns vermieden werden können.

23. Zudem ist in diesem Zusammenhang anzumerken, daß die Höhe eines (etwaigen) Zentralbankgewinns im Laufe eines Geschäftsjahres deutlich er-

---

weiter Fn. 11:
winn über Nacht ausgibt, so ist die Frist bis zur endgültigen Verausgabung doch zumeist als sehr kurz anzusehen, und sei es nur, weil eine andernfalls erforderliche Kreditaufnahme zum Ausgleich der fast immer bestehenden Diskrepanz zwischen jeweiligen Ausgaben und jeweiligen Einnahmen unterbleibt.

kennbar wird und im Prinzip zum Bilanzstichtag ziemlich eindeutig feststeht. Da nach der bisherigen Praxis der Deutschen Bundesbank fast vier Monate vergehen, bevor der Jahresabschluß vom Zentralbankrat festgestellt wird und es erst im Anschluß daran zu einer Ausschüttung des Bundesbankgewinns an den Bund kommt, kann die Bundesbank im Rahmen ihrer kurzfristigen Geschäfte (Diskont-, Lombard- und Offenmarktpolitik) schon recht frühzeitig für diesen ihr exakt bekannten Faktor, der für sich genommen bei der normalerweise zu erwartenden raschen Verausgabung dieser Mittel durch den Bund zu einer Erhöhung von Zentralbankgeld führt, Vorsorge treffen und versuchen, ihm mit den ihr zur Verfügung stehenden Mitteln entgegenzuwirken. Jedenfalls sind die von der Gewinnausschüttung ausgehenden Auswirkungen auf die Zentralbankgeldmenge in ihrer Größenordnung und zeitlichen Dimension der Zentralbank wesentlich besser und früher bekannt und daher leichter steuerbar als der mögliche Umfang von Zentralbankgeldentstehung infolge von (kurzfristigen) Interventionsverpflichtungen, wie sie sich in jedem Festkurssystem, auch im Europäischen Währungssystem, plötzlich und völlig unvorhersehbar ergeben können. Die Erfahrung der letzten Jahre zeigt, daß die Bundesbank bei den sich aus der Gewinnausschüttung ergebenden Steuerungsproblemen für die Zentralbankgeldmenge nicht überfordert war.

24. Da Zentralbankgewinne überwiegend, wenn nicht gar ausschließlich von Zinseinnahmen bestimmt und geprägt werden, führen Zinsschwankungen, die auf konjunkturellen und anderen Ursachen beruhen können, zu Schwankungen des Zentralbankgewinns. Da diese Gewinne eine Finanzierungsquelle des öffentlichen Haushalts darstellen, mag das Probleme auf der Einnahmenseite des Budgets mit sich bringen, wie sie durch schwankende Einnahmen entstehen können. Daraus aber etwa die Forderung ableiten zu wollen, daß im Interesse der Verminderung der Finanzierungsprobleme der öffentlichen Haushalte eine Verstetigung der Ausschüttung des Bundesbankgewinns erfolgen sollte, hieße das Pferd beim Schwanze aufzäumen.

Richtig ist, daß mit extrem hohen Zentralbankgewinnen, wie sie bei außergewöhnlich hohen Zinssätzen im Inland und/oder im Ausland auftreten können, nicht dauerhaft gerechnet werden kann. Ebenso sind, wie bereits erwähnt, Gewinnbestandteile, die auf Veräußerungsgewinne aus Währungsreserven zurückzuführen sind, nicht Komponenten von dauerhaftem Charakter. Daraus kann aber sinnvollerweise nur folgen, daß die vorausschauende Finanzplanung eben nur mit dem *dauerhaften* Zentralbankgewinn als *dauerhafter* Finanzierungsquelle rechnen darf und muß. Geschieht dies, so können (und müssen) aktuelle Abweichungen davon durch eine erhöhte (verminderte) Kreditaufnahme kompensiert werden, ohne daß damit das Ausgabenvolumen, das unter Zugrundelegung des dauerhaften Zentralbankgewinns als finanzierbar angesehen wurde, angepaßt werden müßte. Ebenfalls würde durch ein solches Vorgehen erreicht, daß es aufgrund der Schwankungen des Zentralbankgewinns *auf Dauer* zu keiner Veränderung der Verschuldung (Veränderung des Schuldenstandes) der öffentlichen Hand kommt.

25. Bliebe als letztes zu fragen, ob denn ein *dauerhafter* Zentralbankgewinn mit entsprechender Zuverlässigkeit ermittelt werden kann, der einer vorausschauenden, mittelfristigen Finanzplanung als einigermaßen brauchbarer Wert zugrundegelegt werden kann. Die Berechnung eines solchen dauerhaften Zentralbankgewinns ist in der Tat mit der für empirische Projektionen notwendigen Sicherheit zu ermitteln. Dabei ist es im Prinzip gleichgültig, welcher Vorgehensweise man sich bedient:

- der Methode des Sachverständigenrats, der den dauerhaften Zentralbankgewinn mit Hilfe eines (von Schwankungen bereinigten) Durchschnittszinssatzes ermittelt, der sich ergibt, wenn der Jahresüberschuß der Bundesbank ins Verhältnis gesetzt wird zur bereinigten Zentralbankgeldmenge[12];
- der vom Verfasser vorgeschlagenen Methode mittels eines (von Schwankungen bereinigten) Durchschnittszinssatzes bei Zugrundelegung der verzinslichen Aktiva der Bundesbank[13] oder
- der ebenfalls vom Verfasser vorgeschlagenen – geldtheoretisch saubersten – Methode, nach der der dauerhafte Zentralbankgewinn an der Zunahme der tatsächlichen Zentralbankgeldmenge bzw. ihrer geplanten Expansion abzulesen wäre (nach Abzug der geringen Kosten der Geldproduktion, d.h. der in diesem Zusammenhang relevanten Posten der Aufwandseite aus der Gewinn- und Verlustrechnung der Zentralbankbilanz).[14]

Alle drei Wege werden zu Ergebnissen führen, die nur wenig voneinander differieren. Sie bieten somit eine hinreichend genaue Leitgröße für einen auf mittlere Sicht im Durchschnitt zu erwartenden Zentralbankgewinn, der als Planungsgröße in die Finanzplanung Eingang finden kann und darüber Auskunft gibt, was *dauerhaft* (aber unter Schwankungen) aus dem Zentralbankgewinn an den Staat fließen und infolgedessen als *dauerhafte* Einnahmequelle zur Finanzierung zur Verfügung stehen wird.

26. Wir können abschließend zusammenfassen:

- die im Bundesbankgesetz vorgesehenen Regelungen zur Ausschüttung des Bundesbankgewinns sind volkswirtschaftlich und finanzwirtschaftlich völlig richtig und unproblematisch;

---

[12] Vgl. Sachverständigenrat zur Begutachtung der gesamtwirtschaftlichen Entwicklung, Jahresgutachten 1984/85, Tz. 242.

[13] Vgl. *Manfred Feldsieper:* „Staatsverschuldung, Konsolidierung und strukturelles Defizit", in: Finanzarchiv, Bd. 42, S. 23 ff.

[14] Vgl. *Manfred Feldsieper:* „Gibt es eine normale Staatsverschuldung?", in: Staatsfinanzierung im Wandel, Schriften des Vereins für Socialpolitik, Berlin 1983, S. 311 ff.

- die Ausschüttung selbst sehr hoher Bundesbankgewinne ist stabilitätspolitisch unbedenklich und beeinträchtigt eine stabilitätsorientierte Geldmengenausweitung nicht;
- die Bundesbank hat völlig richtig gehandelt, daß sie nicht auf die zahlreichen Kritiker an ihrer Gewinnausschüttungspraxis der letzten Jahre gehört hat; die einzige Modifikation, die an ihrer Gewinnausschüttung angebracht sein könnte und völlig mit den bestehenden gesetzlichen Regelungen vereinbar wäre, liefe auf eine zeitliche Streckung der Gewinnausschüttung im jeweiligen Jahr hinaus. (Dies ist auch bereits praktiziert worden.)
- Schwankende Staatseinnahmen durch schwankende Zentralbankgewinne sind kein ausreichender Grund für die Forderung nach einer verstetigten Gewinnabführung der Zentralbank; hier liegt die Lösung in der Verwendung eines vorsichtig bemessenen, auf mittlere Sicht im Durchschnitt zu erwartenden Zentralbankgewinns als dauerhafte Einnahmekomponente bei der Erstellung einer vorausschauenden Finanzplanung, wobei dann aktuelle künftige Abweichungen des Zentralbankgewinns von den der Planung zugrunde gelegten Werten über eine verminderte (vermehrte) Kreditaufnahme kompensiert werden müssen (können).

Warum Konsolidierungspolitik?

Von *Robert Fecht*

Solange in der Bundesrepublik Konsolidierungspolitik betrieben wird, ist sie umstritten. Dem Verfasser scheint dieser Streit müßig. Denn im Kern geht er – wie im folgenden zu zeigen sein wird – um unterschiedliche wirtschaftspolitische Ziele und um unterschiedliche Bedingungen, unter denen Wirtschaftspolitik zu betreiben ist.

I. Vergangenheitsbewältigung

1. Ausgangs der fünfziger und während der sechziger Jahre waren für die wirtschaftliche Entwicklung in der Bundesrepublik klassische Konjunkturzyklen kennzeichnend. Es waren dies – wie es der Sachverständigenrat treffend genannt hat – „Schwankungen im Auslastungsgrad des Produktionspotentials"[1], das relativ stetig mit einer von allen als angemessen akzeptierten Rate wuchs. Das wirtschaftspolitische Problem jener Zeit bestand darin, daß mit den Auslastungsschwankungen einander gegenläufige Gefährdungen der beiden wichtigsten gesamtwirtschaftlichen Ziele – Preisniveaustabilität und Vollbeschäftigung – einhergingen: Je höher der Auslastungsgrad, um so mehr war die Preisstabilität und um so weniger die Vollbeschäftigung, je niedriger der Auslastungsgrad, um so weniger war die Preisniveaustabilität und um so mehr war die Vollbeschäftigung gefährdet oder verletzt. Die Störungen, die zu den Zielgefährdungen oder -verletzungen führten, waren nur vorübergehender Natur; es handelte sich um kurzfristige Ungleichgewichte in Form von Nachfragemangel oder Übernachfrage, die durch Verhaltensänderungen der Verursacher – teils in Reaktion auf entsprechende Marktsignale, teils in unmittelbarer Reaktion auf Änderungen der wirtschaftspolitischen Daten – zumindest über den Zyklus hinweg wieder beseitigt wurden. Mehr oder weniger war die Verwendungs- und die Verteilungsstruktur des Sozialprodukts

[1] Sachverständigenrat zur Begutachtung der gesamtwirtschaftlichen Entwicklung (im folgenden als SVR zitiert): Im Sog des Booms. Jahresgutachten 1969/70. Stuttgart und Mainz 1969, Ziffer 113.

im Durchschnitt der Zyklen konstant – dauernder Störfaktor war freilich der außenwirtschaftliche Bereich.

Der staatlichen Kreditaufnahme fiel in dieser gesamtwirtschaftlichen Situation die Rolle eines Puffers zu, der zur antizyklischen Steuerung der Gesamtnachfrage eingesetzt wurde, um Auslastungsschwankungen zu vermeiden oder zu glätten: Bei Unterauslastung des Produktionspotentials war (verstärkte) öffentliche Verschuldung geboten, um die vorübergehende Nachfragelücke durch kreditfinanzierte Staatsausgaben oder durch vorübergehende Steuersenkungen aufzufüllen; mit zunehmendem Auslastungsgrad hatte das staatliche Defizit immer kleiner zu werden, in der Hochkonjunktur waren Überschüsse zu bilden, um die in der Rezession gemachten Schulden zurückzahlen zu können. Über den Zyklus hinweg war die Neuverschuldung null oder annähernd null. War sie wesentlich größer, galt dies nicht als etwas Beklagenswertes, sondern die Verschuldungszunahme war Ausdruck einer Nachfragelücke, die ohne finanzpolitisches Handeln entstanden wäre und deren Verhinderung als Erfolg der Finanzpolitik gefeiert wurde. Die Gesamtnachfrage spielte in diesem Konzept der Globalsteuerung (wie es hinter dem Stabilitäts- und Wachstumsgesetz steht) die entscheidende Rolle, der Nachfragestruktur, also der Verwendungsstruktur des Sozialprodukts, wurde – angesichts mittelfristig angemessenen Wachstums des Produktionspotentials durchaus verständlich – kaum Beachtung geschenkt.

2. Aus diesem Zug klassischer Konjunkturzyklen sind wir Anfang der siebziger Jahre ausgestiegen: Die Lohnpolitik drängte auf der Verteilungsseite des Sozialprodukts auf einen höheren Anteil der Arbeitseinkommen, der Staat drängte auf der Verwendungsseite auf einen höheren Anteil öffentlicher Ausgaben am Sozialprodukt. Das Drängen beider war zunächst erfolgreich, die höheren Ansprüche der Ölstaaten an unser Sozialprodukt kamen hinzu. All dies ging auf Kosten des Geldwertes, im Trend war die Preissteigerungsrate weitaus höher, als sie zuvor im Durchschnitt der Zyklen gewesen war. Im Ergebnis hatte sich die Verteilungs- und die Verwendungsstruktur des Sozialproduktes *nachhaltig* geändert, und zwar in erster Linie (auf der Verteilungsseite) zu Lasten der Unternehmensgewinne und (auf der Verwendungsseite) zu Lasten privater Investitionen. All dies endete in der Stabilisierungskrise von 1975, die die Folgen expansiver Lohnpolitik in Form eines Beschäftigungseinbruchs und die Folgen dauerhaft expansiver Finanzpolitik in einem enorm hohen Defizit in den öffentlichen Haushalten zutagetreten ließ, mit dem der Staat in bis dahin nicht gekanntem Ausmaß an den Kapitalmarkt herantreten mußte. Anders als in den Konjunkturtälern der früheren Wachstumszyklen war auf kurze Sicht nicht mehr mit einer Rückkehr zur Vollbeschäftigung zu rechnen. Die langandauernde und durch den Geldwertschwund z.T. verdeckte Fehlentwicklung hatte nicht nur zu einer vorübergehenden Störung geführt, sondern zu einem dauerhaften Ungleichgewicht, das erst in einem mittelfristigen Anpassungsprozeß wieder zu beseitigen war. Zuviel an Produktion war – wie es der Sachverständigenrat ausgedrückt hat – zu teuer geworden.[2] Zu teuer war insbesondere der Arbeitseinsatz geworden. Die Folge davon war auch, daß weniger Investitionen als früher rentabel waren und sich damit das Wachstum des Kapitalstocks und des Produktionspotentials verlangsamte.

3. Für die Wirtschaftspolitik hatten sich damit die Bedingungen grundlegend geändert; sie stand nunmehr vor dem neuen Problem, daß sie ihr Augenmerk auch auf das Potentialwachstum richten mußte, das sich früher ohne ihr Zutun in angemessenem Umfang gleichsam von selbst eingestellt hatte. War aber mit einer Rückkehr zu mehr Beschäftigung und mehr Potentialwachstum mittelfristig nicht zu rechnen, so mußte man sich auch darauf einstellen, daß das Defizit in den öffentlichen Haushalten dauerhaft hoch bleiben würde. Diese Erwartung eines dauerhaft hohen staatlichen Defizits bestand offenbar auch am Kapitalmarkt: Trotz reichlicher Liquiditätsversorgung und darniederliegender Investitionsneigung kam es im Spätsommer 1975 – praktisch mitten in der Rezession – zu einem Zinsauftrieb, mit dem sich erstmals die negativen Wirkungen hoher staatlicher Neuverschuldung zeigten. Entgegen der bis dahin herrschenden Lehre wurden mitten in der Rezession Ausgabenkürzungen beschlossen. Und nach dieser ersten – noch sehr sanften – Lehre gingen die Gebietskörperschaften in ihrer Haushaltspolitik für die nächsten zwei Jahre auf Konsolidierungskurs. Es gelang, das Defizit von 65 Mrd. DM im Jahr 1975 (das waren 6½ vH des nominalen Bruttosozialprodukts) auf weniger als die Hälfte (31 Mrd. DM) abzubauen. Dies war freilich mit 2½ vH des Sozialprodukts noch immer weitaus mehr, als es früheren Verhältnissen entsprochen hatte.

4. Jedoch war die Konsolidierung der Jahre 1976/77 in zweifacher Hinsicht „unecht": Trotz des Haushaltsstrukturgesetzes von 1975 kam es nicht zu größeren Eingriffen in staatliche Leistungsgesetze, die zu einer dauerhaften Einschränkung staatlicher Leistungen etwa im Sozialbereich führten. Tatsächlich wurden nur mehr oder weniger automatisch anfallende Leistungsaufbesserungen (Anpassungen von Sozialtransfers nach Maßgabe des Geldwertschwundes oder der Erhöhung des Arbeitnehmereinkommens) auf später aufgeschoben – mit der Folge, daß sie dann um so höher ausfielen. Überdies beruhte der Konsolidierungserfolg auf einem starken Anstieg der volkswirtschaftlichen Steuerquote, der u.a. aus nicht dauerhaften Mehreinnahmen aufgrund der Körperschaftsteuerreform resultierte.

---

2 SVR: Herausforderung von außen. Jahresgutachten 1979/80. Stuttgart und Mainz 1979, Ziffer 247.

5. Mit den ersten Anzeichen einer Konjunkturabschwächung im Laufe des Jahres 1977 gewann die alte Idee – vom Ausland stark forciert („Lokomotiventheorie") – wieder die Oberhand, es noch einmal mit den alten Mitteln der Globalsteuerung zu versuchen. Am deutlichsten zeigte sich dies an dem anläßlich des Weltwirtschaftsgipfels von 1978 gestarteten Versuch, mit einer Einkommensteuersenkung vor allem im unteren Einkommensbereich die Konjunktur anzukurbeln. Diese wie die vorausgegangene und die folgende Steuersenkung wurde mehr oder weniger als eine staatliche Vorleistung auf einen zukünftig niedrigeren Staatsanteil „verkauft", d.h. aus konjunkturpolitischen Gründen wurde auf Ausgabenkürzungen verzichtet, die auf später vertagt wurden. Tatsächlich setzte sich aber auch in der Ausgabenpolitik die Idee fest, staatliche Nachfrage sei gefragt. Dies hatte zur Folge, daß die Ausgaben – auch unter dem Einfluß zuvor aufgeschobener Leistungsanpassungen – ungezügelt expandierten und somit trotz zunächst noch steigendem Auslastungsgrad des Produktionspotentials das staatliche Haushaltsdefizit stieg.

6. Der zweite Ölpreisschock 1979/80 forderte Wachstumsopfer und trübte die Wachstumsaussichten unserer Wirtschaft noch mehr ein. Dem Staat fehlten damit die Einnahmen, ohne daß es zunächst gelang, die Ausgabenexpansion zu zügeln. Im Jahre 1981 erreichte das Defizit in den Haushalten der Gebietskörperschaften den Rekordbetrag von 76 Mrd. DM. Und die Aussichten anhaltend hoher oder sogar steigender Defizite beeinträchtigten die Erwartungen. Die Folgen hat der Sachverständigenrat so skizziert: „Die Zinsen stiegen, der Wechselkurs verfiel, der Preisauftrieb nahm zu, die Bundesbank mußte dagegen einschreiten, die Zinsen stiegen weiter."[3]

Längst war überdies deutlich geworden, daß sich die vorher ungelösten Anpassungsprobleme in unserer Volkswirtschaft mit dem zweiten Ölpreisschock und dem Drängen geburtenstarker Jahrgänge auf den Arbeitsmarkt eher noch verschärft hatten. Nach der Episode „unechter" Konsolidierung 1976/77 war aber bis zum Jahre 1981 die staatliche Neuverschuldung und der hohe Ausgabenanteil am Sozialprodukt wieder und noch mehr zu einem Problem dieses Anpassungsprozesses geworden.

7. Die Lohnpolitik war es letzten Endes seit 1975 geblieben. Zugegeben, sie hat auf den Schock der Stabilisierungskrise von 1975 und den damit verbundenen Beschäftigungseinbruch mit Lohnzurückhaltung reagiert. Jedoch waren die Lohnsteigerungen von 1976/77 allenfalls einem normalen Aufschwung alten Musters angepaßt[4], nicht aber angepaßt der Tatsache, daß

---

[3] SVR: Investieren für mehr Beschäftigung. Jahresgutachten 1981/82. Stuttgart und Mainz 1981, Ziffer 247.

[4] SVR: Mehr Wachstum – Mehr Beschäftigung. Jahresgutachten 1977/78. Stuttgart und Mainz 1977, Ziffer 290.

Arbeit seit dem Beginn des Jahrzehnts viel zu teuer geworden war und mehr Arbeitsplätze nur durch niedrigere Reallöhne zu erwarten waren, also durch ein möglichst starkes und möglichst schnelles Zurückdrehen der vorangegangenen Fehlentwicklung. Viel zu teuer war insbesondere weniger qualifizierte, also niedriger bezahlte Arbeit geworden, und zwar vor allem dadurch, daß im Wege sog. Sockelbetragsregelungen die Löhne für solche Arbeit überproportional gestiegen waren. Die Änderung der Verteilungsrelationen vollzog sich aber von Anfang dieses Anpassungsprozesses an nur sehr zögerlich. Ein wesentlicher Grund dafür war, daß die Gewerkschaften den Zusammenhang zwischen Reallöhnen und Beschäftigung bestritten und damit ihre Mitverantwortung für die Beschäftigung von sich zu weisen suchten. So waren denn die Gewerkschaften auch in der vordersten Front derer, die in Erwartung einer Wachstumsabschwächung 1977 staatliche Nachfragestützung forderten.

Zu den alten unbewältigten Anpassungsproblemen auf dem Arbeitsmarkt kamen ausgangs der siebziger, eingangs der achtziger Jahre neue hinzu: Der zweite Ölpreisschock, dessen gesamtwirtschaftliche Kosten zu tragen die Lohnpolitik weitgehend der verteilungspolitischen Gegenseite überließ – mit entsprechenden Folgen für Investitionen, Wachstum und Beschäftigung. Überdies drängten – wie schon erwähnt – geburtenstarke Jahrgänge auf den Arbeitsmarkt. Bei noch reichlicherem Arbeitsangebot war aber unter den gegebenen Bedingungen ein größeres Arbeitsvolumen nur zu niedrigerem Reallohn zu realisieren.

II. „Crowding out"

1. Der Leser dieses Beitrages mag sich spätestens an dieser Stelle die berechtigte Frage stellen, warum zur Rechtfertigung der seit 1982 betriebenen Konsolidierungspolitik so weit in die Vergangenheit zurückgegriffen wird. Die Antwort auf die Frage besteht aus zwei Punkten: Zum einen ist der geschilderte Anpassungsprozeß, dessen Wurzeln in den siebziger Jahren liegen, auch Mitte der achtziger Jahre noch nicht beendet. Zum anderen sind es gerade die in den siebziger und anfangs der achtziger Jahre gewonnenen Erfahrungen mit hoher staatlicher Neuverschuldung, die für die Konsolidierungspolitik sprachen und letzten Endes heute für deren Beibehaltung sprechen.

2. Haupterfordernis dieses Anpassungsprozesses mußte es sein, die Verwendungsstruktur unseres Sozialprodukts wieder stärker in Richtung investiver Verwendung zu ändern. Dem stand der Staat in zweifacher Hinsicht im Wege: Mit seinem hohen Ausgabenanteil am Sozialprodukt, der weit überwiegend konsumtiven Zwecken dient, und mit seiner hohen Kreditaufnahme, die gerade Investitionen im Wege stand. Nicht mehr Nachfrage gleich welcher Art war wie zu Zeiten der Konjunkturzyklen gefragt, sondern aus wachstumspolitischen Gründen vorrangig mehr Nachfrage nach Investitionen. Denn von zusätzlichen Investitionen, vorzugsweise privaten, war und ist wieder mehr Wachstum unseres Kapitalstocks und damit unseres Produktionspotentials zu erwarten. Höhere Investitionen vergrößern nicht nur den zur Produktion nutzbaren Kapitalstock, sie sind also nicht nur Angebot, sondern zugleich auch Nachfrage. Und mit höheren Investitionen ist auch mehr Beschäftigung verbunden. Schließlich geht mit neuem Realkapital technischer Fortschritt einher, der die produktionssteigernde Wirkung zusätzlichen Kapitals und zusätzlicher Arbeit über deren unmittelbaren Wachstumsbeitrag hinaus vergrößert.

Den Weg zu mehr Investitionen hatte zum einen die Verteilungspolitik zu ebnen. Sie mußte es nämlich durch entsprechende Arbeitskosten (zu denen neben den tariflich vereinbarten Löhnen auch die vielfältigen Nebenleistungen wie die seit Beginn der siebziger Jahre stark gestiegenen Arbeitgeberbeiträge zur Sozialversicherung zählen) ermöglichen, mehr Produktion und damit mehr Investitionen rentabel werden zu lassen. Dabei hatte und hat es die Lohnpolitik auch in der Hand, inwieweit höhere Investitionen lediglich Arbeitskräfte ersetzen und inwieweit sie zusätzliche Arbeitsplätze schaffen.

3. Zum anderen hatte der Staat dafür zu sorgen, daß sich die Rahmenbedingungen für Investitionen besserten. Dazu zählte in erster Linie (aber nicht ausschließlich) die Beseitigung des Anpassungshindernisses hoher staatlicher Neuverschuldung. Diese stellt für Investitionen deshalb ein Hindernis dar, weil die zusätzliche Nachfrage des Staates nach anlagebereiten Mitteln dazu führt, daß der Zins für alle Kreditsuchenden — und das sind vor allem private Investoren — höher ausfällt, als er bei niedrigerer staatlicher Kreditaufnahme wäre. Anders betrachtet: Private Investitionen, die bei niedrigerem Zins vorgenommen worden wären, unterbleiben also wegen der staatlichen Kreditaufnahme. Dieser Verdrängungswettbewerb mag sich auf unseren Kreditmärkten nicht einmal immer und vollständig im Zins niederschlagen, sondern in einer Selektion der Kreditnehmer jenseits des Preises. Diese mehr oder weniger lehrbuchhafte zinssteigernde Wirkung der staatlichen Kreditaufnahme wurde in der Bundesrepublik noch dadurch vergrößert, daß die Aussicht eines dauerhaft hohen staatlichen Kreditbedarfs (verstärkt) Inflationserwartungen entstehen ließ, was wohl u.a. auch mit den Erfahrungen der deutschen Bevölkerung mit zwei Hyperinflationen und ihren Ursachen zu erklären ist. Die Folge davon war, daß sich — entgegen dem von *Barro* wiederbelebten *Ricard*ianischen Äquivalenztheorem — das Kreditangebot auf den Märkten eher verknappte als sich auszuweiten und in den Zins die erwarteten höheren Preissteigerungsraten eingingen. Mußten schon die (verstärkten)

Inflationserwartungen nach den Erfahrungen der Investoren seit Anfang der siebziger Jahre die Investitionsneigung beeinträchtigen, so tat die mit der Aussicht auf eine dauerhaft hohe staatliche Neuverschuldung entstehende Erwartung mittelfristig höherer Zinsen ein übriges.

4. Gegen die These vom „Crowding out" privater Investitionen durch hohe staatliche Kreditaufnahme werden hauptsächlich zwei Argumente vorgebracht, ein weniger und ein mehr ernstzunehmendes. Weniger ernstzunehmen sind die Versuche, die zinssteigernde Wirkung der staatlichen Kreditnachfrage in Abrede zu stellen. Die treffendste Antwort darauf stammt von *Gottfried Haberler:* „This statement seems to defy the basic economic law of demand and supply, specifically that an increase of supply depresses the price: if the government increases the supply of government bonds by running large budget deficits and printing bonds, the price of bonds will decline, that is to say, interest rates go up."[5] Ernster ist das Argument zu nehmen, die Investitionen, auf die es wachstumspolitisch ankomme, seien nur wenig oder gar nicht zinselastisch. Dem sind mehrere Punkte entgegenzuhalten. Mit dem trendmäßigen Rückgang der Realkapitalrentabilität, der aus dem Verteilungskampf der siebziger Jahre resultierte, war zwangsläufig eine Erosion der Eigenkapitalausstattung der Unternehmen verbunden; Investoren waren und sind demnach stärker als früher auf Fremdkapital angewiesen, ihre Fähigkeit, höhere Zinsen zu Lasten des Gewinns in Kauf zu nehmen, hatte damit ab-, die Zinselastizität ihrer Nachfrage nach anlagebereiten Mitteln also zugenommen. Überdies sind offenbar nicht nur fremdfinanzierte Investitionen zinselastisch. Angesichts der vergleichsweise niedrigen Rendite risikobehafteter Realkapitalinvestitionen, hoher Zinsen für Geldvermögensanlagen, nicht zuletzt risikoloser Staatspapiere, haben die Unternehmen seit Mitte der siebziger Jahre auch selbsterwirtschaftete Mittel verstärkt zur Anlage in Finanzaktiva verwendet.

Schließlich wird in der „Crowding-out"-Debatte häufig übersehen, daß es nicht allein um den Einfluß staatlicher Kreditaufnahme auf das jeweils aktuelle Zinsniveau geht, weitaus schädlicher für private Investitionen ist wahrscheinlich die destabilisierende Wirkung hoher staatlicher Neuverschuldung auf Preis- und Zinserwartungen.

5. Nun ist nicht anzunehmen, daß bei diesem „Crowding out" private Investitionen durch staatliche Kreditaufnahme im Verhältnis 1:1, durch 1 Mrd. DM staatliche Neuverschuldung 1 Mrd. DM an privaten Investitionen

[5] *Gottfried Haberler:* International Issues Raised by Criticisms of the U.S. Budget Deficits. In: Phillip Cagan (Ed.): Essays in Contemporary Economic Problems, 1985 – The Economy in Deficit. The American Enterprise Institute. Washington und London, S. 125.

verdrängt wurden. Sicher aber ist es so, daß hinter den Kreditmarktmitteln in der Hand des Staates im Verhältnis 1:1 staatliche Ausgaben oder Steuersenkungen standen, also gleichsam staatlich veranstaltete Nachfrage. Diese Nachfrage, die sich bei unverändert hoher oder sogar steigender Neuverschuldung als dauerhaft erwies, konnte die Lohnpolitik dazu nutzen, sich insoweit dem Anpassungsdruck zu entziehen. Die Folge davon war, daß die Investitionsneigung zusätzlich beeinträchtigt wurde. Dabei muß offenbleiben, ob die Investitionsbereitschaft mehr darunter litt, daß durch die staatliche Kreditnachfrage die Zinsen höher ausfielen, oder mehr darunter, daß durch „staatlich veranstaltete Nachfrage" die Änderung der Verteilungsrelationen be- oder verhindert wurde. Ein Abbau der jährlichen Neuverschuldung bedeutete nun aber für die Lohnpolitik nicht nur, daß sie stärkerem Anpassungsdruck ausgesetzt war, vielmehr verminderte sich bei niedrigeren Zinsen auch der Anpassungsbedarf, sie wurde also durch die Konsolidierungspolitik letzten Endes entlastet.

6. Auch die Geldpolitik bietet keinen Ausweg, höhere Zinsen, die verstärkte staatliche Verschuldung mit sich bringen, zu vermeiden. Dies in einer Situation mit dauerhaften gesamtwirtschaftlichen Störungen und hoher staatlicher Neuverschuldung zu versuchen, bedeutet nichts anderes, als an Stelle der einen schädlichen Wirkung der staatlichen Verschuldung – der Beeinträchtigung von Investitionen und Wachstum – die andere – Inflation – zu wählen, mit der jedoch die Wachstumseinbuße nur auf später vertagt wird. Im Gegensatz zu anderen Ländern stehen wir in der Bundesrepublik freilich zumindest insofern schon gar nicht vor dieser Wahl, als der direkte Zugriff des Staates auf den Notenbankkredit quantitativ und zeitlich eng begrenzt ist. Natürlich stehen hinter dieser Begrenzung des Notenbankkredits für den Staat die historischen Erfahrungen zweier Währungsreformen, deren Ursache in aller erster Linie die Finanzierung der Staatsschuld mit Hilfe der Notenpresse war. Jedoch schließt diese Beschränkung des direkten staatlichen Zugriffs auf den Notenbankkredit prinzipiell nicht aus, daß die Notenbank dem Staat die Finanzierung seiner Defizite durch entsprechende geldpolitische Hilfestellung erleichtert. Dem steht jedoch vor allem die Unabhängigkeit der Notenbank und ihre Verpflichtung entgegen, den Geldwert zu sichern. Spätestens seitdem die Bundesbank dazu übergegangen ist, sich in ihrer Geldpolitik an selbstgesteckten Zielen für das Wachstum der Zentralbankgeldmenge zu orientieren, das sich nach gesamtwirtschaftlichen Kriterien richtet, ist wohl für jeden sichtbar geworden, daß die Bundesbank die Geldversorgung der deutschen Wirtschaft unabhängig von der Höhe staatlicher Kreditwünsche betreibt. Im übrigen wäre auch der Versuch, den Zins mit geldpolitischen Mitteln künstlich, d.h. gegen die Marktkräfte, niedrig halten zu wollen, mittelfristig zum Scheitern verurteilt. Denn ein solcher Versuch ließe – gerade in der Bundesrepublik – Inflationserwartungen entstehen, die dafür sorgen würden, daß der Nominalzins den tatsächlichen

Knappheitsverhältnissen auf den Kreditmärkten entsprechend stiege. Es wäre also kein Ausweg, über eine permissive Geldpolitik Inflation zuzulassen, um der Wirkung höherer Zinsen zu entgehen.

7. Unangemessen wäre der Vorwurf, in der Finanzpolitik seien die negativen gesamtwirtschaftlichen Wirkungen hoher Staatsverschuldung nicht beachtet oder gar bewußt übersehen worden. Denn es ist nicht nur zufällig so, daß die Weichen in Richtung Konsolidierungspolitik im Sommer 1981 zu einer Zeit gestellt wurden, als sich die Erwartung anhaltend steigender öffentlicher Defizite (neben einem Leistungsbilanzdefizit) für alle sichtbar in höheren Zinsen und der Abwertung der D-Mark niederschlug. Freilich war es wohl nicht allein die Einsicht in die gesamtwirtschaftlichen Erfordernisse, die die Kurskorrektur bewirkte. Vielmehr trug dazu maßgeblich auch die stark wachsende Belastung der Budgets mit Zinsausgaben bei, die den ausgabenpolitischen Spielraum mehr und mehr einengte. Dabei kam zeitweise zweierlei zusammen: der stärkere Anstieg des Schuldenstandes und höhere Zinsen, die nicht nur für die Nettokreditaufnahme, sondern für die viel höhere Bruttokreditaufnahme aufzubringen waren. In welchem Maße der Zinsaufwand den Ausgabenspielraum einengt, machen die folgenden Relationen deutlich: Im Jahre 1970 beanspruchten die Zinskosten 3½ vH der gesamten Ausgaben von Bund, Ländern und Gemeinden, 1981 waren es knapp 7 vH und 1985 9½ vH. Eine jährliche Ausweitung des Zinsaufwands um ein Fünftel bis ein Viertel, wie sie zu Beginn der achtziger Jahre zu konstatieren war, bedeutete schon für sich genommen eine Zunahme der Gesamtausgaben um 1½ bis 2 vH, also ohne daß irgendeine der übrigen Ausgaben ausgeweitet worden wäre. Die mit der „Operation '82" eingeleitete Konsolidierungspolitik lag und liegt demnach durchaus auch im Eigeninteresse der öffentlichen Haushalte, da auf diese Weise allmählich wieder finanzpolitischer Handlungsspielraum zurückgewonnen wird.

III. Konsolidierungserfolge und -ziele

1. Die Konsolidierung der öffentlichen Haushalte ist seit dem Kurswechsel gut vorangekommen. Seit dem Jahr 1981 ist das Defizit in den Haushalten der Gebietskörperschaften von 76 Mrd. DM auf 39 Mrd. DM im Jahre 1985 abgebaut worden, das waren gut 2 vH des nominalen Bruttosozialprodukts. Zum größten Teil ist dieser Defizitabbau auf die zurückhaltende Ausgabenpolitik zurückzuführen. Das Steuersystem hat jedenfalls dazu nichts beigetragen: Die volkswirtschaftliche Steuerquote war 1985 mit 23,8 vH sogar niedriger als 1981 (24,0 vH). Stark gestiegen ist in dieser Zeit allerdings die Gewinnabführung der Bundesbank; 1981 flossen dem Bund aus dieser Quelle 2½ Mrd. DM zu, 1985 waren es knapp 13 Mrd. DM – ein Betrag, mit dem in dieser Höhe nicht auf Dauer zu rechnen ist.

Trotz der Erfolge im Defizitabbau ist die Konsolidierungspolitik freilich noch nicht an ihrem Ziel angelangt. Dies gilt zum einen deshalb, weil der Staatsanteil (unter Einschluß der Sozialversicherungen) nach wie vor in der Nähe von 50 vH des Sozialprodukts liegt. Zum anderen kann aus verschiedenen Gründen auch der Defizitabbau keineswegs schon als beendet angesehen werden.

2. In der Auseinandersetzung darüber, wann das Ende des Defizitabbaus, also die Normalverschuldung (die üblicherweise in vH des Produktionspotentials oder des Bruttosozialprodukts, beides in jeweiligen Preisen ausgedrückt, gemessen wird) erreicht ist, geht es zunächst um die Frage, welcher Teil des jeweiligen Defizits konjunktureller und welcher Teil struktureller Natur ist. Als konjunkturbedingt wird jener Teil des Defizits angesehen, der mit zunehmendem Auslastungsgrad des Potentials allmählich gleichsam automatisch entfällt und bei Erreichen der „Normal"- oder „Vollauslastung" beseitigt ist. Hinter dieser Unterscheidung steht die Annahme, von diesem Teil des Defizits gingen im Zusammenhang mit seiner Finanzierung keine Wirkungen auf den Kreditmärkten aus. Dies impliziert die Unterstellung, die Marktteilnehmer seien in der Lage, zwischen den beiden Teilen des Defizits zu unterscheiden und der konjunkturbedingte Teil beeinflusse ihr Marktverhalten nicht. Diese Verhaltensannahme ist empirisch durch nichts fundiert; a priori spricht wohl mehr dafür, daß Anbieter und Nachfrager auf den Kreditmärkten beide Teile des staatlichen Defizits in ihr Kalkül einbeziehen (und beide Teile somit auch „Gleichgewichtsmenge" und „-preis" bestimmen), und zwar entweder deshalb, weil sie zwischen diesen beiden Teilen gar nicht zu unterscheiden vermögen, oder weil diese Grenze – wie im folgenden zu zeigen sein wird – gar nicht genau festliegt. Im Hinblick auf diese Grenzlinie führt jede Seite scheinbar objektive Unterscheidungskriterien vor, hinter denen sich jedoch – bei näherer Betrachtung – zumindest implizit jeweils bestimmte wirtschaftspolitische Wertvorstellungen verbergen, also keineswegs allein wertfreie Kriterien. Die Unterschiede beginnen üblicherweise mit der absoluten Höhe und dem jeweiligen Auslastungsgrad des Produktionspotentials, für das von mehreren Institutionen innerhalb und außerhalb der Bundesrepublik auf Grund höchst unterschiedlicher Annahmen (z.B. über die „Vollbeschäftigung") höchst unterschiedliche Werte ermittelt werden. Auf diesen Teil des Disputs, der eine eigene Untersuchung erfordern würde, soll hier nicht näher eingegangen werden; festzuhalten aber bleibt, daß die Diskrepanz zwischen jeweils aktuellem und „normalem" Auslastungsgrad insbesondere dafür entscheidend ist, wie hoch in der jeweiligen Rechnung die auslastungsbedingten Minder- bzw. Mehreinnahmen und Mehr- bzw. Minderausgaben ausfallen.

3. Weniger Beachtung hat in dieser Diskussion bisher ein ganz anderer Punkt gefunden. Üblicherweise wird zur Ermittlung der auslastungsbedingten

Steuermehr- oder -mindereinnahmen die jeweils aktuelle volkswirtschaftliche Steuerquote verwendet. Auch dieses Vorgehen impliziert (möglicherweise ohne daß dies den Autoren entsprechender Veröffentlichungen bewußt ist) bestimmte wirtschaftspolitische Wertvorstellungen. Die volkswirtschaftliche Steuerquote spiegelt die jeweilige Verteilungs- und Verwendungsstruktur des Sozialprodukts wider. Wird nun die tatsächliche Steuerquote zur „Vollbeschäftigungsquote" erhoben, wird damit implizit unterstellt, die jeweilige Verteilungs- und Verwendungsstruktur des Sozialprodukts entspreche den „Vollbeschäftigungswerten". Tatsächlich fiele wohl die Steuerquote bei Vollbeschäftigung und Nominalauslastung des Potentials anders aus als die jeweils aktuelle. Ob niedriger, weil der Anteil der von der Mehrwertsteuer befreiten Unternehmensinvestitionen am Sozialprodukt in dieser Situation größer sein müßte, ob höher, weil dies etwa dadurch überkompensiert würde, daß der Anteil stärker besteuerter Einkommen am Volkseinkommen größer sein müßte, steht dahin. Für die Trennung des tatsächlichen Defizits in die beiden genannten Komponenten erscheint jedenfalls bedeutsam, daß diese nach objektiven Kriterien – oder anders: ohne durch Wertvorstellungen geprägte Normen über die Verteilungs- und Verwendungsstruktur des Sozialprodukts bei Vollbeschäftigung und Normalauslastung des Potentials – gar nicht möglich ist. Schon von daher besteht also durchaus eine „Grauzone" zwischen konjunkturbedingtem und strukturellem Teil des Defizits.

4. Überdies läßt sich diese Grenzlinie auch deshalb nicht nach objektiven Kriterien ziehen, weil hinter der „Normalverschuldung" mehr oder weniger subjektive Wertvorstellungen stehen. Der Sachverständigenrat unterstellt in seinem Konzept eine „Normalverschuldung" in Höhe von 1 bis 1½ vH des Produktionspotentials (seit neuestem bewertet in jeweiligen Preisen). Er leitet diese Größe bekanntlich aus dem Verschuldungsverhalten in den Jahren 1966/1977 ab und unterstellt, die Wirtschaft sei an eine staatliche Neuverschuldung dieses Umfangs „gewöhnt". Nun besteht dieser Basiszeitraum zum einen Teil aus einer (sicherlich nicht genau abgrenzbaren) Periode, in der die „alten" Konjunkturzyklen vorherrschten. Zum anderen Teil prägten diesen Zeitraum die Übersteigerungen dauerhaft expansiver Finanzpolitik, deren Auswirkungen auf die Höhe der Neuverschuldung durch hohe inflationsbedingte Mehreinnahmen überdeckt wurden. Aus beiden Teilperioden läßt sich wohl kaum ein Maßstab für die Verschuldungsnorm in den achtziger (und neunziger) Jahren ableiten. Für den zweiten Teilabschnitt hat dies der Rat selbst eingeräumt: „Nichts an den siebziger Jahren war normal."[6] Der erste Teil des Basiszeitraumes eignet sich aus einem ganz anderen Grunde nicht als Maßstab für eine Verschuldungsnorm in Gegenwart und Zukunft. Damals war – wie eingangs geschildert – nicht wie heute das Wachstum des Produktionspotentials das wirtschaftspolitische Hauptproblem, sondern die Schwankungen im

---

6 SVR: Jahresgutachten 1979/80, a.a.O., Ziffer 229.

Auslastungsgrad des Potentials. Angesichts der geschilderten Wirkungen öffentlicher Verschuldung müßte demzufolge heute und in Zukunft die „Normalverschuldung" niedriger sein als in der Vergangenheit, um auf diese Weise mehr Sparkapital zu niedrigeren Zinsen für private Investitionen bereit zu halten. Aus dieser Kritik an der „Normalverschuldung" im Sinne des Sachverständigenrates ergibt sich freilich keineswegs eine „bessere" Verschuldungsnorm für die Zukunft, so sehr Finanzpolitiker auch nach einem neuen Maßstab drängen. Tatsächlich kann es einen solchen allseits akzeptierten Maßstab auch gar nicht geben. Denn wieviel staatliche Neuverschuldung man für wünschenswert hält oder – anders betrachtet – bis zu welchem Punkte der Defizitabbau betrieben werden sollte, ist letzten Endes eine Frage danach, wieviel (zusätzliches) Potentialwachstum man anstrebt, also wiederum eine subjektive Wertung, an der sich „die Geister scheiden". Jedoch ist dies nur die eine Seite. Auf der anderen Seite steht, daß es nach dem gegenwärtigen Stand unseres Wissens nicht möglich ist, genau zu bestimmen, wieviel vH mehr an Potentialwachstum ein bestimmtes Weniger an staatlicher Neuverschuldung erbringen würde. Dieses ungelöste Problem empirischer Wachstumsforschung läßt sich sicherlich auch nicht anhand der üblichen mehr oder weniger empirisch fundierten Wachstumsmodelle (Produktionsfunktionen) lösen. Denn diese Modelle spiegeln wahrscheinlich den Wachstumsbeitrag der Investitionen insofern nur unzureichend wider, als sie das Zurechnungsproblem im Hinblick auf den technischen Fortschritt gleichsam offen lassen. Vermutlich sind aber Investitionen nicht nur dadurch Träger des Potentialwachstums, daß sie den Kapitalstock vergrößern, sondern in noch weit stärkerem Maße dadurch, daß sie technischen Fortschritt „mit sich tragen".

IV. Gefahren für die Konsolidierungspolitik

1. Die Konsolidierungspolitik ist nicht nur von Anfang an umstritten, sie ist auch von mehreren Seiten bedroht. Immer wieder werden im Inland wie im Ausland Forderungen nach einem Kurswechsel in der deutschen Finanzpolitik laut. Nun könnte man sich wohl Anfang 1986 damit trösten, daß diese Forderungen – soweit sie aus binnenwirtschaftlichen Gründen, also insbesondere unter Hinweis auf die hohe Arbeitslosigkeit erhoben werden – wohl um so mehr an Boden verlieren, je mehr sich der Wachstumstrend in der deutschen Wirtschaft festigt. Jedoch werden solche Forderungen in letzter Zeit mit Blick auf den hohen Leistungsbilanzüberschuß der Bundesrepublik immer stärker aus dem Ausland erhoben. Die alte „Lokomotiventheorie" stellt sich heute freilich in einem anderen Gewand vor: In einer Welt mit floatenden Wechselkursen und hoher Kapitalmobilität – so wird argumentiert – könne eine expansive Finanzpolitik in einem Land zwar die Inlandsnachfrage nur kurzfristig stimulieren, dafür aber rege sie durch eine Aufwertung der heimischen Währung die Gesamtnachfrage in anderen Ländern an, wie das US-amerikanische Beispiel zeige.

2. Nun erscheint zunächst durchaus nicht sicher, daß in der Bundesrepublik durch verstärkte staatliche Kreditaufnahme induzierte höhere Zinsen in größerem Umfang (marktmäßige) Kapitalimporte und damit eine Aufwertungstendenz für die DM nach sich zögen. Nicht auszuschließen wäre wohl, daß ausländischen Anlegern die Prämie in Form der Zinsdifferenz kein ausreichendes Äquivalent für das Risiko zukünftig geringerer Stabilität erscheint (wie sie hinter erhöhter Staatsverschuldung vermutet wird) und sie deshalb (weitgehend) vor einer Anlage in der Bundesrepublik zurückschrecken. Aber selbst wenn es – wie die zuvor genannte Argumentation unterstellt – zu Kapitalimporten und damit zu einer Aufwertungstendenz für die D-Mark käme, stünden dem die realwirtschaftlichen Wirkungen höherer Zinsen und größerer Unsicherheit gegenüber, die – nach den Erfahrungen mit der Staatsverschuldung in der jüngsten Vergangenheit – zu weniger Investitionen und damit weniger Wachstum führen würden. Dies aber bliebe wohl nicht ohne Einfluß auf den Wechselkurs; vielmehr wäre von da her über kurz oder lang eine Abwertungstendenz für die D-Mark zu erwarten, die wohl auf Dauer dominieren würde.

3. Für die Binnenwirtschaft würde ein Kurswechsel in der Finanzpolitik eine Störung des in Gang befindlichen Anpassungsprozesses bedeuten. Mit der Konsolidierungspolitik gewinnt die investive Verwendung des Sozialprodukts immer mehr Boden, staatliche Ausgabenprogramme oder auch umfangreiche Steuersenkungen würden aber der konsumtiven Verwendung wieder mehr Gewicht verleihen, den Anpassungsprozeß auf der Verwendungsseite des Sozialprodukts also in die falsche Richtung lenken. Auf der Verteilungsseite des Sozialprodukts bergen expansive Maßnahmen die Gefahr in sich, daß sich mit ihnen das in Gang befindliche Zurückdrehen der Verteilungsrelationen verlangsamt oder sogar wieder umdreht. Von beiden Seiten des Sozialproduktes her gesehen, wären Beschäftigungsgewinne also allenfalls kurzfristiger Natur, längerfristig aber wäre der Kurswechsel für die Beschäftigung eher schädlich als nützlich. Auch den Volkswirtschaften unserer Handelspartner würden expansive finanzpolitische Maßnahmen nicht den erhofften Erfolg bringen. Denn von einer Abwertung der D-Mark gingen wohl kaum Beschäftigungsgewinne aus.

4. Im Zusammenhang mit den zuvor geschilderten Forderungen aus dem In- und Ausland ist auch darauf zu verweisen, daß sich mit dem Jahre 1986 die Gewichte in der Konsolidierungspolitik verlagern. Stand bisher der Defizitabbau als Ziel eindeutig im Vordergrund, so tritt nunmehr die mittelfristig angestrebte Verminderung der Belastung mit Steuern und Sozialabgabe als mehr oder weniger gleichberechtigtes Ziel daneben. Ein erster Schritt in diese Richtung ist die zweistufige Steuersenkung 1986/88, die freilich lediglich einen Anstieg der volkswirtschaftlichen Steuergute verhindert. Im Vergleich zum steuerlichen Status quo steht dahinter gleichwohl eine Erhöhung des verfügbaren Einkommens der Privaten, von der Nachfrageimpulse im Sinne der genannten Forderungen zu erwarten sind.

5. Die zuvor geschilderten Gefahren sind für die Finanzpolitik gleichsam exogener Art. Dazu kommen aber mehr und mehr endogene Gefahren. In erster Linie ist die Konsolidierungspolitik derzeit und auf absehbare Zeit dadurch bedroht, daß die strenge Ausgabendisziplin – wie sie in den Jahren 1983/84 herrschte – nachläßt.

Schon mehrfach hat der Finanzplanungsrat empfohlen, die Ausgabensteigerung mittelfristig auf 3 vH pro Jahr zu begrenzen; dieser Empfehlung liegt eine mittelfristige Zielprojektion mit einem Wachstum des nominalen Bruttosozialprodukts von 5 vH p.a. zugrunde, auf der auch die offizielle Steuerschätzung basiert. Geht man von diesem jährlichen Ausgabenanstieg und dem Ergebnis der offiziellen Steuerschätzung aus, so gelangt man für das Endjahr der Zielprojektion, 1989, zu einem Defizit in den Haushalten der Gebietskörperschaften von knapp 30 Mrd. DM[7], dies wären $1\frac{1}{4}$ % des nominalen Sozialprodukts, also ein Wert, der etwa der „Normalverschuldung" des Sachverständigenrates entspricht.

Im Jahre 1985 sind die Ausgaben der Gebietskörperschaften um $3\frac{1}{2}$ vH gestiegen, für 1986 zeichnet sich eine noch stärkere Zunahme ab. Und mittelfristig sind die Aussichten für eine Rückkehr zur Ausgabendisziplin der Jahre 1983/84 keineswegs günstig:

- Die Löhne und Gehälter im öffentlichen Dienst (und damit die Beamtenpensionen) dürften auf Dauer nicht mehr hinter der Entwicklung der Arbeitseinkommen in der übrigen Wirtschaft zurückbleiben.
- Die Sozialtransfers steigen mehr oder weniger im Einklang mit dem Arbeitseinkommen.
- Nach den herrschenden finanzpolitischen Vorstellungen soll der Anteil investiver Ausgaben am Haushaltsvolumen zunehmen („qualitative Konsolidierung"), öffentliche Investitionen sollen also überproportional wachsen.

Geht man von den Werten der mittelfristigen Zielprojektion der Bundesregierung aus, so zeigt sich, daß ohne weitere gesetzgeberische und andere Maßnahmen, wie sie im Rahmen der Konsolidierungsrunden 1981 bis 1983 be-

---

[7] Bundesministerium der Finanzen: Aufgaben und Ziele einer neuen Finanzpolitik – Grenzen staatlicher Verschuldung. Schriftenreihe des Ministeriums, Heft 36, S. 42.

schlossen wurden, die Ausgaben praktisch aller Kategorien um mehr als nur um 3 vH pro Jahr zunehmen.

Ein stärkeres Zurückbleiben der Löhne und Gehälter im öffentlichen Dienst, die 1986 nach dem Ergebnis des Tarifabschlusses um 4 vH erhöht wurden, ist für die Zukunft nicht nur immer weniger wahrscheinlich, es ist wohl unter Allokations-Gesichtspunkten auf Dauer gar nicht wünschenswert, weil mit dem Entstehen und der Vergrößerung eines Einkommensrückstandes die Gefahr verbunden ist, daß besser qualifizierte und mobile Beschäftigte aus dem öffentlichen Dienst abwandern. Ansatzpunkt für haushaltspolitisches Handeln auf diesem Gebiet sollte in erster Linie der Personalbestand sein. Hier müßte an die Stelle der Aufstockung in den letzten Jahren zukünftig ein Personalabbau treten (etwa durch Streichen einer Stelle für eine oder zwei freiwerdende), gegen den sich unter arbeitsmarktpolitischen Aspekten immer weniger einwenden läßt und der angesichts rückläufiger Bevölkerungszahl vom längerfristigen Bedarf an Staatsleistungen her gesehen auch gerechtfertigt erscheint. Im großen Block der Transferausgaben läßt sich die Automatik der Anpassungen und der damit zunehmenden Belastung in den öffentlichen Haushalten nur durch gesetzgeberische Eingriffe durchbrechen.

Die These von der qualitativen Konsolidierung läuft leicht Gefahr, mißverstanden oder mißbraucht zu werden. Denn dabei geht es nicht um öffentliche Investitionen schlechthin, insbesondere nicht um solche in das „Konsumvermögen". An einer entsprechenden Selektion der Investitionsprojekte aber mangelt es offenbar, und so dient die These von der qualitativen Konsolidierung nicht selten als Deckmantel dafür, mit dem „konjunkturpolitischen" Blick auf die Lage in der Bauwirtschaft öffentliche Investitionen gleich welcher Art überproportional auszuweiten.

6. Die Konsolidierungspolitik ist jedoch nicht nur von der Ausgaben-, sondern auch von der Einnahmenseite her bedroht – kürzerfristig und längerfristig.

Kürzerfristig ist sie dadurch gefährdet, daß der alten, im Frühjahr 1986 wieder aufgetauchten Forderung, die nach dem derzeitigen Stand 1988 in Kraft tretende zweite Stufe der Steuerentlastung zeitlich vorzuziehen, nunmehr in das Wahljahr 1987, am Ende doch stattgegeben werden könnte. Geschieht dies etwa unter Hinweis auf vermeintliche konjunkturpolitische Notwendigkeiten, so wäre schon damit im kommenden Jahr eine Ausweitung des Defizits in den Haushalten der Gebietskörperschaften verbunden, die freilich bei anhaltender Ausgabenzurückhaltung in den folgenden Jahren wieder durch einen weiteren Defizitabbau abgelöst würde. Nun ist die zweite Stufe der Steuerreform, die eine Senkung der Marginalsätze im mittleren Einkommensbereich bringt, alles andere als ein geeignetes Instrument kurzfristiger Nachfrageankurbelung. Wird sie aber unter diesem konjunkturpolitischen Vorzeichen gesehen, so birgt dies die Gefahr, daß der Gedanke, „staatlich veranstaltete" Nachfrage sei wieder gefragt, nach dem Muster der Jahre 1978/79 auf die Ausgabenseite übergreift und die Ausgabenzurückhaltung – mit entsprechenden Folgen für das Defizit – noch mehr gelockert wird, als dies ohnehin schon zu befürchten ist.

7. Längerfristig ist die Konsolidierungspolitik durch die grundlegendere Steuerreform bedroht, über die bereits seit längerem diskutiert wird. Die Gefahr besteht in diesem Punkte darin, daß diese Reform früher kommt und umfangreicher ausfällt, als es der bis dahin durch entsprechende Ausgabenpolitik geschaffene Handlungsspielraum eigentlich zuläßt.

Früher als etwa Mitte der neunziger Jahre, ein Zeitpunkt, der offenbar den Vorstellungen im Bundesfinanzministerium entspricht[8], könnte die große Reform nicht nur schon deshalb kommen, weil die Finanzpolitiker mit Rücksicht auf ihre Wähler die Geduld verlieren. Vielmehr könnten in den späten achtziger Jahren oder Anfang der neunziger Jahre durchaus auch in mehrfacher Hinsicht objektive Zwänge entstehen, die längeres Zuwarten verbieten und zugleich noch umfangreichere Steuersenkungen erfordern, als sie heute zur Diskussion stehen.

International scheint sich eine Senkung der Steuern auf Unternehmens- und Vermögenseinkommen anzubahnen: In den USA wird eine starke Verminderung des Körperschaftsteuersatzes und der Einkommensteuer-Spitzensätze geplant, in Großbritannien ist eine Herabsetzung des Körperschaftsteuersatzes auf 35 vH bereits beschlossen[9], aus anderen europäischen und außereuropäischen Staaten wird von ähnlichen Plänen berichtet. Diese steuerpolitischen Aktionen könnten die Bundesrepublik möglicherweise in den kommenden Jahren zwingen, mit entsprechenden Maßnahmen in diesem Wettbewerb um niedrige Steuersätze mitzuhalten, um nicht als Unternehmensstandort und Anlageland an Konkurrenzfähigkeit zu verlieren. Der Umfang der zu diesem Zweck erforderlichen Senkung beispielsweise des Körperschaftsteuersatzes und des Einkommensteuer-Spitzensatzes wäre wohl erheblich größer, als dies gegenwärtig in der Steuerreform-Debatte ins Auge gefaßt wird.

---

[8] Bundesministerium der Finanzen, a.a.O., S. 43.

[9] Diese Steuersatzsenkungen sind zwar mit einer (in die Gegenrichtung wirkenden) Änderung der sehr liberalen Abschreibungsregeln verbunden, jedoch ist dies wohl (auch) vor dem Hintergrund der Tatsache zu setzen, daß die Preissteigerungsrate nunmehr sehr viel niedriger ist als zu der Zeit, als die großzügigen Abschreibungsvorschriften eingeführt wurden.

Die derzeit diskutierten Steuerreformpläne sehen entweder überhaupt keine oder nur eine sehr bescheidene Senkung des (konstanten) Marginalsatzes von 22 vH in der unteren Proportionalzone des Einkommensteuertarifs vor. Vor dem Hintergrund der fiskalischen Kosten ist dies verständlich: Eine Herabsetzung dieses Satzes ist nicht nur teuer, weil die Besetzungszahl der davon betroffenen Einkommensklassen naturgemäß „unten" größer ist als „oben", sie führt auch deshalb zu hohen Mindereinnahmen, weil sich bei der Struktur unseres Einkommensteuertarifs jede Tarifänderung „unten" bis „oben" hin auswirkt, davon also alle Steuerpflichtigen profitieren. Jedoch erscheint – jenseits aller Steuergerechtigkeits-Überlegungen – fraglich, ob sich der Marginalsatz von 22 vH bis in die neunziger Jahre hinein halten läßt. Bereits gegenwärtig beträgt beim Eintritt in die Steuerpflicht die Marginalbelastung mit Lohnsteuer und Sozialabgaben durchschnittlich $35^1/_2$ vH.

Sollten die Sozialversicherungsbeiträge weiter steigen (was angesichts der Probleme in der Kranken- und in der Rentenversicherung nicht auszuschließen ist), dürfte eine (gleichsam kompensatorische) Senkung des „Eingangsteuersatzes" im Rahmen einer grundlegenden Reform unumgänglich sein, um die „anti-incentive"-Wirkungen einer noch höheren Marginalbelastung zu vermeiden.

Auch der Bevölkerungsrückgang könnte auf die Steuerpolitik einwirken. Selbst wenn man finanziellen Anreizen keinen durchschlagenden Effekt auf die Geburtenhäufigkeit zubilligt, so liegt doch der Versuch nahe, die „Rahmenbedingungen" für Familien mit Kindern auch auf steuerpolitischem Gebiet zu verbessern. Dies könnte etwa durch die Einführung eines (im Hinblick auf den Steuerausfall sehr teuren) Familiensplitting geschehen, wie dies der Bundeskanzler in seiner Regierungserklärung vom Oktober 1982 bereits zum Jahresbeginn 1984 angekündigt hatte.

Kommt eine Steuerrreform aus den genannten Gründen früher und umfangreicher, als es der durch Ausgabenzurückhaltung gewonnene haushaltspolitische Spielraum zuläßt, so bedeutet dies eine Ausweitung des staatlichen Defizits, hinter der größtenteils eine stärker konsumtive Verwendung des Sozialprodukts stünde. Wachstumspolitisch wäre dadurch also nicht viel gewonnen.

IV.
Anhang

Lebensdaten von Bernhard Filusch

26. Sept. 1925:	Geboren in Cosel/Oberschlesien.
April 1931/Mai 1943:	Schulzeit bis Obersekunda an der General Litzmann Oberschule für Jungen in Cosel.
Mai 1943/Jan. 1947:	Reichsarbeitsdienst, Wehrmacht, Russische Gefangenschaft, Heimkehr.
März 1947/Juli 1948:	Nachholen der restlichen Schulzeit; Abschluß mit der Reifeprüfung am Realgymnasium Weinheim/Bergstraße.
Juli 1948/April 1949:	Hilfsarbeiter in einer Fabrik.
Mai 1949/Febr. 1954:	Studium der Volkswirtschaft an der Universität Heidelberg bei Prof. *Erich Preiser,* Prof. *Alexander Rüstow,* Prof. *Helmut Meinhold,* Prof. *Le Coutre,* Prof. *Sultan.* – Abschluß: Diplom-Prüfung für Volkswirte.
Juni 1954/Juni 1986:	Rheinisch-Westfälisches Institut für Wirtschaftsforschung, Essen. Seit 1964 Leiter der Konjunkturabteilung. Mitglied des Direktoriums seit 1974.

Verzeichnis der Konjunkturbriefe des Rheinisch-Westfälischen Instituts für Wirtschaftsforschung Essen seit 1972*

1972		
1.	Januar	Realignment – Lösung auf Zeit
2.	Januar	Prognose 1972: Strich- oder Bandprognose?
3.	März	Relativierung des Ziels der Preisstabilität?
4.	Juli	Währungspolitik à la française
5.	September	Mit der Währungsunion in die Inflationsgemeinschaft?
6.	Oktober	Gemeinschaftsdiagnose Herbst 1972: Unterschiedliche Wertung des Problems der außenwirtschaftlichen Absicherung
1973		
1.	Februar	Weiter auf dem Weg in den Währungsdirigismus
2.	März	Block-Floaten mit Widerhaken
3.	April	Gemeinschaftsdiagnose Frühjahr 1973: Mehrheit der Institute für ein einschneidendes und umfassendes Stabilisierungsprogramm
4.	Mai	Einseitigkeit gefährdet Erfolg des Stabilisierungsprogramms
5.	Juni	Aufwertung der D-Mark: Außenwirtschaftliche Absicherung in Raten?
6.	August	Steuererleichterungen: Öl ins Feuer der Inflation
7.	September	Fragen und Antworten zu aktuellen konjunkturpolitischen Problemen
8.	Oktober	Gemeinschaftsdiagnose Herbst 1973: Keine andere Wahl, als den Stabilisierungskurs durchzuhalten
9.	Dezember	Fragen zur Konjunktursituation um die Jahreswende 1973/74
1974		
1.	Januar	Fragwürdige Doppelstrategie
2.	Januar	Währungsverbund bricht auseinander – Chancen für Europa
3.	Februar	Kraftprobe zwischen Gewerkschaften und Regierung
4.	April	Gemeinschaftsdiagnose Frühjahr 1974: Einig in der konjunkturpolitischen Problematik, unterschiedlich in der anzusetzenden Politik
5.	Juli	Problematische Lohn-Index-Klauseln
6.	Oktober	Gemeinschaftsdiagnose Herbst 1974: Hohe Lohnabschlüsse gefährden Beschäftigung
7.	November	Labile wirtschaftliche Entwicklung in Westeuropa
8.	Dezember	Chancen nicht verspielen
1975		
1.	Januar	Falsches Signal aus der Bauwirtschaft
2.	Februar	Bedenklicher Mangel an Solidarität

* Die Konjunkturbriefe erscheinen seit 1957. Bis 1972 hatten sie keinen Titel.

3. März/ April	Hohes Defizit der öffentlichen Haushalte: Hilfe für die Gegenwart – Belastung für die Zukunft
4. April	Gemeinschaftsdiagnose Frühjahr 1975: Weichen für den Aufschwung gestellt
5. Mai	Rückkehr des Franc in den Europäischen Währungsverbund verfrüht
6. Juni	Öffentliche Sparsamkeit zur falschen Zeit
7. August	Konjunkturkonstellation erfordert Konjunkturpolitik mit Augenmaß
8. September	Finanzpolitik unter Sanierungszwang – Lohnpause auch gesamtwirtschaftlich gerechtfertigt
9. Oktober	Gemeinschaftsdiagnose Herbst 1975: Unterschiedliche Auffassungen zur vertretbaren Höhe von Lohnsteigerungen
10. November	Weltwirtschaft nach tiefem Fall vor neuem Aufschwung?
11. Dezember	Geldpolitik in der Bewährungsprobe

1976

1. März	Ausgezehrter Währungsverbund
2. April	Gemeinschaftsdiagnose Frühjahr 1976: Kräftige Konjunkturerholung – Konsequente Geldpolitik notwendig
3. August	Weltwirtschaft: Aufschwung trotz ungelöster Probleme?
4. September	Problematische Vorgaben zur Steuerschätzung gefährden erfolgreiche Konjunkturpolitik
5. Oktober	Gemeinschaftsdiagnose Herbst 1976: Unterschiedliche Wertung der konjunkturellen Entwicklung
6. Dezember	Bewährungsprobe nicht bestanden

1977

1. Januar	Rückblick und Ausblick: Enttäuschte Hoffnungen – Ungelöste Probleme
2. Februar	Arbeitsfrieden zu teuer erkauft
3. April	Gemeinschaftsdiagnose Frühjahr 1977: Nach wie vor unterschiedliche Wertung der konjunkturellen Entwicklung
4. Mai	Weltkonjunktur nach wie vor labil
5. Juli	Zwischenbilanz: Schwindende Hoffnungen – wachsende Besorgnis
6. Aug./Sept.	Auf die Tarifparteien kommt es an
7. September	Geldpolitische Rahmendaten rechtzeitig setzen
8. Oktober	Gemeinschaftsdiagnose Herbst 1977: Nur schwaches Wachstum im nächsten Jahr
9. November	Erneuter Anlauf der Konjunkturpolitik in den westlichen Industrieländern
10. Dezember	Geldmengenziel erneut 8 vH: Abkehr von Verstetigungsstrategie

1978

1. Januar/ Februar	Rückblick und Ausblick: Nach wie vor bedenklicher Mangel an Solidarität
2. Februar	Versagt die Tarifautonomie?
3. März	Kursverlust des Dollar – Grund zur Besorgnis?
4. April	Gemeinschaftsdiagnose Frühjahr 1978: Gedrückte Erwartungen – aber kein einheitliches Votum für zusätzliche staatliche Maßnahmen
5. Juni	Erholung der Konjunktur in westlichen Industrieländern wieder nur vorübergehend?
6. Juli/Aug.	Konjunkturpolitik der Kompromisse
7. September	Gefährliche währungspolitische Illusionen

8. Oktober	Gemeinschaftsdiagnose Herbst 1978: Gesamtwirtschaftliche Entwicklung trotz mancher Verbesserungen nicht befriedigend
9. Dezember	Konjunkturelle Grundverfassung in den westlichen Industrieländern nach wie vor labil

1979

1. Januar	Notwendige Korrekturen der Geldpolitik
2. Februar	Rückblick: Hängen zwischen Aufschwung und Abschwung
3. März	Ausblick: An der Wende zu einem nachhaltigen Aufschwung?
4. April	Gemeinschaftsdiagnose Frühjahr 1979: Fortsetzung der konjunkturellen Erholung über das Jahr 1979 hinaus nicht gesichert
5. Mai	Welthandelskonferenz Manila: Dirigismus löst Nord-Süd-Problem nicht
6. Juni	Wende in der Preisentwicklung – Ende einer Selbsttäuschung
7. Juli/ August	Nachschlag für Preissteigerungen – Tiefschlag für Beschäftigung, Wachstum und Geldwert
8. August	Weltkonjunktur zur Jahresmitte: Zunehmende Labilität
9. Oktober	Gemeinschaftsdiagnose Herbst 1979: Verlangsamung des Wachstums – aber keine Rezession

1980

1./2. Jan./Febr.	Geldmengenziel für das Jahr 1980: Warnendes Signal
3. März	Ein Jahr Europäisches Währungssystem – Bestätigung der Hoffnung oder der Besorgnis?
4. März	Lohnrunde 1980: Abkehr oder vorübergehendes Abweichen vom erfolgreichen Pfad beschäftigungsfördernder Lohnentwicklung?
5. April	Hohe Defizite in der Leistungsbilanz: Kein Anlaß zur Sorge
6. April	Gemeinschaftsdiagnose Frühjahr 1980: Mehrheit der Institute schließt zeitweiligen Rückgang des Sozialprodukts nicht aus, erwartet aber keine rezessive Verstärkung. Institut aus Kiel befürchtet Stabilisierungsrezession
7./8. Aug./Sept.	Anhaltend hohe staatliche Defizite hemmen wirtschaftliches Wachstum
9. Oktober	Gemeinschaftsdiagnose Herbst 1980: Zeitweiliger Rückgang des Sozialprodukts, aber keine Rezession
10. Nov./Dez.	Nur eine Delle?

1981

1. Januar	Geldpolitik in der Wechselkursfalle des Europäischen Währungssystems
2. Jan./Febr.	Rückblick 1980: Belastungen ersticken keimenden Aufschwung
3. Februar	Ausblick 1981: Anhaltende Schwäche
4. Febr./März	Lohnrunde 1981: Mangel an Einsicht, Solidarität und Mut
5. April	Gemeinschaftsdiagnose Frühjahr 1981: Erwartungen gedrückt
6. April/Mai	Umstrittene Geldpolitik zur Sicherung des Wechselkurses
7. Mai/Juni	Mit überhöhten Zinsen Schlimmeres verhüten?
8. August	Ergänzungsabgabe zur Finanzierung zusätzlicher Arbeitsplätze – neue wirtschaftspolitische Strategie oder Blendwerk?
9. Oktober	Änderung der Leitkurse: Notdürftige Reparatur am Europäischen Währungssystem
10. Oktober	Gemeinschaftsdiagnose Herbst 1981: Anhaltende wirtschaftliche Schwäche
11. Dezember	Anhaltende Schwäche – Folge von Fehlsteuerung und Fehlverhalten

1982

1. Januar	Ausblick 1982: Kaum Hoffnung auf eine nachhaltige Erholung
2. Januar	Ohne Kurswechsel von Politik und Lohnentwicklung kein Ausweg aus der Stagnation
3. Februar	Noch 'n Programm
4. April/Mai	Lohnrunde 1982: Weniger wäre mehr!
5. Juni/Juli	Erneutes Nachbessern im Europäischen Währungssystem
6. August	Verringerung des Defizits in der Leistungsbilanz: Erfolg übermäßig straffer Geldpolitik oder starker Wechselkursänderungen?
7. Oktober	Preisindex für die Lebenshaltung im Wechselbad von marktwirtschaftlichen Entlastungen und staatlichen Belastungen
8. Okt./Nov.	Statt Aufhellung zunehmende Eintrübung
9./10. Dezember	Übermaß an Staat lähmt wirtschaftliche Entwicklung – Wachstum und Beschäftigung erfordern Mut und Wende

1983

1. Januar/Februar	Rückgang des privaten Verbrauchs – Folge wirtschaftlicher Schwäche und staatlicher Belastungen
2. März	Senkung von Diskont- und Lombardsatz trotz überschießender Geldausweitung – Wiederholung alter Fehler?
3. April/Mai	Lohnrunde 1983: Unfähigkeit zur Solidarität?
4. Juli	Verkürzung der Wochenarbeitszeit – ein Weg zur Verringerung der Arbeitslosigkeit?
5. Aug./Sept.	Fortschritte bei der Stabilisierung des Preisniveaus gefestigt?
6. Dezember	Lohnrunde 1984: Widersinnige Hoffnungen

1984

1. Januar	Rückblick 1983: Erholung mit unerwartet starkem Schwung
2. Februar	Ausblick 1984: Vor einem Aufschwung?
3. Juli	Ausgang des Arbeitskampfes: Grund zur Erleichterung oder Anlaß zur Sorge?
4. September	Untaugliche Rezepte

1985

1. Januar	„Gefärbte" Prognosen?
2. Jan./Febr.	Rückblick 1984: Wachstumsschwäche nicht überwunden
3. März	Prognosebilanz 1984: Eigenständiger Antrieb geringer, Sog aus dem Ausland größer als erwartet
4. Febr./März	Geldmengenziel richtig bemessen?
5. März	Ausblick 1985: Aussichten für eigenständigen Aufschwung gering
6. Juli	Umkehr in die Sackgasse?
7. November/Dezember	Stahlpolitik in der Europäischen Gemeinschaft. – Im eigenen Netzwerk gefangen?
8. Dezember	Währungspolitik: Verwunderliches aus den Vereinigten Staaten

Verzeichnis der Autoren

Hans J. Barth, Dr.rer.pol., ist Mitglied der Geschäftsleitung der Prognos AG, Europäisches Zentrum für Angewandte Wirtschaftsforschung, Basel. Er leitet die Abteilung Wirtschaftsanalysen und Politikberatung. Von 1970 bis 1982 war er Generalsekretär des Sachverständigenrats zur Begutachtung der gesamtwirtschaftlichen Entwicklung.

Norbert Bub, Dipl.-Volkswirt, ist Bundesbankdirektor. Er leitet die volkswirtschaftliche Abteilung der Deutschen Bundesbank.

Robert Fecht, Dr.rer.pol., ist Bundesbankdirektor. Er war 1970 und 1971 wissenschaftlicher Mitarbeiter im Stab des Sachverständigenrats und danach mehrere Jahre als Berater des Rates tätig.

Manfred Feldsieper, Dr.rer.pol., ist Professor für wirtschaftliche Staatswissenschaften an der Universität zu Köln. Er war 1968 und 1969 wissenschaftlicher Mitarbeiter im Stab des Sachverständigenrats und danach mehrere Jahre als Berater des Rates tätig.

Gerhard Fels, Dr.rer.pol., ist Direktor des Instituts der Deutschen Wirtschaft, Köln. Er war bis 1983 Direktor und Professor am Institut für Weltwirtschaft, Kiel. Von 1964 bis 1966 war er wissenschaftlicher Mitarbeiter im Stab des Sachverständigenrats und von 1976 bis 1982 Mitglied des Sachverständigenrats.

Hans-Hagen Härtel, Dr.rer.pol., ist Abteilungsleiter im HWWA-Institut für Wirtschaftsforschung, Hamburg. Er ist zuständig für die Nutzbarmachung von neuen Forschungsbereichen und Forschungsmethoden sowie für die Strukturberichterstattung. Er war von 1972 bis 1976 wissenschaftlicher Mitarbeiter im Stab des Sachverständigenrats und danach mehrere Jahre als Berater des Rates tätig.

Ernst-Moritz Lipp, Dr.rer.pol., ist Generalsekretär des Sachverständigenrats zur Begutachtung der gesamtwirtschaftlichen Entwicklung. Er war von 1979 bis 1982 wissenschaftlicher Mitarbeiter im Stab des Sachverständigenrats und davor in der Cambridge Economic Policy Group, die die englische Regierung in wirtschaftspolitischen Fragen berät, tätig.

Klaus-Dieter Schmidt, Dipl.-Volkswirt, ist Forschungsgruppenleiter im Institut für Weltwirtschaft an der Universität Kiel. Er leitet die Gruppe Branchenstruktur und Beschäftigung und ist federführend für die Strukturberichterstattung. Er war 1968 und 1969 wissenschaftlicher Mitarbeiter im Stab des Sachverständigenrats und danach viele Jahre als Berater des Rates tätig.

Horst Tomann, Dr.rer.pol., ist Professor für Volkswirtschaftslehre am Institut für Wirtschaftspolitik der Freien Universität Berlin. Er war von 1967 bis 1970 wissenschaftlicher Mitarbeiter im Stab des Sachverständigenrats und danach mehrere Jahre als Berater des Rates tätig. Von 1970 bis 1972 arbeitete er im Rheinisch-Westfälischen Institut für Wirtschaftsforschung in Essen.

FSC
www.fsc.org
MIX
Papier | Fördert gute Waldnutzung
FSC® C083411

Kolibri 360 GmbH
Ferdinand-Jühlke-Straße 7
99095 Erfurt, Deutschland
produktsicherheit@kolibri360.de

Druck:
CPI Druckdienstleistungen GmbH
im Auftrag der
Kolibri 360 GmbH
Ferdinand-Jühlke-Str. 7
99095 Erfurt